东地中海世界的转变与拜占廷帝国的奠基时代
(4—6世纪)

The Period of Transformation of Eastern Mediterranean World and Foundation of Byzantine Empire (4th-6th century)

武 鹏 著

图书在版编目(CIP)数据

东地中海世界的转变与拜占廷帝国的奠基时代：4—6世纪/武鹏著.—北京：北京大学出版社，2020.10
ISBN 978-7-301-31714-3

Ⅰ.①东… Ⅱ.①武… Ⅲ.①地中海区—中世纪史—研究—4-6世纪 Ⅳ.①K131

中国版本图书馆CIP数据核字(2020)第188290号

书　　　名	东地中海世界的转变与拜占廷帝国的奠基时代（4—6世纪） DONG DIZHONGHAI SHIJIE DE ZHUANBIAN YU BAIZHANTING DIGUO DE DIANJI SHIDAI（4—6 SHIJI）
著作责任者	武　鹏　著
责任编辑	刘书广
标准书号	ISBN 978-7-301-31714-3
出版发行	北京大学出版社
地　　　址	北京市海淀区成府路205号　100871
网　　　址	http://www.pup.cn　新浪微博：@北京大学出版社
电子信箱	pkuwsz@126.com
电　　　话	邮购部 010-62752015　发行部 010-62750672 编辑部 010-62755217
印　刷　者	天津中印联印务有限公司
经　销　者	新华书店
	965毫米×1300毫米　16开本　14.5印张　262千字 2020年10月第1版　2020年10月第1次印刷
定　　　价	58.00元

未经许可，不得以任何方式复制或抄袭本书之部分或全部内容。
版权所有，侵权必究
举报电话：010-62752024　电子信箱：fd@pup.pku.edu.cn
图书如有印装质量问题，请与出版部联系，电话：010-62756370

国家社科基金后期资助项目
出版说明

　　后期资助项目是国家社科基金设立的一类重要项目,旨在鼓励广大社科研究者潜心治学,支持基础研究多出优秀成果。它是经过严格评审,从接近完成的科研成果中遴选立项的。为扩大后期资助项目的影响,更好地推动学术发展,促进成果转化,全国哲学社会科学工作办公室按照"统一设计、统一标识、统一版式、形成系列"的总体要求,组织出版国家社科基金后期资助项目成果。

全国哲学社会科学工作办公室

目 录

序 ……………………………………………………………… 陈志强/1

绪 论 …………………………………………………………………… 1
  一 主要研究内容 …………………………………………………… 1
  二 主要文献资料 …………………………………………………… 4
  三 西方学者的重要研究成果 …………………………………… 17
  四 国内学者的相关研究成果 …………………………………… 22

第一章 从多神教到基督教
       ——东地中海世界的信仰转变 ………………………………… 27
  第一节 基督教与多神教等异教的斗争 ………………………… 27
    一 关于基督教正当性的争论 ………………………………… 27
    二 基督教借助国家权力对异教的打击 ……………………… 35
  第二节 基督教的自我完善与发展 ……………………………… 41
    一 基督教正统教义的演进 …………………………………… 41
    二 基督教会组织的完善 ……………………………………… 48
  第三节 圣徒、圣物和圣像崇拜与基督教的普及 ……………… 53
    一 东地中海世界圣徒、圣物和圣像崇拜的表现 …………… 53
    二 圣徒、圣物与圣像崇拜对基督教传播的作用 …………… 61
  第四节 基督教在东地中海世界边缘地区的传播 ……………… 66

第二章 拜占廷统治模式的形成
       ——东地中海世界的政治转变 ………………………………… 71
  第一节 拜占廷专制皇权的形成 ………………………………… 71
    一 以血亲继承为原则的皇帝继承制度的确立 ……………… 71
    二 拜占廷皇权的神化 ………………………………………… 79
  第二节 拜占廷皇帝对基督教会"至尊权"的确立 …………… 84
    一 4世纪"至尊权"的形成 ………………………………… 85
    二 5—6世纪皇帝应对教会对"至尊权"的挑战 …………… 92

第三节　拜占廷官僚体系的完善 … 98
一　元老与执政官 … 99
二　中央与地方行政官员 … 105
三　宫廷官员 … 112
四　军事官员 … 116

第三章　君士坦丁堡地位的确立
——东地中海世界中心的转变 … 124

第一节　地中海世界中心的东移 … 124
一　西地中海世界的衰落 … 124
二　拜占廷皇帝对东地中海世界的建设 … 129

第二节　君士坦丁堡成为东地中海世界的中心 … 133
一　史料中关于建都君士坦丁堡的争议 … 133
二　作为政治、经济、文化中心的君士坦丁堡 … 137
三　作为宗教中心的君士坦丁堡 … 142

第四章　前进中的危机
——东地中海世界转变过程中产生的问题 … 150

第一节　由宗教分歧引发的社会冲突
——以基督一性论为例 … 150
一　基督一性论宗教争端引发社会分裂的背景 … 150
二　基督一性论宗教争端引发社会分裂的表现 … 156
三　基督一性论宗教争端引发社会分裂的影响 … 160

第二节　东地中海世界的安全危机 … 162
一　四面受敌的拜占廷帝国 … 163
二　拜占廷帝国早期军队的缺陷 … 171

第三节　疾病和灾害与东地中海城市的衰落
——以"查士丁尼"瘟疫和地震为例 … 178
一　"查士丁尼瘟疫"的破坏性 … 179
二　6世纪东地中海地区频繁的地震灾害 … 183

结　语 … 198

参考文献 … 202
后　记 … 221

序

近年来，国际学术界兴起了一个"古代晚期"学派，先是在英国剑桥、牛津等名校，后是在美国普林斯顿大学等高等学府出现了一批相关领域的研究者，他们师生合力宣传，力主突破以往观察地中海特别是东地中海区域在公元后数百年巨大变动的传统视野，以多元文化互通交融的观念，重建该地区历史与文化发展的模式。虽然他们在相关研究的时空范围方面还有许多模糊不清之处，但其影响力日益扩大，不仅吸引了诸多拜占廷早期历史研究的学者转向他们的观点，而且极大地拓展了相关研究的空间，推动与这一研究领域有关的学者加入他们的队伍，目前俨然已经从"学派"发展为"学科"。武鹏的这部作品多少也是受到相关学派的理论影响，从命题到观点都透露出作者是接受他们的看法的。

实事求是地评价这个新学科还为时尚早，但是其整体观察东地中海社会变迁与文化重构的思路是合理的，特别是该派学者抛弃了单纯从政治史角度看问题的框架，以及由此得出的"断裂式"发展的思路，将文化艺术、宗教信仰等都纳入其综合考察的范围。显然，这样的研究比传统的研究更有活力，也更趋合理。武鹏在其作品中也强调了这一点，明确提出："这段时期地中海世界的历史具有复杂性和特殊性。就空间概念来说，以巴尔干半岛、小亚细亚、叙利亚、巴勒斯坦和埃及等地区组成的东地中海世界是人类历史最为悠久，文明最为繁盛的地区之一，民族众多，风俗各异。这样一个内部构成极为复杂的地域却在4—6世纪中共同经历了一次巨大的转变，最终被整合在一个共同的拜占廷帝国（Byzantine Empire）之中"，这里继承古代、多元融合、整体转变就是最鲜明的关键词。

作者武鹏是我的学生，从他在南开大学作为本科生时我就开始熟悉他了。他很勤奋，喜欢读书，聪明好学，爱好广泛，在学生中也很突出，给很多老师留下了深刻的印象。后来，他跟着我读硕士、博士学位，最后完成了博士学位毕业论文，还获得了优秀的评价。虽然在有限的时间里完成其博士论文所涉题目确实很难，但他还是克服了诸多困难，比较圆满地提交了研究成果，还被当年的学位委员会推荐为优秀博士论文。本书就是在其博士论文的基础上,经过毕业后数年的持续研究和补充修改形成的,其进步是明显的,不仅篇幅增加了不少,而且内容更为丰富,观点更加鲜明,资料更为充实。他后来的几度出国留学也有助于本书再上新的层次。读者在阅读中自会揣摩领悟。

我国的拜占廷学发展需要更多的新生力量,热盼更多年轻学者们加盟,保持目前持续发展的良好势头,并在不断提高专业化水平的同时,形成独具特色的中国学派。

陈志强
2019 年夏于南开园

绪　论

一　主要研究内容

4—6世纪是东地中海世界从古代走向中古的过渡时期。就时间概念来说,古代史学者现今多称其为"古代晚期"(Late Antiquity),以描述其与古代的联系和过渡的性质。这段时期地中海世界的历史具有复杂性和特殊性。就空间概念来说,以巴尔干半岛、小亚细亚、叙利亚、巴勒斯坦和埃及等地区组成的东地中海世界是人类历史最为悠久,文明最为繁盛的地区之一,民族众多,风俗各异。这样一个内部构成极为复杂的地域却在4—6世纪中共同经历了一次巨大的转变,最终被整合在一个共同的拜占廷帝国(Byzantine Empire)之中,其中如巴尔干半岛和小亚细亚一直作为帝国的核心区域存留到15世纪帝国灭亡之时。

拜占廷史研究者视4—6世纪为拜占廷帝国历史的早期阶段。然而,"拜占廷"这一名称是一个近代以来的学术概念,学者们借帝国首都所在的古城遗址拜占廷之名,用以讲述以君士坦丁堡(Constantinople)为首都的千年帝国的历史。因此,在这个古国所处的时代,"拜占廷帝国"这一名词是并不存在的。帝国统治下东地中海世界的民众自始至终都称呼自己为罗马人,这个国家的皇帝也把自己看作罗马人的君王。从这个角度来看,拜占廷帝国似乎只是古代罗马帝国的延续而已。

但是,透过称谓这一表面现象,我们却会发现,统治东地中海世界的这个帝国从许多方面来说都已经和先前以西地中海世界为中心的罗马帝国有了显著的区别。著名的拜占廷史研究者奥斯特洛格尔斯基在其传世名著《拜占廷国家史》中就对拜占廷帝国的特性做了精辟的论断:即"罗马的政治观念、希腊的文化和基督教信仰是决定拜占廷帝国发展的主要因素";"基督教的胜利和帝国政治中心东移到希腊的东方地区标志着拜占廷时代的开始"以及"罗马帝国最后3个世纪或拜占廷帝国最初3个世纪的历史具有转型时代的特征,它跨越了古代罗马帝国和中世纪拜占廷帝国之间的鸿沟"①。这一解释是具有合理性的。我们能够发现,在这一时期的东地中海世界,于宗教领域,基督教取代多神教,成为了拜占廷帝国官方的信仰,并得到绝大多数民众的尊崇;于政治领域,一套有别于先前罗马时代复杂的国家机器被建立起来,并由居于最高地位的专制皇帝操控;于地域方面,东地中海世界的君士坦丁堡取代西地中海世界的罗马成为帝国新的首都,而小亚细亚和色雷斯地区则在意大利之后,变成了帝国新的核心区域。从这些方面来看,拜占廷帝国虽然借用了罗马帝国的外壳,但却是一个与后者泾渭分明的新兴国家,即一个以东地中海世界为主要区域,以基督教为信仰的专制帝国②。

但是,这种区别不是一夜之间产生的。虽然我们将4—6世纪作为拜占廷帝国的早期阶段,以公元330年作为拜占廷历史的开端,但是这并不意味着329年的罗马帝国与331年的拜占廷帝国就有天壤之别,也不意味着东地中海世界立即发生了翻天覆地的变化。恰恰相反,拜占廷帝国及其统治下的东地中海世界在最初的3个世纪里经历了漫长的过渡,最终方才形成了不同于罗马时代的特征。从这一点来看,4—6世纪可被视为一个东地中海世界转变与拜占廷帝国奠基的时期。

然而,这场波澜壮阔的巨变在6世纪中后期迎来最辉煌的顶峰后却迅速以悲剧收场。在伟大的查士丁尼皇帝统治下,拜占廷帝国对外发动大规模的征服战争。北非、意大利以及西班牙部分地区被收复,汪达尔和东哥特等蛮族被征服,地中海更是再次成了帝国的内湖。在对内统治方面,查士丁尼组织编纂了洋洋洒洒的《罗马民法大全》,罗马时代辉煌的立法传统得到继承和发展。一座座宏伟的建筑也拔地而起,其中如圣索菲亚教堂至今仍然是人类建筑文明的奇观。从这些角度看,无论如何这都是继2世纪"五贤帝"统治时期后,罗马人的又一个黄金时代。

然而,如果透过浮华的表面仔细审视帝国的每一个角落时,我们就会发现,这座光辉灿烂的宫殿的墙壁上已经出现了丝丝的裂缝。在军事方面,对西部征服的胜利是建立在削弱东部防线的基础之上,当拜占廷军队在意大利攻占哥特人的城市时,拜占廷东方像安条克这样的大都市却也被波斯人所蹂躏。即使在已经征服的地区,被征服者的反抗斗争依然此起彼伏,让拜占廷

---

① G. Ostrogorsky, *History of the Byzantine State*, Trans. by Hussey, New Jersey, 1969, pp.27-28.
② 该时期东地中海世界在文化上也产生了一定的变化,例如希腊语最终在6世纪中后期取代了拉丁语成为帝国的官方语言。在这一领域,笔者的同事郑玮副教授正在以"拜占廷早期的文化转型"为课题进行深入的研究,因此笔者在本书中将主要探讨该时期拜占廷帝国其余三个典型的要素——基督教、皇权专制与中央集权以及东地中海中心的相关问题。

的将军们疲于应付。更为可怕的是,像阿瓦尔人这样的异族已经在帝国北疆的边境线外虎视眈眈,一旦帝国内部有变,拜占廷人眼中的这些"蛮族人"就将挥动他们的利刃,冲垮帝国早已不是固若金汤的防线。在政治方面,伟大的查士丁尼皇帝却并没有和他同样伟大的继承者,他的继任人查士丁尼二世的骄傲与神经质最终将给帝国带来惨痛的回忆。在经济方面,穷兵黩武和大规模的建设让拜占廷国库濒临崩溃,像安条克这样的东方城市更是开始显露出衰落的势头。在宗教方面,基督一性论争端一直没有平息,查士丁尼大帝时而强硬、时而怀柔的宗教政策丝毫无助于局势的缓和,本应加强皇帝的精神统治作用的基督教会自己却陷入激烈的冲突之中。宗教问题进而激化了民族矛盾,埃及、叙利亚地区的一性论派民众开始表现出与中央政府的离心倾向,这种情绪会在7世纪阿拉伯人征服的时候集中得到体现。此外,拜占廷人对肆虐的瘟疫也束手无策,只得听凭它在帝国内传播。这场灾难最终影响了拜占廷人长达200年之久,让本已开始蹒跚的帝国雪上加霜,更加步履维艰。

查士丁尼去世后,这些潜在的问题集中爆发,终于酿成了拜占廷帝国所面对的一场生死存亡的危机,而引发这场危机的上述诸多因素同样和东地中海世界200余年来的巨变息息相关,值得深入分析探讨。

4—6世纪东地中海世界的转变是一场意义深远的社会变迁,给拜占廷帝国和该地区的历史发展,乃至整个欧洲的历史进程带来了极为深远的影响。首先,就拜占廷史的研究来说,4—6世纪东地中海世界的变化奠定了拜占廷帝国的基本内涵和特征,并决定了帝国未来发展的趋势。这一时期形成的该地区共同的信仰、语言、文化和生活习惯等拥有强大的凝固力,塑造了欧洲中世纪历史中独树一帜的拜占廷文明。同时,该时期形成的拜占廷文明对日后那些占领拜占廷帝国失地的周边民族,如阿拉伯人、塞尔维亚人、保加利亚人和俄罗斯人等产生的强大影响至今犹存。这对研究近现代东欧、西亚和北非等地域的历史具有十分重要的意义。

其次,对于欧洲历史,尤其是中世纪史来说,4—6世纪东地中海世界的社会转型对日后欧洲的发展产生深远影响,尤其是基督教信仰的形成与普及,直至今日依然是欧洲文明的重要内容。了解这些转变的背景与过程,有助于我们更为深入地理解欧洲的历史文化传统。最后,通过研究4—6世纪东地中海地区的转变过程中的一些个案问题,如自然灾害对大型城市的破坏,宗教冲突造成的社会分裂等问题,以及拜占廷政府应对问题的得失成败经验,能够给现实生活提供一定的借鉴意义。

二 主要文献资料

4—6世纪东地中海世界历史发展的记录主要保存于早期拜占廷帝国的文献之中。拜占廷帝国流传至今的文献资料极为丰富,且门类众多,笔者在此将择其精要进行分类介绍。

古典式的历史

拜占廷帝国所谓古典式的历史多以《历史》为书名。其内容主要集中于拜占廷帝国的重大政治与军事事务,与希腊罗马古典时代的修昔底德、波里比阿等人的写作风格一脉相承。这一体裁的历史作品一般为当代人撰写的当代史。作者通常是受过良好教育的贵族知识分子,他们的作品文笔优美,内容通畅,并且基本是亲身的经历,因此可信度较高,对研究该时期历史的重大事件有不可替代的作用。这一类文献是拜占廷史料最重要的组成部分。略显可惜的是,这一类历史作品较少涉及宗教等领域的问题,同时时间跨度相对较短,因此很难凭借一两部作品从整体上一览该时期东地中海世界变化的全貌。

阿米安·马赛里努斯(Ammianus Macellinus,330—392年)是4世纪拜占廷历史学家。他是朱利安皇帝(Julian,361—363年在位)的好友,曾多次随其参战。他的作品《历史》共31卷,现今仅存后18卷,涉及257—378年间罗马与拜占廷帝国的历史。作者以塔西陀为榜样,并在作品中十分推崇朱利安的功业。作为信仰多神教的历史学家,他的作品中也保存了一些基督教兴起时的史料。目前"洛布古典学丛书"中收录了阿米安作品的英文译本[1]。南开大学叶民副教授在其《最后的古典》一书中收录了阿米安作品的部分中文翻译,并对全书进行了详细的导读[2]。

尤纳皮乌斯(Eunapius of Sardis,345—420年)、奥林匹奥多罗斯(Olympiodorus)和普里斯库(Priscus)是拜占廷帝国4—5世纪三位重要的史学家。尤纳皮乌斯曾在雅典接受教育,其作品为14卷的《历史》,记载了270—411年间的重大历史事件。奥林匹奥多罗斯出生于埃及,也是一位非基督教史学家,其代表作为22卷的《历史》,主要涉及塞奥多西二世统治时期的历史。普里斯库是色雷斯人,后成为拜占廷中央政府官员,代表作为8卷本的《历史》,涉及433—468年间的历史事件。这三部历史著作都有一定的影响,后

---

[1] Ammianus Marcellinus, *Res Gestae*, ed. and English translation, by J. C. Rolfe, Loeb Classical Library, Cambridge, Mass., 1935-1939, 3 Vols.

[2] 叶民:《最后的古典——阿米安和他笔下的晚期罗马帝国》,天津:天津人民出版社,2004年。

人在记载5世纪历史的时候曾多次引用他们的作品。可惜的是,他们的作品都散失严重,其残篇被布洛克雷翻译为英文后结集出版①。

左西莫斯(Zosimus)也是5世纪拜占廷重要的历史学家,代表作品为6卷本的《新历史》,涉及410年前的帝国历史。他本人信奉多神教,被后人称为"最后一位非基督教历史学家"。同时,作者对罗马共和的传统念念不忘,对拜占廷早期逐渐形成的专制皇权多有不满,在书中表现出了强烈的"遗民"心态。他的作品对后世有较大的影响,尤其是教会历史学家多从基督徒的角度出发,引用他关于君士坦丁皇帝的一些记载进行批驳。左西莫斯作品的英译本众多,其中里德雷译本是较为权威的版本②。该书的中译本已由谢品巍老师翻译后出版③。

进入6世纪后,拜占廷历史学创作更为繁荣,其中最有代表性的史家就是普罗柯比(Procopous,？—565年)。普罗柯比出生于巴勒斯坦的恺撒里亚,后结识拜占廷军官贝利撒留,成为他的秘书并随其多次参与战争。普罗柯比的代表作有记载6世纪拜占廷战争和重大历史事件的《战史》,歌颂查士丁尼功业的《建筑》以及在生前没有公开出版,对查士丁尼和皇后塞奥多拉进行激烈人身攻击的《秘史》。普罗柯比的著作是研究查士丁尼统治最为重要的史料,在早期拜占廷历史的研究中也有不可替代的地位。目前他作品的英译本众多,其中洛布古典丛书中收录的7卷本普罗柯比作品集是比较常见的版本④。目前普罗柯比的《战史》有王以铸先生和崔艳红教授的中译本。《秘史》则有王以铸先生和吴舒屏教授与吕丽蓉老师的中译本⑤。

继普罗柯比之后,拜占廷帝国又出现了多位重要的历史学家。阿加塞阿斯(Agathias,532—580年)是小亚细亚人,其代表作为5卷本的《历史》,旨在续写普罗柯比的《战史》。作者在其中记载了552年后37年间帝国的重大历史事件,尤其以战争史最为详细。《历史》的英文全译本有弗兰多本⑥,目前,东北师范大学的李强博士正在翻译整理这部作品。

---

① R. C. Blockley, ed., *The Fragmentary Classicising Historians of the Later Roman Empire: Eunapius, Olympiodorus, Priscus, and Malchus*, Liverpool, 1981-1983, 2 Vols.
② Zosimus, *New History*, trans. and commentary by Ronald T. Ridley, Canberra, 1982.
③ 佐西莫斯:《罗马新史》,谢品巍译,上海:上海人民出版社,2013年。
④ Procopius of Caesarea, *Works*, ed. and trans. by H. B. Dewing, Loeb Classical Library, Cambridge, Mass., 1914-1940, 7 vols.
⑤ 普洛科皮乌斯:《战争史》,王以铸译,北京:商务印书馆,2010年。王以铸先生把《秘史》作为其附录一并收录在此书之中。普罗柯比:《战史》,崔艳红译,郑州:大象出版社,2010年。普罗柯比:《秘史》,吴舒屏、吕丽蓉译,陈志强审校注释,上海:上海三联书店,2007年。
⑥ Agathias, *The Histories*, translated with an introduction and short explanatory notes by Joseph D. Frendo, Berlin and New York, 1975.

米南德(Menander Protector)出身于君士坦丁堡贵族家庭,曾担任禁军军官,后为皇帝莫里斯赏识,得以接触帝国高层事务。其代表作为涉及558—582年间拜占廷重大事件的《历史》,其中尤以外交问题最为见长。该书内容遗失严重,目前其残篇较好的英文译本为布洛克雷本①。

6世纪另外一位值得一提的历史学家是来自叙利亚的埃比法尼亚的约翰(John of Epiphania)。他是叙利亚的世家子弟和安条克城的名流,并担任过安条克主教的顾问。其代表作《历史》应为记载当时拜占廷东方领土,尤其是叙利亚地区历史的重要著作,但可惜现已散失严重,只有残篇存世。目前该作品希腊文原本残篇被收录于穆勒主编的《历史著作残篇汇编》第4卷中②。

6世纪末和7世纪初拜占廷还有一位史学名家塞奥菲拉克特(Theophylact,580—641年)。其作品为8卷本的《历史》,主要记载莫里斯皇帝的统治。作品主要从君士坦丁堡的视角出发,着重描述首都发生的重大事件,同时关注莫里斯统治下的军事成就。目前该作品的权威英文译本为怀特比译本③。贵州师范大学的苏聪副教授目前正在翻译整理这部著作,并已获得国家社科基金项目立项。

编年史

除古典式的历史外,拜占廷帝国还有一类重要的史料,即编年史。拜占廷的编年史作品多从上帝创世写起,一直到作者自己所处的时代为止。拜占廷编年史史料的重要性主要体现在两个方面:其一,作者在作品中高度关注当代史,因此,往往一部编年史作品在涉及作者所处时代时史料价值较高。其二,编年史作品严格按照年代顺序记载历史事件,从而对其他类型史料起到了时间定位的辅助作用。当然,编年史作品也有自己的缺陷,最明显的一点就是在谈及距离作者较远的历史时往往不够准确,因此在使用编年史的时候要注意对照其他类型史料进行分析鉴别。此外,编年史作品在文风上难以与古典式的历史相提并论,行文粗糙,可读性较差。

拜占廷帝国最早的编年史作品是尤西比乌斯(Eusebius of Caesarea,260—340年)所著的《编年史》,其始于亚当时代,终于3世纪末,然此作品与本书研究范围距离稍远,因此不详加介绍。继尤西比乌斯之后,拜占廷在6

---

① Menander Protector, *The History of Menander the Guardsman*, trans. by Roger C. Blockley, Liverpool, 1985.
② C. Müller, ed., *Fragmenta Historicorum Graecorum*, Vol. 4, Paris, 1851-1870.
③ Theophylact, *The History of Theophylact Simocatta: An English Translation with Introduction*, trans. by Michael Whitby and Mary Whitby, Oxford, 1986.

世纪又出现了一位重要的编年史作家,即叙利亚人约翰·马拉拉斯(John Malalas,490—574年)。约翰曾在帝国的东方重镇安条克担任官职,后移居君士坦丁堡,其代表作为18卷的《编年史》,涉及从亚当直到查士丁尼统治末期的重要历史事件。尽管现今一些学者激烈批评他在引用前人作品时不够准确,同时在记事时常有夸大之嫌,但是他的作品,尤其是在讲述叙利亚历史的时候,依然有不可替代的史料价值。约翰的《编年史》是后代史家在记载5世纪拜占廷世俗历史时最重要的资料来源之一。目前他作品的权威英译本为杰弗里斯本①。

除约翰·马拉拉斯之外,6世纪拜占廷帝国还有其他一些重要的编年史作品。首先,518年一部以高柱修士约书亚之名(一些现代学者认为约书亚并非此书作者)完成的编年史问世,该作品记载了495—506年间阿纳斯塔修斯皇帝统治下的拜占廷帝国,尤其是东方各省的历史,其最大的价值为详细叙述了502—505年间拜占廷与波斯战争的史实。目前约书亚的《编年史》最佳英文版本为赖特译本②。

继约书亚的《编年史》之后,在首都君士坦丁堡也诞生了一部重要的编年史著作,作者为马赛里努斯·戈麦斯(Marcellinus Comes)。马赛里努斯出生于伊利里亚,是拉丁人,但早年前往君士坦丁堡谋职,后成为当时皇储查士丁尼的密友。查士丁尼继位后他成了帝国的贵族。其《编年史》涉及379—534年间帝国的历史。作者记事风格简略,但因其能接触帝国上层人士,因此所载内容有独特价值。目前该作品的英文与原文对照本为克洛克本③。

在6—7世纪还有两部很有特色的匿名编年史作品,即6世纪的《艾德萨编年史》和7世纪的《复活节编年史》。前者记载了从公元前131年—公元540年间的历史,后者则从上帝创世写起,一直到628年为止。两部作品在内容上并无太多独特之处,但是在编年记载上的精确性使它们成了重要的年代定位工具,由此也具有较高的史料价值。目前《艾德萨编年史》有寇珀英译本④,而《复活节编年史》的英文节本(284—628年)是由怀特比所译⑤。

---

① John Malalas, *The Chronicle of John Malalas*, trans. by Elizabeth Jeffreys, Michael Jeffreys, Roger Scott, et al, Melbourne, 1986.
② Joshua the Stylite, *The Chronicle of Joshua the Stylite*, English trans. by W. Wright, Cambridge, 1882.
③ Marcellinus Comes, *The Chronicle of Marcellinus*, a translation and commentary by Brian Croke, Sydney, 1995.
④ Anon, "The Chronicle of Edessa", trans. by H. Cowper, *The Journal of Sacred Literature*, Series 4, vol. 5 (1864), pp. 28-45.
⑤ Anon, *Chronicon Paschale 284-628 AD*, translated with notes and introduction by Michael Whitby and Mary Whitby, Liverpool, 1989.

尼基乌主教约翰(John of Nikiu)的作品是 7 世纪另一部重要的编年史。约翰生平不详,仅知其曾经担任埃及尼基乌教区主教。其《编年史》涉及从上帝创世直到阿拉伯人征服埃及期间的历史,作品的独特价值在于记载阿拉伯人的入侵。目前约翰作品的英文本由查尔斯自 17 世纪初的埃塞俄比亚文本所译①。

9 世纪初的拜占廷历史学家"忏悔者"塞奥法尼斯(Theophanes the Confessor,752—818 年)的著作是拜占廷时代最重要的编年史作品之一。其 13.5 万字的《编年史》从 284 年一直写到 813 年。该书最大的特色在于借鉴了大量前人的作品,如普罗柯比和约翰·马拉拉斯等。在引用过程中,他不按照个人好恶修改删除史料,而是力求做到有闻必录。同时他的作品严格按照年代顺序记载,因此对年代定位也有很大的帮助。目前,英国拜占廷学者曼戈等人的英译本是该作品较新的一个优秀版本②。

最后,还有一部编年史作品值得一提,那就是 12 世纪叙利亚地区的主教米哈伊尔(Michael the Syrian,1126—1199 年)所著的《编年史》。米哈伊尔在 1166—1199 年间一直担任叙利亚教会主教,他的《编年史》被称作中世纪规模最为宏大的一部编年史作品。这部 21 卷的著作记载了从亚当直到 1195 年间教会与世俗的重大历史事件,其中第 7—9 卷详细记载了拜占廷 4—6 世纪的历史。目前米哈伊尔主教的《编年史》尚无英译本,但有夏波翻译的优秀法文译本③。

教会史

早期拜占廷历史作品三大流派中最后一支是基督徒史学家撰写的教会史著作。这些历史作品虽然名为《教会史》,但是作品内容和取材往往不只拘泥于教会事务。作者秉承所有历史都是基督教会史的观念,在作品中广泛记载了政治、经济、军事、文化乃至自然等多方面内容,尤其以保存大量原始档案文件为特征而在早期拜占廷历史作品中独树一帜,极富学术色彩。因为这一类作品取材广泛、史料来源丰富、立场客观,因此具有很高的史料价值。与此同时,在时间跨度上,教会史作品比古典式历史的时间跨度要长,更有利于展示东地中海世界在该特定时间转变的全貌。

拜占廷时代最早的一部《教会史》由恺撒里亚的尤西比乌斯所著,他是

---

① John of Nikiu, *The Chronicle of John, Bishop of Nikiu*, trans. by R. H. Charles, London, 1916.
② Theophanes Confessor, *The Chronicle of Theophanes Confessor, Byzantine and Near Eastern History 284-813 AD*, translated with introduction and commentary by Cyril Mango and Roger Scott, Oxford, 1997.
③ Michael the Syrian, *Chronique de Michel le Syrien, Patriarche Jacobite d'Antiche (1166-1199)*, trans. by J. B. Chabot, Paris, 1960 Reprint, 5 vols.

君士坦丁大帝的好友和东部基督教世界的领袖人物,一生著作颇丰。其现存约10.2万字的《教会史》涉及324年之前的早期基督教历史。他不但大量引用先人的文献作品,更结合所见所闻,加入许多个人见解,具有很高的史料价值。该作品英文译本众多,其中"洛布古典学丛书"①和尼西亚与后尼西亚教父文集②中所收录的都是较为优秀的版本。该书的中译本有瞿旭彤教授的译本③。

在尤西比乌斯之后,4世纪末至5世纪初出现了三位重要的教会史作家:苏格拉底(Socrates Scholasticus,379—440年)、索卓门(Sozomen,约400—450年)和塞奥多利特(Theodoret of Cyrrhus,393—466年)。苏格拉底是君士坦丁堡的律师,作品为7卷本的《教会史》,内容涉及305—439年间的历史,尤其对发生在君士坦丁堡的事件记载更为详细。尼西亚与后尼西亚教父文集中收录的该作品为常见的英文版本④。索卓门是苏格拉底同时代的历史学家,他是塞奥多西二世的好友,其作品为9卷本的《教会史》,内容涉及324—443年间的历史,但是现在只有前8卷存世,记载425年后史实的第9卷已经遗失。索卓门作品的英文译本也被收录于尼西亚与后尼西亚教父文集中⑤。与苏格拉底和索卓门不同,塞奥多利特是教会中人,他出生于安条克,后成为塞鲁斯教区主教。他支持聂斯托利教义,因此在431年以弗所宗教会议中被罢免。他的作品为5卷本的《教会史》,涉及323—428年的教会历史。因为塞奥多利特身份的原因,他作品的视角与苏格拉底和索卓门有所不同,可为相互参照。塞奥多利特的《教会史》和一些书信集的英文译本一起被尼西亚与后尼西亚教父文集收录⑥。

在苏格拉底、索卓门和塞奥多利特之后,记载5世纪后半叶教会历史最为重要的著作是基督一性论派主教扎卡里亚(Zachariah of Mitylene)的《教会史》。该作品成书于阿纳斯塔修斯皇帝(Anastasius,491—518年在位)时代,记载了450—491年间马西安(Macian,450—457年在位)、利奥一世(Leo I,

---

① Eusebius of Caesarea, *The Ecclesiastical History*, with an English translation by Kirsopp Lake and J. E. I. Oulton, Loeb Classical Library, Cambridge, Mass., 1926-1932, 2 Vols.
② Eusebius Pamphilus, *Church History*; *Life of Constantine the Great*; *Oration in Praise of Constantine*, NPNF2-01, general editor Philip Schaff, New York, 1890.
③ 优西比乌:《教会史》,瞿旭彤译,北京:生活·读书·新知三联书店,2009年。
④ Socrates Scholasticus, *The Ecclesiastical History of Socrates Scholasticus*, NPNF2-02, pp. 2-281, general editor Philip Schaff, New York, 1886.
⑤ Sozomen, *Ecclesiastical History of Sozomen*, NPNF2-02, pp. 282-613, general editor Philip Schaff, New York, 1886.
⑥ Theodoret, *Ecclesiastical History*, *Dialogues*, *Letters of Theodoret*, NPNF2-03, pp. 3-523, general editor Philip Schaff, New York, 1892.

457—474年在位)和泽诺(Zeno,474—491年在位)皇帝统治时期教会的重要历史事件。后来,一位匿名的叙利亚修士用扎卡里亚的名义将其作品续写到569年①。该书对于研究叙利亚和埃及的历史具有非常重要的作用。遗憾的是,扎卡里亚作品的希腊文原本现已遗失,所幸扎卡里亚的《教会史》被收录在以他名义所著的,古叙利亚文12卷本的《叙利亚编年史》之中(第11卷现已遗失),其中第3—6卷应为扎卡里亚的原著。目前《叙利亚编年史》的权威英文译本为汉密尔顿和布鲁克斯译本②。

6世纪最有代表性和最为重要的教会史作品是埃瓦格里乌斯(Evagrius Scholasticus)创作的《教会史》。埃瓦格里乌斯是6世纪拜占廷帝国的历史学家和法学家。他于535—537年间生于叙利亚地区的埃比法尼亚城,卒年不详,但肯定是在593/594年后。作为一名受过良好教育的律师,埃瓦格里乌斯在其生活的安条克城拥有较高的社会地位。他常年担任安条克主教格里高利的助手,并曾经被拜占廷皇帝授予过"前任执政官"等荣誉头衔。埃瓦格里乌斯传世的唯一作品是6卷本的《教会史》,涉及428年(聂斯托利异端出现)至593/594年(莫里斯皇帝统治的第12年)间拜占廷帝国重要的历史事件。作为唯一一部完整保存至今,几乎全面涵盖了5—6世纪拜占廷帝国宗教和世俗历史的文献,他的《教会史》是研究该时期拜占廷史、基督教会史和叙利亚地区史最重要的参考资料之一。2000年利物浦大学出版社的怀特比译本③是埃瓦格里乌斯《教会史》的权威英文译本。目前笔者已经将《教会史》全文译为中文,并已经获得教育部哲学社会科学后期资助项目立项。

在6世纪,除了埃瓦格里乌斯的作品外,还诞生了另一部重要的教会史著作,即以弗所主教约翰的《教会史》。以弗所主教约翰(John of Ephesus,507—586年)也是支持基督一性论的教士。他的《教会史》原有三部,其中第一部从恺撒时期写起,现已全部遗失,第二部记录了从塞奥多西二世(Theodosius II,408—450年在位)到571年间的历史,目前仅有部分残篇存世。史料价值最高的第三部共分6卷,记载了从571年直至其去世前的重大历史事件,该部内容大多保存至今,原文为古叙利亚文。以弗所主教约翰的作品是研究埃瓦格里乌斯《教会史》的重要参考资料。它在一定程度上弥补了埃瓦格里乌斯对查士丁二世(Justin II,565—578年在位)、提比略(Tiberius,

---

① P. Allen, "Zachariah Scholasticus and the Historia Ecclesiatica of Evagrius Scholasticus", *Journal of Theological Studies*, Vol. XXXI, p. 472.
② Zachariah Rhetor, *The Syriac Chronicke Known as That of Zachariah of Mitylene*, trans. by F. J. Hamilton and E. W. Brooks, London, 1899.
③ Evagrius Scholasticus, *The Ecclesiastical History of Evagrius Scholasticus*, trans. by M. Whitby, Liverpool, 2000.

578—582年在位)和莫里斯(Maurice,582—602年在位)皇帝统治时期教会事务记载粗疏的缺陷,同时作为一部基督一性派教士的教会史作品,它可与卡尔西顿派的埃瓦格里乌斯的《教会史》互为参照。约翰《教会史》的第三部有史密斯的英文译本①。

教父文集和书信集

除了教会史外,拜占廷帝国早期基督教教父们的个人文集和书信集也是研究4—6世纪拜占廷和基督教历史重要的参考文献,这些作品集对了解4—6世纪东地中海世界基督教正统思想的确立及其社会影响有非常大的助益。

亚历山大里亚主教阿塔纳修斯(Athanasius)的文集是研究4世纪早期拜占廷帝国教会历史的重要史料。阿塔纳修斯是4世纪初基督教会内最重要的人物之一,他在亚历山大里亚主教任内曾坚定不移地捍卫"三位一体"正统教义,并坚决反对阿里乌主义,为此先后多次被君士坦丁大帝及其后人放逐。他的作品如《阿里乌史》以其亲身经历反映了当时基督教会内部各派别的发展以及教会与皇帝不断变化的关系,具有很高的史料价值。目前阿塔纳修斯作品最完整的英译本保存在尼西亚与后尼西亚教父文集中②。

继阿塔纳修斯之后,米兰主教安布罗斯(Ambrose of Milan,338—397年)是拜占廷帝国早期另一位著名的基督教会领袖。在374年成为米兰主教后,他与阿里乌派进行了激烈的斗争,为此不惜多次与皇帝发生冲突。在塞奥多西一世(Theodosiu I,379—395)统治时期,他拒绝让镇压塞萨洛尼基起义的皇帝进入米兰教堂并最终迫使后者认错的行为更进一步提升了他在教会中的影响力。目前安布罗斯存世作品的英译本众多,其中最为完整的译本收录于尼西亚与后尼西亚教父文集中③。此外,还有帕克等人翻译的《安布罗斯信件选集》④等英文资料可供参考。

与安布罗斯同时代,在帝国东部的基督教会中则有被称作"卡帕多西亚三杰"的三位著名的希腊教父——瓦西里(Basil the Great,330—379年)、尼萨的格里高利(Gregory of Nyssa,335—394年)以及纳西盎的格里高利

---

① John of Ephesus, *The Third Part of the Ecclesiastical History of John, Bishop of Ephesus*, trans. by R. P. Smith, Oxford, 1860.
② Athanasius, *Select Works and Letters*, *NPNF2-08*, general editor Philip Schaff, New York, 1892.
③ Ambrose, *Selected Works and Letters*, *NPNF2-10*, general editor Philip Schaff, Edinburgh repr. 1988.
④ Ambrose, *The Letters of S. Ambrose, Bishop of Milan*, trasnlated with notes and indices by James Parker and co., Oxford, 1881.

(Gregory of Nazianzen,329/330—390年)。三人是当时东部基督教会的精神领袖。他们不像安布罗斯那样持有强势的政治态度,流传的作品也多为神学文章。尼西亚与后尼西亚教父文集中收录了他们三人的作品集①。

在卡帕多西亚教父之后,东部教会出现了一位被称作"圣金口"的君士坦丁堡主教约翰(John Chrysostom,340—407年)。此人出身叙利亚地区,才思敏捷,文笔和演说才能尤其出众。在担任君士坦丁堡主教期间,他大胆地批评帝国官员甚至皇室成员的奢侈生活,得到了首都民众的拥戴,但也因此被皇帝两次放逐。他留下了大量的神学论文、布道词和书信。尼西亚与后尼西亚教父文集共收录了他的6卷作品,其中第1卷的文选对研究当时教会与国家的关系最有意义②。

5世纪初期,拜占廷基督教会内部出现了聂斯托利宗教争端。聂斯托利(Nestorius,386—451年)原是安条克地区的教士,成为君士坦丁堡主教之后,他提出基督的神性与人性分离,分别构成两个位格,其人性是由玛利亚所生,其神性是来自上帝的神学观点。在431年的以弗所基督教大公会议上,聂斯托利的观点被斥为异端,他本人也被流放。聂斯托利现有一些神学论文和书信存世,并被译成英文③。在与聂斯托利的斗争中,亚历山大里亚主教西里尔(Cyril of Alexandria,378—444年)脱颖而出。他联合罗马主教说服皇帝塞奥多西二世将聂斯托利罢免,在这一过程中,他在很多方面表现得更像一个政治家而非神学家,这一事件本身也体现了拜占廷各大教区为了争夺基督教世界领导权所进行的激烈争斗。西里尔传世作品中最为著名的是5卷本的《斥聂斯托利书》④。此外,2000年,西里尔的部分作品选集由拉塞尔翻译成英文后被收录于《早期教父文集》中出版⑤。

继聂斯托利宗教争端之后,基督一性论宗教争端成为5—6世纪拜占廷基督教会历史中最重要的事件之一,埃瓦格里乌斯也用大量笔墨描绘了这一

---

① Basil the Great, *Letters and Select Works*, NPNF2-10, general editor Philip Schaff, Edinburgh, 1895. Gregory of Nazianzen, *Select Orations, Sermons, Letters*; *Dogmatic Treatises*, NPNF2-07, pp. 299-709, general editor Philip Schaff, New York, 1893. Gregory of Nyssa, *Dogmatic Treatises*; *Select Writings and Letters*, NPNF2-05, general editor Philip Schaff, New York, 1892.
② John Chrysostom, *On the Priesthood, Ascetic Treatises, Select Homilies and Letters, Homilies on the Statutes*, NPNF1-09, general editor Philip Schaff, New York, 1886.
③ Nestorius, *The Bazaar of Heracleides*, translated from the Syriac and edited with an introduction, notes & app. endices by G. R. Driver and Leonard Hodgson, Oxford, 1925. Nestorius, *2nd and 3rd letters to Pope Celestine*, http://www.tertullian.org/fathers/.
④ Cyril of Alexandria, *Five Tomes Against Nestorius*, introduction by P. E & E. B. Pusey, Oxford, 1881.
⑤ Cyril of Alexandria, *Cyril of Alexandria*, trans. by Russel, New York, 2000.

争端的发展变化。围绕这一神学问题,基督教会的领袖们各持己见并展开了激烈的争论。其中罗马主教利奥(Leo I,? —461年)是争端初期最重要的人物之一。他激烈地反对基督一性论并竭尽全力争取皇帝的支持。在卡尔西顿基督教大公会议上,他提交的《利奥大卷》被会议奉为正统,而一性论则被斥为异端。除了参与宗教争端外,利奥还极力维护罗马教会在基督教世界的领导地位,为此他多次写信给君士坦丁堡主教和皇帝,用激烈的言辞重申罗马主教的地位和权力。利奥作品的英文译本也被收录在尼西亚和后尼西亚教父文集中①。

随着一性论争端愈演愈烈,在冲突最为激烈的东部地区,一些教会人士开始谋求和解之路。代表调和政策的《联合诏令》即出台于这一时期。当时东部教会的领袖君士坦丁堡主教阿卡西乌(Acacius,? —489年)和亚历山大里亚主教彼得(Peter Mongus,? —490年)的和解对这一诏令的出台起到了至关重要的作用。他们二人之间的部分信件已被现代学者翻译成英文②,对这一领域的研究有重要的参考作用。

在一性论争端中,一些一性论派教士最终被国家定为异端分子并遭到残酷的迫害,安条克主教塞维鲁(Severus of Antioch,465—538年)就是代表之一。他在担任安条克主教期间积极支持一性论,后来遭到皇帝的罢免和放逐。塞维鲁留下了大量信件,成为从一性论派教士角度研究当时教会问题的重要资料。目前他的118封信件被布鲁克斯翻译成英文后出版③。

圣徒传记

与神学作品相关的另一类辅助资料是拜占廷早期为数甚多的圣徒传记。随着基督教的影响力与日俱增,基督教会中的圣徒日益受到普通民众的崇拜,林林总总的圣徒传记也陆续出现。基督教获得合法地位后,圣徒传记由先前主要记载殉教士的事迹转向更为宽广的领域。虔诚的皇帝、主教和修道士等都被囊括在内。这些圣徒传记不仅对研究4—6世纪东地中海世界基督教化进程有重要的作用,同时其中保留了该地区大量普通民众的日常生活状况,已经越来越受到社会史研究者的重视。

---

① Leo the Great, *Letters and Sermons of Leo the Great*, *NPNF2-12*, pp. 2-337, general editor Philip Schaff, Edinburgh repr., 1988.
② F. C. Conybeare, "Anecdota Monophysitarum: The Correspondence of Peter Mongus, Patriarch of Alexandria, and Acacius, Patriach of Constantinople, Together with the Henoticon of the Emperor Zeno and the Rescript of the Emperor Anastasius, Now First Translated from the Old Armenian Texts", *American Journal of Theology* 9 (1905), pp. 719-740.
③ Severus of Antioch, *A Collection of Letters from Numerous Syriac Manuscripts*, edited and translated by E. W. Brooks, London, 1915.

拜占廷建国后,最初一篇重要的圣徒传记是尤西比乌斯所著的《君士坦丁传》。尤西比乌斯在作品中通过记载君士坦丁的所作所为,阐明了自己的观点,即只有遵循上帝意愿,才能像君士坦丁大帝一样取得最终的胜利。此外,作品中记载的君士坦丁大帝的许多言行对研究拜占廷初期皇帝与教会的关系有一定的作用。目前《君士坦丁传》的英译本众多,除了上文提及的尼西亚与后尼西亚教父文集外,卡梅隆版是一个较新的版本①,该书的中译本由林中泽教授翻译②。

修道士的圣徒传记在拜占廷建立之初的4世纪已然大量出现,阿塔纳修斯所著的《安东尼传》就是代表作品之一(收录于上文提到的阿塔纳修斯文集中),它记载了修道生活的创始人安东尼的生平。5世纪后,各类圣徒传记更如雨后春笋一般涌现,难以一一尽数,笔者只择代表性作品加以分析。

高柱修士西蒙(老)(St. Simeon Stylites the Elder,388—459年)是5世纪上半叶拜占廷东部地区最著名的一位圣徒。西蒙生于叙利亚北部地区,16岁进入修道院。后为进一步修行,他登上附近的一座石柱,过着独居苦行的生活。这一开创性的行为受到了当时民众的普遍尊敬,他也因此获得极高的声誉。当时的拜占廷皇帝和安条克主教都和他有密切的往来。459年他去世后,遗体被安放在安条克,成为城市的守卫者。西蒙的生平对研究5世纪拜占廷东方修道生活十分重要。由于他的影响力,在拜占廷的时代有多篇他的传记存世,其中最著名的一篇是由上文提及的塞奥多利特所著。现代学者多兰将塞奥多利特等人所著的3篇西蒙传记译成英文,并作注后出版③。

在西蒙之后,拜占廷帝国又出现了多位著名的修道士圣徒,其中5世纪的高柱修士丹尼尔(Daniel the Stylite,409—493年)和6—7世纪的塞奥多利(Theodore of Sykeon,?—613年)是有代表性的人物。前者和西蒙一样,独自一人在君士坦丁堡附近的一个石柱上修行长达33年之久。后者出身于小亚细亚一个卑贱的娼妓家庭,但是自幼虔诚尊奉上帝和圣徒乔治,后成为修道士和阿纳斯塔修斯堡主教。他的德行受到了拜占廷皇帝和民众的一致尊重。他们二人的事迹都被当时人所记载,著名拜占廷史学家贝恩斯等人将他们的传记与7世纪圣徒约翰主教合在一起,用英文译注后出版④。此类现代

---

① Eusebius of Caesarea, *Life of Constantine*, introduction, translation, and commentary by Averil Cameron and Stuart G. Hall, Oxford and New York, 1999.
② 尤西比乌斯:《君士坦丁传》,林中泽译,北京:商务印书馆,2017年。
③ R. Doran, trans. with introduction, *The Lives of Simeon Stylites*, Kalamazoo, 1992.
④ Elizabeth Dawes and Norman H. Baynes, trans., *Three Byzantine Saints: Contemporary Biographies Translated from the Greek*, Crestwood, 1977.

学者编译的英文圣徒传记史料还有塔尔波特主编的《拜占廷圣女》等①。

除了正统教会承认的圣徒之外,一些基督教的异端派别,如基督一性论派等也有自己的圣徒。这些圣徒多是因为坚持己见而被国家或教会惩处的神学领袖或信众。这类圣徒传记从另一个角度诠释了该时期拜占廷教会的历史。其中代表性的作品是以弗所主教约翰所著的《东方圣徒传记》。该传记正文共58篇,记载了58位遭官方迫害的一性论信徒的事迹,对研究东方地区一性论运动的发展有极其关键的作用。目前该作品有布鲁克斯译注的英文与古叙利亚文对照本②。

除此之外,上文提到的安条克主教塞维鲁也是一性论信徒尊崇的对象,有多篇关于他的传记传世,其中最著名的一篇是由前文提及的扎卡里亚主教所著。目前此作品没有英文译本,只有库格纳的法文与古叙利亚原文对照本③。

法典、诏令、宗教会议记录与政治文献

最后,还有一类重要的原始文献是拜占廷早期的法典、皇帝诏令、各次宗教会议的会议记录和政治文献等档案性文件。拜占廷早期第一部重要的法律文献是《塞奥多西法典》,该法典编纂于塞奥多西二世期间,438年正式颁布,共16卷。该法典真实反映了4—5世纪拜占廷社会与政治生活的风貌。其中法典第16卷全部为宗教问题的法律,体现了基督教成为帝国国教后,国家相关法律政策的发展变化,具有很高的史料研究价值。《塞奥多西法典》原文为拉丁文,现有菲尔译注的英文本是比较优秀的版本④。该法典的中译本已经由广西师范大学董晓佳教授翻译完毕,并获得了国家社科基金资助。

随后,6世纪查士丁尼皇帝统治时期诞生了另一部极有价值的法律文献,即查士丁尼主持编纂的《罗马民法大全》⑤。该文献由《查士丁尼法典》《法学汇编》《法理概要》和《查士丁尼新法》组成。这部法律文献改变了之前

---

① A. M. Talbot, ed., *Holy Women of Byzantium*, *Ten Saints' Lives in English Translation*, Washington, D. C.,1996.
② John of Ephesus, *Lives of the Eastern Saints*, edited and translated by Brooks, *Patrologia Orientalis* 17-19, Paris, 1923-1925.
③ Zachariah Scholasticus, *Vie de Sévère par Zacharle le Scholastique*, edited and translated by Kugener, *Patrologia Orientalis*, Vol. II, Paris, 1904, pp. 5-115.
④ Theodosius, *The Theodosian Code and Novels*, *and the Sirmondian Constitutions*, trans. by C. Pharr, Princeton, 1952.
⑤ Justinian, *The Digest of Justinian*, trans. by Mommsen and Krueger, Philadelphia, 1985. Justinian, *The Institutes of Justinian*, trans. by Thomas, Amsterdam, 1975. Justinian, *Corpus Iuris Civilis*, trans., by Scott, Cincinnati, 1932.

帝国内成文法非常混乱的情况,对研究帝国当时的政治社会状况有极为重要的参考价值。

除了上述两部法典外,拜占廷历代皇帝还多次颁布涉及教会和信仰问题的法令和宗教诏令。历史学家诺顿编译的《罗马国家和基督教会:法律文献汇编》①一书共分3卷,收录了从基督教诞生之初一直到535年间罗马和拜占廷皇帝颁布的652篇法律文件,为研究该领域的重要史料。

拜占廷早期多如牛毛的大小宗教会议的会议记录也是研究教会问题的关键资料。其中基督教历史上重要的7次大公会议的会议记录是重中之重。基督教大公会议的记录原文为拉丁文(Acta Conciliorum Oecumenicorum),大多数国内学者目前使用其进行研究尚存在一定困难,所幸尼西亚与后尼西亚教父文集中收录了这7次大公会议及其他部分重要宗教会议记录的英文译本②,为研究带来了极大的方便。

此外,历史学家斯蒂文森编译的《信经、会议与宗教争端》③一书汇编了337—461年间基督教会内的236篇重要文件,其中多有一些是在非大公会议的其他宗教会议上通过的决议,因此是大公会议记录的有益补充。

最后,早期拜占廷帝国还有一部重要的政治文献,即6世纪吕底亚人约翰(John Lydian)所著的《职官录》。在这部文献中,约翰记录并解释了帝国东西部许多官员的名称。此著作是研究拜占廷早期官僚体系和政府系统最为重要的原始资料。目前该作品有卡尼的英译本④。

以上,就是与本课题研究相关的一些拜占廷重要文献综述。需要说明的是,文中提到的数十种原始资料,仅仅是拜占廷早期历史文献中最重要的一部分,且为了方便国内读者使用,以英文译本居多。尚有一些其他西方文字的译本,以及与本书联系不甚紧密的拜占廷早期史料便不在综述中一一说明,而将在参考文献部分列出。此外,为方便更多国内读者了解并使用该时期的拜占廷史料,笔者列举了一些已经出版或有望近期出版的中译本信息,限于能力所限,如有遗漏或错误,在此向译者和读者表示歉意。

---

① P. R. Coleman-Norton, ed., *Roman State and Christian Church: A Collection of Legal Documents to AD. 535*, London, 1966.
② H. R. Percival, ed., *The Seven Ecumenical Councils*, NPNF2-14, general editor Philip Schaff, Edinburgh repr., 1988.
③ J. Stevenson, ed., *Creeds, Councils and Controversies: Docouments Illustrative of the History of the Church AD. 337-461*, New York, 1966.
④ John Lydian, *On the Magistracies of the Roman Constitution*, trans. by Carney, Lawrence, 1971.

三 西方学者的重要研究成果

国内外学者在4—6世纪东地中海世界(或晚期罗马帝国和早期拜占廷帝国)历史的研究中取得了大量重要的成果,由于篇幅所限,笔者在接下来的两节中择其精要,挑选一些具有代表性的重要论著加以介绍,由于学术水平有限,不免挂一漏万,敬请读者谅解。

在西方学界,将晚期罗马帝国或早期拜占廷帝国的历史置于"古代晚期"这一研究视角是该领域研究的重要突破。英国学者卡梅隆教授的《古代晚期的地中海世界(395—600年)》①从宏观角度上将地中海世界视为一个整体加以研究,旨在介绍东西地中海世界不同的发展道路,其中绝大部分篇幅都围绕东地中海世界在这一时期的转变展开。另有彼得·布朗所著的《古代晚期》(150—750年)》一书②,主要关注地中海世界的社会和文化转型,与卡梅隆的作品有异曲同工之妙。这两位史学名家是"古代晚期"这一学术概念的积极倡导者,他们对于这一学科的创立和发展起着至关重要的作用。

在早期拜占廷帝国史的综合性著作中,前文提及的前南斯拉夫学者奥斯特洛格尔斯基的《拜占廷国家史》无疑是受到称颂最多的一部作品③。除了奥氏的作品外,英国史学家琼斯的著作《晚期罗马帝国:284—602年》④也是研究这一时期历史不可缺少的著作。书中对晚期罗马帝国的政治、经济和社会等诸多专题进行了深入研究,尤其是在一些经济问题的论断上颇具独到之处。英国史学家伯里的《晚期罗马帝国史》⑤也是研究这一时期历史的必备参考书,书中保存了很多重要的原始资料。美国学者特雷德戈尔德所著《拜占廷国家社会史》⑥从最新的史料出发,对拜占廷帝国早期的历史,尤其是经济社会状况有比较深入的研究,并提供了一些相关的数据。西里尔·曼戈教授主编的《牛津拜占庭史》集合了欧美多位拜占廷史研究精英,以倡导重新解释和质疑公认观点的态度对拜占廷史中的许多问题进行了重新阐释⑦。

---

① A. Cameron, *The Mediterranean Word in Later Antiquity: AD. 395-600*, London and New York, 1993.
② P. Brown, *The World of Late Antiquity: AD. 150-750*, London, 1989.
③ 〔南斯拉夫〕奥斯特洛格尔斯基:《拜占廷帝国》,陈志强译,西宁:青海人民出版社,2006年。
④ A. H. M. Jones, *The Later Roman Empire 284-602*, Oxford, 1964.
⑤ J. B. Bury, *History of the Later Roman Empire*, Vol. 1, New York, 1958. J. B. Bury, *History of the Later Roman Empire*, Vol. 2, London, 1923.
⑥ W. Treadgold, *A History of the Byzantine State and Society*, Stanford, 1997.
⑦ C. Mango, ed., *The Oxford History of Byzantium*, Oxford, 2002. 该书中译本为〔英〕曼戈主编:《牛津拜占庭史》,陈志强、武鹏译,北京:北京师范大学出版社,2015年。

希腊学者卡拉扬诺布鲁斯是研究拜占廷历史的大家,尤其擅长拜占廷早期历史的研究。他的《拜占廷国家史》①第一卷详细研究了查士丁尼大帝去世前的拜占廷历史,一定程度上弥补了奥斯特洛格尔斯基同名著作在拜占廷早期史记载方面略显简略的遗憾。

另外,瓦西列夫的《拜占廷帝国史》②、贝恩斯和莫斯的《拜占廷:东罗马文明概论》③以及施泰因的《晚期罗马帝国史》④等经典著作的出版日期虽已略显久远,但是依然对拜占廷早期历史的研究有重要的辅助作用。

在该时期东地中海世界转变的各专题性问题研究中,西方学者最为关注的是早期拜占廷的基督教问题,而这一研究中最为热门的话题则是拜占廷教会与国家的关系。这被认为是该时期地中海世界基督教化进程中的重要课题。对于很多西方学者来说,拜占廷皇帝对基督教会和君士坦丁堡大教长的控制与他们熟悉的罗马教皇和神圣罗马帝国皇帝之间的关系截然不同。为此,在西方学界曾经产生了一个定义拜占廷教会与国家关系的特殊名词——至尊权(Caesaropapism)。按照权威的《牛津基督教词典》定义,至尊权是指"皇帝对教会各个方面,甚至包括教义等通常属于教会管辖范围内的事务享有的绝对控制权"。⑤ 这一定义在20世纪上半叶之前得到了拜占廷和基督教史学界的普遍认同。然而,随着对史料研究的逐渐深入,一些学者开始对这一概念提出异议,最终反对这一定义的声音成了西方学界的主流⑥。1991年出版的拜占廷学名家卡日丹主编的《牛津拜占廷词典》一书,在"至尊权"词条中已经明确写到"这一概念已经被大多数学者否定,并且认为这是一个对拜占廷政治状况错误和不准确的阐述……总之,至尊权这一概念夸大了教会对国家实际控制的程度"。⑦

除此之外,英国拜占廷学名家仁西曼爵士的名作《拜占廷神权政治》⑧一书也是研究拜占廷教会与国家关系的重要专著。此书以君士坦丁大帝建国

---

① I. E. Καραγιαννόπουλος, *Ιστορία Βυζαντινού Κρατούς*, Τόμος Α, Θεσσαλονίκη, 1995.
② A. A. Vasiliev, *History of the Byzantine Empire*, Wisconsin, 1958.
③ N. H. Baynes and H. St. L. B. Moss, ed., *Byzantium: An Introduction to East Roman Civilization*, Oxford, 1949 Reprint. 该书中译本为〔英〕拜尼斯主编:《拜占庭:东罗马文明概论》,陈志强、郑玮、孙鹏译,郑州:大象出版社,2012年。
④ E. Stein, *Histoire du Bas-Empire*, Paris, 1949-1959.
⑤ F. Cross, ed., *The Oxford Dictonary of the Chrisitian Church*, London, 1957, "Caesaropapism".
⑥ 关于这一问题笔者将在第二章另辟章节专门进行讨论。
⑦ A. P. Kazhdan, editor in chief, *The Oxford Dictionary of Byzantium*, Oxford, 1991, "Caesaropapism".
⑧ S. Runciman, *The Byzantine Theocracy*, Cambridge, 1977.

为始,分6个阶段分析了拜占廷皇权与教会权力合作斗争以及相互消长的过程。作者认为,拜占廷帝国直到最后衰亡的时刻,皇帝始终是拜占廷人眼中上帝在人世的代理人。这一特性与神圣罗马帝国截然不同,同时也和穆斯林哈里发有所区别,因为哈里发不会将自己视为神在人间的映象。同时仁西曼也承认,尽管这一理论比较清晰,但是具体的实践显然更为复杂。罗马的传统,希腊的文化都对这一理念产生了制约,同时教士也不会轻易接受这一观点,因此在研究拜占廷教会与国家关系的理论时要注意到这些实际因素的影响[1]。

研究拜占廷帝国早期教会与国家关系问题尚有其他两本重要专著,即格林斯雷德的《从君士坦丁到塞奥多西的教会与国家》[2]和卡兰尼斯的《晚期罗马帝国的教会与国家:阿纳斯塔修斯一世(491—518)的宗教政策》[3]。前者的作品主要研究4世纪拜占廷教会与国家关系,作者认为,在这段时期内,二者之间的关系逐渐发展为教会得到越来越多的自由,进而提出教会与国家平行的二元理论,最终在4世纪末期,教会与国家关系开始向教会的优势地位演变。卡兰尼斯的作品则把视角完全集中于阿纳斯塔修斯皇帝身上。他提出,与前任和后任相比,阿纳斯塔修斯更能认识到东方地区至关重要的作用,因此能够制定出相应的宗教政策,由此需要对其进行认真的研究。阿纳斯塔修斯一直试图寻找一个能够保证东方地区利益的宗教政策,为此不惜受到罗马主教等卡尔西顿派教徒的反对。如果这一政策能够最终生效,那么它就可以团结起东方的基督徒,并在未来阿拉伯人入侵时起到有效的抵御作用。但是阿纳斯塔修斯死后,这一政策没有被延续,最终导致了帝国东方省份的分裂和沦陷[4]。卡兰尼斯的著作虽然出版于1939年,但是其中睿智的观点与翔实的史料使其至今仍是研究阿纳斯塔修斯时期教会与国家问题最重要的作品。然而,作者的着眼点主要集中在一个皇帝的宗教政策上,目的并非从宏观角度勾画拜占廷教会与国家关系的走向,因此从研究角度来说,其作品与本书的方向并不完全相同,但可作为有益的参考与补充。

除此之外,西方学者还将目光投向了基督教问题的其他领域。如在早期基督教教义发展和争端问题上,格沃特金的《阿里乌主义研究》[5]、卢福斯的

---

[1] S. Runciman, *The Byzantine Theocracy*, Cambridge, 1977, pp.1-4.
[2] S. L. Greenslade, *Church and State from Constantine to Theodosius*, London, 1954.
[3] P. Charanis, *Church and State in the Later Roman Empire: The Religious Policy of Anastasius the First, 491-518*, Wisconsin, 1939.
[4] Ibid., p.9.
[5] H. M. G. Gwatkin, *Studies of Arianism*, Cambridge, 1900.

《聂斯托利及其在基督教教义史中的地位》①和弗兰德的《基督一性论运动的兴起》②三部著作全面系统地研究了拜占廷早期基督教会内部最重要的三次异端运动。其中英国史学家弗兰德所著《基督一性论运动的兴起》一书尤为重要。该书大量使用原始资料,记载了一性论兴起的背景、经过和结果,是研究早期基督教教义发展不可或缺的辅助资料。在研究拜占廷早期基督教与政治思想问题上,巴克的《拜占廷的社会与政治思想》③、德沃尔尼克的《早期基督教与拜占廷的政治哲学》④以及布朗的《晚期古典时代的权力与信仰》⑤是有代表性的作品。在涉及拜占廷早期基督教会的重要人物时,有巴恩斯的《阿塔纳修斯与君士坦提乌斯》⑥、杜登的《圣安布罗斯及其所处的时代》⑦和弗兰德的论文《安条克主教塞维鲁和一性论派的统治集团》⑧等论著。关于拜占廷早期重要宗教会议的问题,塞勒斯的《卡尔西顿会议》⑨和海费尔的《教会会议史》⑩等则起到了十分重要的作用。

除了基督教化问题之外,笔者还要提及一些关于4—6世纪东地中海世界统治体系,即早期拜占廷国家制度建立的研究论著。在此领域,上文提到琼斯的《晚期罗马帝国》中的第11—17章是较为权威的研究成果,作者对拜占廷帝国的政府、元老院和军队等都进行了细致的研究。前文所述德沃尔尼克的《早期基督教与拜占廷的政治哲学》不但是关于早期拜占廷基督教的重要著作,作者还用大量篇幅考查了拜占廷的皇帝制度。除此之外,特雷德戈尔德的《拜占廷及其军队(284—1081年)》⑪对拜占廷军队的组织结构、数量、征募手段、报酬以及军队同拜占廷国家和社会的联系进行了专题研究,是早期拜占廷军队研究最重要的著作。

最后,学者们还尤为关注该时期地中海世界的中心东移现象,这对该时期东地中海世界的经济、社会与文化转型都有重要的影响。上文提到的贝恩斯和莫斯的《拜占廷:东罗马文明概论》等综合性论著都是重要的组成部分。

---

① F. Loofs, *Nestorius and His Place in the History of Christian Doctrine*, New York, 1975 reprint.
② W. H. C. Frend, *The Rise of the Monophysite Movement*, Cambridge, 1979 Reprint.
③ E. Barker, *Social and Political Thought in Byzantium*, Oxford, 1957.
④ F. Dvornik, *Early Christian and Byzantine Political Philosophy*, Washington, 1966.
⑤ P. Brown, *Power and Persuasion in Late Antiquity*, Wisconsin, 1992.
⑥ T. D. Barnes, *Athanasius and Constantius*, Cambridge, 1993.
⑦ F. H. Dudden, *The Life and Times of St. Ambrose*, Oxford, 1935.
⑧ W. H. C. Frend, "Severus of Antioch and the Monophysite Hierarchy", *Orentalia Chrisitiana Analecta*, Vol. 195, (1973), pp. 261-275.
⑨ R. V. Sellers, *The Council of Chalcedon*, London, 1961.
⑩ K. J. Hefele, *A History of the Councils of the Church*, London, 1896.
⑪ W. Treadgold, *Byzantium and Its Army, 284-1081*, Stanford, 1995.

除此之外,以研究晚期古代经济问题见长的金斯利和戴克主编的《晚期古代东地中海世界的经济与贸易》①一书则就经贸问题对该时期拜占廷帝国东部的历史研究做出了补充。此外,利伯舒茨与迈克尔·格兰特这两位晚期古代史的名家的《晚期罗马帝国的变革(从戴克里先到阿拉伯人征服时期)》②与《从罗马到拜占廷:公元5世纪》③通过对该时期东部帝国的政治、军事、宗教、经济等方面的研究,探讨了在西部帝国灭亡的同时,东部帝国得以生存和发展之原因。迪尔教授的专著《西罗马帝国最后一个世纪的社会》④则从另一个角度全方位地考证了西部罗马帝国衰落的情景,从而揭示了帝国中心东移的必然性。此外还需提及的一部名著是格兰维尔·唐尼的《从塞琉古到阿拉伯征服时期叙利亚的安条克史》⑤,这部作品是研究东地中海重镇的安条克城历史最为重要的著作。作者以约翰·马拉拉斯、埃瓦格里乌斯和埃比法尼亚的约翰等叙利亚当地作家的原始文献为基础,对安条克城在阿拉伯人征服前的历史做了全面的研究。关于该城的城市规模、人口以及风俗的个案研究对本书极有帮助。

  近年来,随着研究视角的更新和对新史料的解读,越来越多的历史研究者开始从生态环境史的角度对古代世界历史的发展进行解读。在该时期东地中海世界的历史进程中,首先引起学界关注的是"查士丁尼瘟疫"问题。其中最具代表性的是利特尔教授主编的《瘟疫与古代世界的终结》⑥,这部著作将瘟疫问题与帝国的历史发展建立了直接的联系。在地震研究方面,目前拜占廷学界的研究程度尚不能与"查士丁尼瘟疫"相比,尚未出现集中研究该问题的专著,但是很多学者,如卡梅隆和曼戈教授等人已经在自己的作品中注意到了地震等自然灾害对当时城市发展的不利影响。在这些研究成果中,唐尼教授的论文《324—1453年君士坦丁堡及其郊区的地震》⑦详细梳理1100年间君士坦丁堡地区的重要地震灾害,是为该领域研究的代表作。

---

① S. Kingsley and M. Decker, ed., *Economy and Exchange in the East Mediterranean during Late Antiquity*, Oxford, 2001.
② J. H. G. W. Liebeschuetz, *From Diocletian to the Arab Conquest: Change in the Later Roman Empire*, Aldershot, 1990.
③ M. Grant, *From Rome to Byzantium: The Fifth century AD*, London and New York, 1998.
④ S. Dill, *Roman Society in the Last Century of the Western Empire*, Cleveland, 1962.
⑤ G. Downey, *A History of Antioch in Syria: From Seleucus to the Arab Conquest*, Princeton, 1961.
⑥ L. K. Little, ed., *Plague and the End of Antiquity*, Cambridge, 2007.
⑦ G. Downey, "Earthquake at Constantinople and vicinity AD. 342-1453", *Speculum*, Vol. 30, No. 4.

四 国内学者的相关研究成果

与西方学界的这些研究成果相比,尽管我国的拜占廷研究启动较晚,但是在近三十余年中也取得了可喜的成就。在关于早期拜占廷帝国的历史研究中产生了一批很有学术价值的论著,如南开大学陈志强教授的《拜占廷帝国史》《拜占廷学研究》和东北师范大学徐家玲教授的《早期拜占庭和查士丁尼时代研究》①等,都是其中的代表之作。

在4—6世纪基督教问题的研究中,陈志强教授在《拜占廷帝国史》中就专辟章节研究了拜占廷教会与国家的关系。他指出"拜占廷国家世俗权力和东正教会的关系十分复杂……在共同利益受到威胁时,他们能够联合,而在利害相互冲突时,则激烈斗争……从理论上讲,皇权和教权的结合是拜占廷君主权力的基础……最初,皇帝对教会的权力是无限的,但是随着教会实力的增强,这种权力被侵害……皇帝们维护其至尊权的斗争一直没有停止"。② 他在论文《拜占廷毁坏圣像运动的原因》③中用这一思路指导拜占廷毁坏圣像运动的研究,并指出这一重大冲突实际上是由拜占廷世俗君主与基督教会在宗教、政治和经济诸领域复杂的矛盾造成的。徐家玲教授也在专著《早期拜占庭和查士丁尼时代研究》④中研究了相关问题。她特别指出,"拜占廷皇权与教会之间的控制与反控制斗争,是4—5世纪拜占庭政教关系的典型特征"。⑤

此外,在教会与国家关系以及皇帝的宗教政策领域,也有一系列论文成果。例如徐家玲教授的《早期拜占廷的政教关系和查士丁尼的宗教政策》⑥为较早的代表性作品。陈志强教授与马巍博士的《君士坦丁基督教政策的政治分析》⑦系统研究了这位重要君主给予基督教保护和合法地位背后的非信仰原因。张日元教授的《四至九世纪拜占廷帝国的教俗关系》从宏观上对这一问题进行了阐释⑧。刘宇方博士的《拜占庭帝国查士丁尼反犹政策原因考》⑨和

---

① 徐家玲:《早期拜占庭和查士丁尼时代研究》,长春:东北师范大学出版社,1998年。
② 陈志强:《拜占廷帝国史》,第406—407页。
③ 陈志强:《拜占廷毁坏圣像运动的原因》,《世界历史》,1996年第3期。
④ 徐家玲:《早期拜占庭和查士丁尼时代研究》,长春:东北师范大学出版社,1998年。
⑤ 同上书,第108页。
⑥ 徐家玲:《早期拜占廷的政教关系和查士丁尼的宗教政策》,《东北师范大学学报》,1993年第6期。
⑦ 陈志强、马巍:《君士坦丁基督教政策的政治分析》,《南开大学学报》,1999年第6期。
⑧ 张日元:《四至九世纪拜占廷帝国的教俗关系》,《西南大学学报》,2014年第6期。
⑨ 刘宇方:《拜占庭帝国查士丁尼反犹政策原因考》,《外国问题研究》,2016年第4期。

疏会玲博士的《保护与限制的双重性——查士丁尼犹太政策初探》①集中讨论了查士丁尼大帝的犹太教政策。笔者也在《拜占廷皇帝朱利安宗教政策的经济社会原因分析》一文中探讨过所谓"背教者"皇帝的政策原因②。

在4—6世纪基督教神学异端及基督教与多神教的问题上,徐家玲教授的《论早期拜占庭的宗教争论问题》③、董晓佳教授的《论早期拜占庭帝国基督教会聂斯脱利争端中的政治因素》④、郭云艳博士的《查士丁尼宗教政策失败原因初探》⑤、龚伟英和林中泽教授的《从"团结诏令"之争看5—6世纪初拜占庭与罗马之关系》⑥,以及笔者的多篇论文⑦,比较集中地讨论了基督教早期如阿里乌、聂斯托利和基督一性论异端的产生、发展及其影响等多方面内容。郑玮副教授的《雅典:从古典城市走向基督教城市》⑧研究了这座古典时期地中海世界文化中心从多神教到基督教的转变过程。董晓佳教授的《早期拜占廷帝国非基督徒与基督徒的共存与交流探析》⑨探讨了塞奥多西二世之前东地中海世界基督徒与多神教徒的关系。笔者的《论5—6世纪拜占庭史料中君士坦丁大帝的形象分歧》⑩则从历史书写的角度关注了多神教与基督教史料中围绕君士坦丁大帝形象的争论。

在4—6世纪基督教修道主义与圣徒崇拜兴起的问题上,田明教授的著作《罗马—拜占廷时代的埃及:基督教史研究》⑪关注了该时期埃及基督教发展的诸多方面内容,其中用大量篇幅研究了埃及地区修道运动的兴起及其对东地中海世界的重要影响。此外,他还撰写了多篇论文系统研究了拜占廷早

---

① 疏会玲:《保护与限制的双重性——查士丁尼犹太政策初探》,《世界民族》,2015年第5期。
② 武鹏:《拜占廷皇帝朱利安宗教政策的经济社会原因分析》,《历史教学》,2005年第6期。
③ 徐家玲:《早期拜占廷的政教关系和查士丁尼的宗教政策》,《史学集刊》,2000年第3期。
④ 董晓佳:《论早期拜占庭帝国基督教会聂斯脱利争端中的政治因素》,《西北大学学报》,2017年第6期。
⑤ 郭云艳:《查士丁尼宗教政策失败原因初探》,《历史教学》,2005年第11期。
⑥ 龚伟英、林中泽:《从"团结诏令"之争看5—6世纪初拜占庭与罗马之关系》,《学术研究》,2016年第4期。
⑦ 武鹏:《阿卡西乌分裂——中古早期基督教会一次重大冲突初探》,《宗教学研究》,2015年第1期。武鹏:《拜占廷帝国〈联合诏令〉出台的政治原因初探》,《历史教学》,2008年第10期。武鹏、田明:《五世纪基督教会的两次基督论神学争端探析》,《历史教学》,2008年第22期。武鹏、田明:《5—7世纪基督一性论宗教争端与东地中海世界的社会冲突》,《内蒙古民族大学学报》,2008年第5期。
⑧ 郑玮:《雅典:从古典城市走向基督教城市》,天津:天津人民出版社,2009年。
⑨ 董晓佳:《早期拜占廷帝国非基督徒与基督徒的共存与交流探析》,《宗教学研究》,2016年第3期。
⑩ 武鹏:《论5—6世纪拜占庭史料中君士坦丁大帝的形象分歧》,《古代文明》,2017年第4期。
⑪ 田明:《罗马—拜占廷时代的埃及:基督教史研究》,天津:天津人民出版社,2009年。

期的基督教修道运动①。吴舒屏教授的《试析东正教的遁世主义修道理念在拜占廷时期的发展》从理论上研究了拜占廷早期修道理念形成与发展。② 张日元教授的《论公元 4—9 世纪拜占廷帝国圣徒崇拜》一文系统研究了该时期东地中海世界圣徒崇拜活动兴起的始末③。

关于早期拜占廷帝国国家制度建设的问题,我国学者同样有优秀的成果。例如在对拜占廷皇帝继承制度的研究上,陈志强教授的《拜占廷皇帝继承制度特点研究》④运用了计量分析的方法,通过对相关历史数据系统地分析,并将其置于特定的历史环境中进行描述,从而概括出拜占廷皇帝继承制度的多样性、不稳定性和激烈性三大主要特点。此外,董晓佳教授的《浅析拜占廷帝国早期阶段皇位继承制度的发展》⑤和笔者的《450—584 年"无皇子时期"的拜占廷皇位继承特点》⑥以 450 年为界,分别研究了该时期之前和之后的早期拜占廷皇位继承制度的变化。

在拜占廷早期官职问题上,陈志强教授的《六世纪拜占廷职官考辩》⑦一文通过对普罗柯比《秘史》的详细梳理,从而对查士丁尼皇帝统治时期的拜占廷主要官职进行了细致的考证。除此之外,徐家玲教授的《早期拜占庭执事官职能探析》⑧和黄良军副教授的《早期拜占廷帝国执事官的政治地位及影响》⑨两文就拜占廷早期的重要官职——执事(长)官(或译为总理大臣)进行了深入的研究。

在早期拜占廷的军事问题上,刘榕榕教授的《查士丁尼与贝利撒留:拜占廷帝国皇权与军权关系的一个范例》⑩和张晓校教授的《君士坦丁军事改

---

① 田明:《试论基督教修道制度的起因》,《西南大学学报》,2007 年第 5 期。田明:《试论基督教修道制度的滥觞》,《内蒙古民族大学学报》,2007 年第 5 期。田明:《试论公元 1—7 世纪埃及基督教的特性》,《世界历史》,2009 年第 3 期。田明:《圣安东尼修道思想研究》,《世界宗教研究》,2014 年第 2 期。
② 吴舒屏:《试析东正教的遁世主义修道理念在拜占廷时期的发展》,《世界宗教研究》,2002 年第 1 期。
③ 张日元:《论公元 4—9 世纪拜占廷帝国圣徒崇拜》,《西南大学学报》,2009 年第 6 期。
④ 陈志强:《拜占廷皇帝继承制度特点研究》,《中国社会科学》,1999 年第 1 期,第 180—194 页。
⑤ 董晓佳:《浅析拜占廷帝国早期阶段皇位继承制度的发展》,《世界历史》,2011 年第 2 期。
⑥ 武鹏:《450—584 年"无皇子时期"的拜占廷皇位继承特点》,《历史教学》,2014 年第 9 期。
⑦ 陈志强:《六世纪拜占廷职官考辨——〈秘史〉研究》,《西学研究》,北京:商务印书馆,2003 年,第 21—53 页。
⑧ 徐家玲:《早期拜占庭执事官职能探析》,《史学集刊》,2003 年第 4 期。
⑨ 黄良军:《早期拜占廷帝国执事官的政治地位及影响》,《东北师范大学学报(哲社版)》,1998 年第 3 期。
⑩ 刘榕榕、董晓佳:《查士丁尼与贝利撒留:拜占廷帝国皇权与军权关系的一个范例》,《世界历史》,2016 年第 6 期。

革刍议》①研究了早期拜占廷帝国两位最重要君主对军事领域的影响。马锋博士的《从戴克里先到查士丁尼时代的军事变革》②和笔者的《拜占廷帝国早期阶段军队的缺陷刍议》③关注了该时期帝国军队的整体变化及其后果。而董晓佳教授的《斯提里科与晚期罗马帝国政局——基于"反日耳曼人情绪"视角下的考察》④和《反日耳曼人情绪与早期拜占廷帝国政治危机》⑤则从蛮族军事将领的角度,观察了这股势力对拜占廷早期政局的影响。

在东地中海世界中心东移的问题上,上文提到的陈志强与徐家玲教授的作品同样有所涉及,例如陈志强教授在《拜占廷学研究》中探讨拜占廷帝国起始年代时,特别将帝国首都东移到君士坦丁堡作为一个主要标志。

在具体的研究上,王三义教授的《东罗马帝国得以延续的原因分析》⑥分析了地中海世界中心向东迁移的必然性。邵召颖博士的《6世纪拜占廷帝国东部边境要塞初探——以达拉要塞为例》⑦和王云清副教授的《查士丁尼时期君士坦丁堡的建筑研究》⑧对该时期东地中海地区城市建设进行了两例个案研究。笔者的《论拜占廷帝国早期君士坦丁堡教会地位的形成》⑨重点关注了4—6世纪东地中海世界宗教中心转移的过程。

最后值得一提的是,我国学者紧跟学术前沿性研究,对4—6世纪地中海世界的生态环境史问题进行了深入的探讨。例如陈志强教授、崔艳红教授和刘榕榕教授都曾以查士丁尼大瘟疫为研究对象探讨了其对拜占廷帝国的影响,其中陈志强教授的多篇论文奠定了国内该领域研究的基石⑩。笔者和刘榕榕教授还就该时期东地中海地区自然灾害中的地震问题撰写了多篇相关

---

① 张晓校:《君士坦丁军事改革刍议》,《北方论丛》,2004年第5期。
② 马锋:《从戴克里先到查士丁尼时代的军事变革》,《古代文明》,2012年第4期。
③ 武鹏:《拜占廷帝国早期阶段军队的缺陷刍议》,《贵州社会科学》,2017年第11期。
④ 董晓佳:《斯提里科与晚期罗马帝国政局——基于"反日耳曼人情绪"视角下的考察》,《历史研究》,2018年第4期。
⑤ 董晓佳、刘榕榕:《反日耳曼人情绪与早期拜占廷帝国政治危机》,《历史研究》,2014年第2期。
⑥ 王三义:《东罗马帝国得以延续的原因分析》,《辽宁师范大学学报》,2002年第4期。
⑦ 邵召颖:《6世纪拜占廷帝国东部边境要塞初探——以达拉要塞为例》,《史学集刊》,2013年第3期。
⑧ 王云清:《查士丁尼时期君士坦丁堡的建筑研究》,《历史教学》,2011年第1期。
⑨ 武鹏:《论拜占廷帝国早期君士坦丁堡教会地位的形成》,《历史教学》,2013年第10期。
⑩ 陈志强:《"查士丁尼瘟疫"考辨》,《世界历史》,2006年第1期;陈志强:《"查士丁尼瘟疫"影响初探》,《世界历史》,2008年第2期;陈志强:《地中海世界首次鼠疫研究》,《历史研究》,2008年第1期;陈志强、武鹏:《现代拜占廷史学家的"失忆"现象——以"查士丁尼瘟疫"研究为例》,《历史研究》,2010年第3期;崔艳红:《查士丁尼大瘟疫述论》,《史学集刊》,2003年第3期。刘榕榕、董晓佳:《试论"查士丁尼瘟疫"对拜占廷帝国人口的影响》,《广西师范大学学报》,2013年第2期。

论文,一定程度上弥补了国内在该研究领域的不足①,而刘榕榕教授的《古代晚期地中海地区自然灾害研究》②一书则成为国内该领域研究的第一部专著作品。

总体来看,在拜占廷帝国早期历史的研究上,国外学者由于起步较早,加之拥有语言和资料方面的优势,因此在各个方面都取得了较为丰富的研究成果,国内学者则在国外学者研究的基础上,努力寻找着自己的突破方向。从目前的研究状况来看,4—6世纪东地中海世界的研究成果众多,但是依然存在一些空白或研究不足之处。笔者希望能尽自己所能,对我国的拜占廷帝国早期或古代晚期地中海地区的历史研究做出微薄的贡献。

---

① 武鹏:《拜占庭史料中公元6世纪安条克的地震灾害述论》,《世界历史》,2009年第6期;刘榕榕:《6世纪东地中海地区的地震与政府救助刍议》,《史林》,2014年第3期;武鹏:《6世纪东地中海地区的地震灾害与城市的衰落》,《社会科学家》,2014年第10期;武鹏、刘榕榕:《六世纪东地中海的地震灾害造成的精神影响》,《西南大学学报(社科版)》,2014年第6期。

② 刘榕榕:《古代晚期地中海地区自然灾害研究》,北京:中国社会科学出版社,2018年。

第一章 从多神教到基督教
——东地中海世界的信仰转变

基督教成为官方信仰是拜占廷帝国早期东地中海世界最为重要的转变之一。基督教取代多神教是中古世界区别于古代世界一个极为显著的特征。这一过程不仅仅表现为基督教取得国教地位和正统教义的形成,同时也与教会内层级分明的组织体系的确立密切相关。国家的强力支持、正统教义的确立与基督教会自身结构完善相结合,对基督教会在这一时期的高速发展具有至关重要的意义。同时,借由圣徒、圣物和圣像等崇拜,东地中海世界的普通民众得以避开晦涩难懂的神学理论而了解基督教基本的信仰,从而促进了基督教在该地区的普及以及在地中海世界周边地区之外的传播,进而加速了东地中海世界基督教化的进程。

第一节 基督教与多神教等异教的斗争

一 关于基督教正当性的争论

众所周知,拜占廷皇帝塞奥多西一世(Theodosiu I,379—395)给予了基督教国教的地位。这一事件的过程在许多历史作品中都有涉及,笔者不再赘述。然而,需要特别明确的是,基督教取得这种地位并不意味着希腊罗马多神教一夜之间退出了拜占廷的历史舞台。事实上,直到6世纪末期,帝国内依然有一定数量的多神教徒存在。叙利亚历史学家埃瓦格里乌斯在作品中就曾经抱怨瘟疫让他失去了自己的孩子,但是很多异教徒的孩子却能够幸免于难①。这表明,即使在高度基督教化的安条克地区,多神教也没有完全销声匿迹。当时帝国内的一些知名人士,如5世纪的历史学家和政治家左西莫

---

① Evagrius Scholasticus, *The Ecclesiastical History of Evagrius Scholasticus*, Ⅵ.23.

斯,6世纪著名的法学家、《查士丁尼法典》的实际编纂者特里波尼安等都是坚定的多神教徒。面对基督教取代多神教成为帝国官方宗教的这一局面和官方排斥多神教的政策,许多多神教徒表示了强烈的反对,并将这一情绪直接对准了基督教信仰,如果基督教的学者们不从理论上确立基督教存在的正当性,那么所谓的国教地位显然也无从谈起。

首先,这场争论围绕着基督教取得现有地位的合理性展开,君士坦丁大帝首当其冲地成了多神教徒攻击的对象①。早在公元313年,君士坦丁大帝就和他的盟友李锡尼一起颁布了《恢复基督教会法令》(也就是著名的《米兰敕令》)。在诏令中,两位皇帝规定:

> 从现在开始信仰基督教的人可以自由地和无条件地保持自己的信仰,而不会有任何的干扰……这样,你们就会知道我们已经给了这些基督徒自由和毫无保留履行信仰的权利。②。

这一诏令实际上标志着基督教开始在罗马帝国内获得合法的地位。

正是因为颁布了这份诏令、以及其后的施政所为和临终受洗,君士坦丁大帝被基督徒公认为第一位信奉基督教的皇帝。由此,围绕君士坦丁为何要最终皈依基督教这一问题,多神教和基督教的历史学家们各抒己见,而争论的焦点则是集中于"君士坦丁杀妻杀子说"这一历史之谜上。一些多神教历史学家,如左西莫斯坚持认为,君士坦丁之所以会选择基督教是因为:

> 他罔顾天理人伦杀害了他的儿子克里斯普斯(Crispus),只是由于他怀疑后者与继母弗斯塔(Fausta)通奸……之后他把弗斯塔关在温度极高的浴室之中,直到丧命。因为他深知自己的罪行和背信弃义,他找到了祭司寻求解脱之道,但是他们却说没有任何办法能洗刷他的罪行。一个来自西班牙的埃及教士来到罗马……他向君士坦丁保证皈依基督教可以免除罪过……君士坦丁相信了这种说法,于是放弃祖先的宗教,接受了那个埃及人传播的信仰。③

显然,按照左西莫斯等多神教历史学家的观点,君士坦丁皈依基督教并非因为道德上的高贵性,而完全是本身的罪孽所致。罗马人信仰的多神教不能够原谅他杀害至亲的罪行,相反基督教教士却承诺皈依之后可以让他不必

---

① 关于多神教徒与基督徒历史学家对君士坦丁大帝形象的不同塑造,可参见拙作《论5—6世纪拜占庭史料中君士坦丁大帝的形象分歧》,《古代文明》,2017年第4期。

② P. R. Coleman-Norton, ed., *Roman State and Christian Church: A Collection of Legal Documents to AD. 535*, p.31.

③ Zosimus, *New History*, II. 29. (2)-(4).

为此惶惶不安。这实际上就等于提出多神教比基督教具有更严格的道德标准，由此影射基督教并非是一个合乎道德的宗教，进而否定了其成为帝国国教的合理性。这种观点显然是基督徒不能接受的，因此基督教学者才会竭力对此说法加以驳斥。如5世纪初的教会史家索卓门就在作品中专辟一节反驳"君士坦丁杀子说"。他写到：

> 我知道一些异教徒说君士坦丁在杀害了一些自己最亲近的家人，尤其是他的儿子克里斯普斯后，悔悟了自己的罪行……后来皇帝遇到一些主教，他们告诉他，如果他肯受洗，就能免除所有罪孽……他听到这一说法极其高兴，因此就接受了他们的教义，成为基督徒。然而我认为编造这个故事的人是为了诬蔑基督教……君士坦丁早在和马克辛迪乌斯作战和回到意大利与罗马之前就在高卢、不列颠等地接受了基督教。这从他颁布那些倾向基督教法律的时间上就能得到证明……①

与索卓门一样，埃瓦格里乌斯也在作品中谈到了对君士坦丁的这一指控：

> 左西莫斯是一个信仰可憎和罪恶的希腊异教的作家，他对君士坦丁十分愤恨……他还指控君士坦丁残忍地杀害了他的儿子克里斯普斯，并且将他自己的妻子弗斯塔关在一个极热的浴室中，最终导致她死亡。君士坦丁为了这些可憎的杀戮而试图从自己的信仰中寻求心灵的净化……他后来遇到了一个来自伊比利亚的埃及人。他向君士坦丁保证基督教信仰能够去除一切罪恶，因此君士坦丁接受了埃及人的观点。然后左西莫斯就侮蔑他放弃了祖先的信仰，并且走上了不虔诚的道路。②

埃瓦格里乌斯引用这段文字的最终目的显然与索卓门一样，是为了证明左西莫斯的说法是彻头彻尾的谬论，从而达到申明基督教取得胜利的合理性的目的。因此，他在接下来的一节中就针对这一问题为君士坦丁展开了辩护：

> 他（君士坦丁）没有杀害弗斯塔或克里斯普斯，并且也不是因为这个原因在某个埃及人的指引下加入的基督教，所以还是让我们来看看潘菲鲁斯之子尤西比乌斯的历史吧，他是君士坦丁和克里斯普斯同时代的人，并且和他们有密切的关系……在尤西比乌斯的8卷本的《教会史》中，他是如此记载的："最伟大和胜利的君士坦丁和他的儿子克里斯普斯同为上帝所钟爱。后者在各方面都像他的父亲一样，他理所当然地是

---

① Sozomen, *Ecclesiastical History of Sozomen*, I. V.
② Evagrius Scholasticus, *The Ecclesiastical History of Evagrius Scholasticus*, III. 40.

东部地区的统治者。"尤西比乌斯比君士坦丁活的时间要长,如果克里斯普斯被他的父亲所杀,那么尤西比乌斯就不会用这种方式赞扬他了。①

埃瓦格里乌斯引用尤西比乌斯作品为君士坦丁撰写的这段辩护词在今日看来显然是错误的。因为众所周知,尤西比乌斯的《教会史》结束于公元324年,而君士坦丁杀妻杀子事件发生于326年。因此尤西比乌斯在作品中称颂克里斯普斯当然不能证明杀子事件不存在。尽管埃瓦格里乌斯的辩护词本身存在着明显的漏洞,但是从君士坦丁大帝政策的一贯性来看,正如索卓门所言,其早在"杀妻杀子"事件发生前很长时间就表现出了对基督教的兴趣,因此像左西莫斯等多神教史家记载的,君士坦丁因为愧疚而决定皈依的说法也并非历史的真相,这仅仅是多神教徒一种不满情绪的表现而已。事实上,现代大部分拜占廷学者虽然都认同君士坦丁确实杀死了儿子克里斯普斯和妻子弗斯塔,并且也对君士坦丁皈依的原因有不同见解,但是这一争论的焦点主要还是集中于君士坦丁皈依是否有政治目的上。一些学者如德国的布克哈特主张,君士坦丁的这一举措纯属为其统治服务:

> 他将他精神和肉体的所有能量都投入到统治帝国这一伟大的目标中了,如果停下来思考信仰方面的争论,那么他肯定认为那些纯属都是宿命论。②

与此相反,以英国学者仁西曼为代表的观点则认为这一说法过于武断:

> 很多历史学家认为君士坦丁是一个聪明和怀疑宗教的政治家,他认为与基督徒结盟有利于帝国的统治。然而我认为这种观点纯属毫无根据的事后聪明。③

但是,现代学者大多不会将君士坦丁的皈依看作是杀妻杀子的结果,这表明这一指责的根据并不充足。然而在当时的环境下,社会舆论可能并非如此。左西莫斯的作品结束于公元410年,这与埃瓦格里乌斯创作《教会史》的时代已有将近2个世纪之隔。但是埃瓦格里乌斯依然在作品中用大段篇幅引用这一记载,这从侧面表明在他所处的时代,这种观点至少在残存的多神教信徒中依然有一定的影响力。

除此之外,5—6世纪的基督教学者们极力维护君士坦丁圣徒般的完美

---

① Evagrius Scholasticus, *The Ecclesiastical History of Evagrius Scholasticus*, III. 41.
② J. Burckhardt, *The Age of Constantine the Great*, trans. by Hadas, Berkeley and Los Angeles, 1983, p.292.
③ S. Runciman, *The Byzantine Theocracy*, p.6.

形象还有更深层次的原因。因为在通过提出君士坦丁杀妻杀子皈依说质疑基督教取得现有地位的合理性之外,多神教徒对基督教还有另一项指责,即基督教导致了罗马人事业的衰落,从而试图彻底否定其在帝国内存在的意义。

多神教徒们的这一指控是建立在一定现实基础上的。公元5世纪的西部帝国存在着一系列严重的社会问题。政府统治失灵、社会混乱、经济凋敝和蛮族入侵等给当地人民造成了极大的困扰①,而410年阿拉里克率领哥特军队攻陷罗马城这一事件更是对帝国上下造成了前所未有的震动。尽管当时的罗马早已今非昔比,但是其象征意义依然是巨大的。它的沦陷即使在基督徒中间也产生了很大的影响。拉丁教父圣哲罗姆(Jerome,347—420年)就在一封信中写道:

> 罗马陷落的巨大灾难让我如此彷徨失措,以致于我像常言所道那样几乎忘记了自己的名字。我良久之后依然不能言语,并且意识到,这是一个值得哭泣的时刻。②

这一事件对帝国民众造成的打击由此可见一斑。

多神教徒对于罗马的陷落除了悲痛和震惊之外,还有与基督徒完全不同的感受。在他们的心目中,罗马这座伟大的城市是先前帝国光荣的体现,而它的陷落则完全是因为帝国接受了基督教。左西莫斯在作品中明确地表明了这种观点③。但是这一责难,在西部和东部的基督徒那里却产生了略有区别的回应。

对于西部的基督教作家来说,帝国的衰落是不争的事实,因此在辩论中,他们主要的论点是并非基督教导致了罗马的沦陷。例如,5世纪马赛的教士萨尔维安(Salvian)就提出基督教本身并无问题,罗马帝国之所以遭受厄运是由罗马社会本身的邪恶造成的,这种邪恶与蛮族统治相比,有过之而无不及:

> 多数人被少数人所压迫,那些人将苛捐杂税看作自己的特权……不仅贵族这样做,甚至最低阶的官员也是如此。不仅法官败坏法纪,连他的下属也对其效仿……所以穷人遭受劫难,寡妇只能叹息,孤儿备受欺凌。到了最后,那些出身并不卑贱并受过良好教育的人为了逃避压迫只

---

① 参见 S. Dill, *Roman Society in the Last Century of the Western Empire*, pp.227-244。
② Jerome, *The Principal Works of St. Jerome*, NPNF2-06, general editor Philip Schaff, New York, 1892, Letters CXXVI. 2.
③ Zosimus, *New History*, II. 5.(5).另外他在作品中还多次提出相似的看法,可参见 Zosimus, *New History*, I. 58.(4); IV. 59。

能逃到了敌对的蛮族那里。①

在这一问题的辩论过程中产生的最著名的基督教思想家是圣·奥古斯丁(St. Augustine, 354—430年)。他在著作《上帝之城》中为基督教辩护,进而建立了自己的神学体系。奥古斯丁为基督教的辩护主要围绕三个方面展开。首先,他提出并非是基督教导致410年罗马城的沦陷,相反,城市沦陷后许多民众幸免于难恰恰是因为基督的恩典。

> 这些人能够保住性命,完全是因为蛮族人尊敬基督,所以才饶恕他们。但是他们却不归功于我们的基督,反而认为是自己的好运所致。②

随后,奥古斯丁进一步指出,罗马人之前信奉的多神教并没有给他们带来好运,例如在第二次布匿战争中:

> 汉尼拔的军队沿途劫掠,将意大利洗劫一空。这场战争是多么血腥和持久!多少罗马人被不断消灭!多少城镇被敌人占领和毁灭!这是多么可怕的战争啊,有多少罗马人被击败并在汉尼拔的剑下丧失了荣光!③

最后奥古斯丁认定,罗马人的荣耀不是由异教诸神所赐,而是要归功于上帝的恩典:

> 我完全同意他们的意见,即幸福是他们不知道的某位神的恩赐……这位神不是他们所说的朱庇特。④

对于东地中海世界的基督教学者们来说,虽然他们所处世界较之西部更为繁荣稳定,但是多神教徒的这项指责依然是他们不能回避的问题。他们对"异教徒"的反驳更多地是从正面来证明基督教能够给罗马人的统治带来好运。因此,作为第一个基督教皇帝——君士坦丁大帝的完美形象至关重要,他绝不能以"凶手"面目示人。

例如,埃瓦格里乌斯对多神教的批驳从两个不同的层面展开。首先,他将希腊神话中的一些传说作为对多神教诸神的批评论据。他站在基督徒道德观的立场上痛斥这些神"堕落"的行为,从而试图否定多神教的信仰基础。他进而指出,异教徒之所以要坚持对众神的崇拜是因为"通过认可这些神,

---

① J. H. Robinson, ed., *Readings in European History*, Boston, 1904, Vol.1, p.29.
② Augustine, *The City of God and Christian Doctrine*, general editor Philip Schaff, New York: Grand Rapids, 1890, *The City of God*, I.1.
③ Augustine, *The City of God*, III.19.
④ Ibid., IV.25.

就可以给他们自己放肆的行为提供一个可被原谅的理由"。① 埃瓦格里乌斯在作品第 1 卷第 12 节中罗列了一些他所不能容忍的希腊众神的"恶行":如弑亲——"对于这个高贵的山羊皮肤的弄雷者,他们也赋予了他令人畏惧的行为。他放逐了生育他的父亲克罗诺斯,这对于所有人来说都是极恶的罪行"②;酗酒——"这个家伙是烈酒的发明者,事实上他就经常酩酊大醉,此外他还是宿醉、变味的残渣以及接下来发生的丑事的发明者"③;淫荡——"他们编造了一个叫作阿弗洛狄忒的神,这个从海贝里出生的塞浦路斯神将谦虚视作污秽和一件古怪的事情,但是却对淫荡和一切下流的行为情有独钟。正是因为她,阿里斯使自己不洁,赫淮斯托斯则因此蒙羞,被众神所嘲笑"④;同性恋——"他们观念中人类和众神至高无上的父亲通过变成一只鸟将佛里吉亚的男孩带走,并且提供给他喝水的杯子作为他无耻行为的酬劳,在允许他首先使用爱杯并共同饮下神酒的同时,他们也喝下了非难与谴责"⑤;以及猥亵——"我们还可以公正地嘲笑他们对生殖和猥亵的崇拜,他们编造了普里阿普斯和潘神,而他只是因为他身体上某个羞耻的部分而得到崇敬"。

此后,埃瓦格里乌斯进一步批驳了左西莫斯关于基督教使罗马人事业衰落的这一说法。他坚信正是基督教让罗马帝国走向昌盛。他认为"从基督教出现那时起,罗马人的各项事业就开始黯淡并且丧失了"的观点是因为他(左西莫斯)"没有读过之前作家们的著作,或者是因为故意歪曲事实"。他写道:

> 罗马人的事业是和信仰(基督教)一起繁荣昌盛的。试想一下,罗马人是如何从我们的上帝基督降世开始就征服大部分马其顿人的,并且是如何让阿尔巴尼亚人、伊比利亚人、克尔吉人和阿拉伯人臣服的……在第 123 个奥林匹克周期,恺撒经过艰苦的作战使高卢人、日尔曼人和不列颠人的 500 个城市接受了罗马的统治……因为基督独一统治的时代就要来临了。随后整个犹太和临近地区都被征服了……在我们的上帝基督降生后,埃及也被罗马人征服了。恺撒奥古斯都,耶稣就是降生在他统治的时期,战胜了安东尼和克里奥芭特拉,最后使他们自杀身亡……而波斯人又多少次被尼禄的将军……抑或被塞维鲁、图拉真……和其他人击败。塞琉西亚、泰西封又多少次被占领。双方争夺的尼西比

---

① Evagrius Scholasticus, *The Ecclesiastical History of Evagrius Scholasticus*, I. 12.
② 宙斯和其父克罗诺斯的神话。
③ 指酒神狄奥尼索斯的神话。
④ 指爱神阿弗洛狄忒与战神阿里斯的神话。
⑤ 指宙斯和侍童伽尼墨德的神话。

斯、亚美尼亚以及临近地区又多少次被罗马人征服……①

他进而提出,不信仰基督教的罗马皇帝都遭受了悲惨的命运,而只有信仰基督教才能得到上帝的眷顾,异教的支持者必受惩罚。这一观点集中体现在他举例说明一些信奉多神教的罗马皇帝与基督教皇帝的命运差别上。非基督徒的罗马皇帝,在埃瓦格里乌斯眼中命运都是悲惨的:

> 难道第一个君王恺撒不是被刺身亡的吗?难道不是一些军人用他们的剑刺杀了提比略的继承人盖乌斯吗?难道尼禄不是被自己的家人杀害的吗?难道伽尔巴、奥托和维提里乌这三个皇帝不是一共只统治了16个月,然后遭遇了相同的命运吗?难道图密善不是毒死了他自己的哥哥提图斯之后才当上皇帝的吗?难道图密善不是悲惨地被斯蒂芬杀死的吗?又怎么说康茂德呢?难道他不是被纳西苏杀死的?难道相同事情没有发生在珀提纳科斯和朱利安努斯身上?难道塞维鲁的儿子安东尼乌斯没有杀害他的兄弟盖塔,而他自己也被马修同样地对待吗?马克利努斯又怎么样了呢?难道他不是像一个俘虏那样围绕拜占廷城示众之后被自己的军队杀死了吗?来自埃摩萨的奥里略·安东尼乌斯不是和他自己的母亲一起被处决了吗?难道他的继承者亚历山大和他的母亲一起没有遭受相同的命运吗?我们又怎么写马克西米努斯呢?他难道不是被自己的军队杀死的吗?还有戈迪安,他不也是在腓力的阴谋下死于自己士兵之手的吗?那再来说说腓力和他的继承者德修斯,他们不是被自己的敌人毁灭的吗?而伽卢斯和沃卢西阿努斯不是被自己的军队杀害的吗?埃米里亚努斯又是如何呢?难道他没有遭遇相同的命运吗?难道瓦勒良没有被波斯人俘虏之后游行示众吗?在伽列努斯被谋杀以及卡里努斯被残杀后,政权才交到了戴克里先和他选定的共治者手中。这些人中的赫丘利·马克西米安和他的儿子马克辛迪乌斯以及李锡尼也被彻底地消灭了。②

与此相反,埃瓦格里乌斯认为信仰基督教的皇帝都能得到上帝的眷顾:

> 从那时起,万人景仰的君士坦丁掌握了政权,他建立了以他名字命名的城市并将它献给了基督。这之后的皇帝(除了朱利安,他是你们异

---

① 埃瓦格里乌斯在这段话中有一些明显的错误:罗马占领马其顿大部是公元前2世纪的事情,而阿尔巴尼亚等地区至少直到查士丁尼时期才被罗马人牢固地占领。恺撒进行高卢战争是在大约第180、181或182个奥林匹克运动会周期。安东尼和克里奥芭特拉在亚克兴战败是公元前31年。参见 Evagrius Scholasticus, *The Ecclesiastical History of Evagrius Scholasticus*, III.41, 怀特比注释164。

② Evagrius Scholasticus, *The Ecclesiastical History of Evagrius Scholasticus*, III.41.

教的祭司长和皇帝)只要遵守教义,虔诚祈祷,还有谁被自己的人民和军队毁灭呢?或者简而言之,还有哪个叛乱者推翻一个皇帝吗?只有一个例外就是瓦西里斯库对泽诺的政变,但是最终他被放逐并且失去了自己的生命。事实上如果谈到瓦伦斯,我可能会被说服,但是他对基督徒也做了许多错事吧。而对于其他人,那就没有什么可说的了吧?①

作为一篇对多神教的檄文,这段文字在文笔和气势上都能一定程度体现埃瓦格里乌斯的文学功底,但就这段论述本身来说,埃瓦格里乌斯犯下了不少错误。除了罗马帝国史的史实错误外,他在选取样本时根本没有考虑西部帝国那些命运悲惨的基督教皇帝,因此使得这段文字说服力大减。显而易见,与奥古斯丁相比,埃瓦格里乌斯的论述没有提及罗马城沦陷的问题,同时在内容上也明显更为简略,思辨也不如前者深刻。这一方面是二人作品侧重点的差异,同时也代表了该时期东西地中海世界不同的形势。但是二者之间的共性也十分明显,即正是因为接受了基督教,君士坦丁使罗马人,尤其是罗马统治者的命运发生了根本性的改变。因此多神教徒所谓的基督教使帝国衰落的说法是一种诬陷。

从多神教徒与基督徒的相关争论来看,拜占廷早期的基督教学者针对多神教徒的指责进行了比较有力的回击,甚至通过相关争论进一步丰富了基督教神学的内容。如果说多神教徒的这些指责体现了多神教传统顽强存在的话,那么拜占廷帝国政府和基督徒一起对多神教和其他异教徒进行的打击则更能表明,基督教向前发展的进程已经不可阻挡。

二 基督教借助国家权力对异教的打击

在4世纪末成为国教前,尽管绝大多数的拜占廷皇帝在立场上都倾向基督教,但是至少在法律意义上,其他宗教依然是受到国家同等保护的信仰。君士坦丁大帝颁布《米兰敕令》,给予基督教合法地位后,也不忘特别申明"其他人也有权力进行自己的崇拜……每个人都应该自由选择自己的信仰,因为我们不想消灭任何一种信仰的光荣"②。同时,尽管临终受洗,但是君士坦丁一直保有着多神教"大祭司长"(Pontifex Maximus)的头衔。他的儿子君士坦提乌斯虽然曾经迫害异教徒,但他在统治时期也没有完全剥夺他们合法宗教活动的权利③,更毋庸论及朱利安统治下多神教昙花一现的复兴了。

---

① Evagrius Scholasticus, *The Ecclesiastical History of Evagrius Scholasticus*, III. 41.
② P. R. Coleman-Norton, ed., *Roman State and Christian Church: A Collection of Legal Documents to AD. 535*, pp. 31-32.
③ J. B. Bury, *History of the Later Roman Empire*, Vol. 1, p. 367.

但是，随着基督徒数量不断增多和基督教会的发展，多神教和其他宗教的力量也在相应地削弱，朱利安恢复多神教的尝试最终遭到失败就是鲜明的例证。塞奥多西一世将基督教宣布为国教则是拜占廷帝国基督教化进程中关键性的一步。从此之后，异教徒不仅失去了和基督徒平等的政治与法律地位，而且国家对异教的打击也具有了合法性。

在4—6世纪，拜占廷国家对异教采用了多种手段进行限制和打击。首先是取缔异教徒，尤其是信奉罗马多神教教徒的崇拜活动，如献祭和占卜等行为，并惩戒崇拜者。392年11月8日，塞奥多西联合其子阿尔卡迪乌斯颁布了明令禁止异教崇拜活动的法律，这具有标志性的意义。在法令中，塞奥多西规定：

> 凡宰杀牺牲并通过观察动物内脏占卜者，以重罪论处……凡焚香供奉偶像或献祭者，则犯背教罪，将会被没收家产……凡为公开献祭者提供场所者，若因疏失所致，则罚款25镑黄金。若是共谋，则与前者同罪……若是地方官员因为失察没有及时对这些人进行处罚，则罚款30镑黄金，他的下属也要接受相同的惩罚。①

这条法令不但全面禁止了多神教徒的崇拜活动，并且强制国家官员必须对此进行惩处。此后，塞奥多西二世、利奥一世、泽诺和阿纳斯塔修斯也都先后颁布法律限制任何形式的异教崇拜活动②。

尽管遭到了国家的限制，一些多神教徒依然秘密地进行自己的宗教崇拜。这种行为遭到了国家更为严厉的惩罚。在392年的法令中，进行异教崇拜活动的处罚主要为课以罚金等经济措施，但是随着时间的演变，包括死刑在内的刑罚开始被应用。尤其从查士丁尼统治时期开始，对异教活动的迫害日益严重。拜占廷历史学家塞奥法尼斯曾经记载，529/530年，查士丁尼开始查处一些依然在秘密进行多神教崇拜的大臣，其中一些人被罢免，一些人被逮捕，甚至一名叫作阿斯克莱皮奥多图斯（Asklepiodotos）的高级官员畏罪服毒自尽③，这种情况在以前的历史中是并不多见的。埃瓦格里乌斯也曾经详细记录了一件发生在他的时代，与安条克主教格里高利有关的著名案件，从中我们更能清楚地看到国家对异教活动日趋严厉的政策：

> 有一个叫作阿纳托利乌斯的人，他原先是一个生意人，后来不知用什么手段使自己成为了帝国的官员。他居住在安条克，在那里经商……

---

① Theodosius, *The Theodosian Code*, 16.10.12.
② Ibid., 1.11.8-10.
③ Theophanes Confessor, *The Chronicle of Theophanes Confessor*, AM 6022.

后来这个人因为献祭的行为被逮捕。经过讯问之后他被发现是一个可憎的人,是一个男巫,还是一个卷入无数野蛮行为的人。但是他贿赂了东方政区的长官,因此使他自己和一起被捕的朋友获得了自由……一些制造混乱的恶毒的魔鬼使某些人相信格里高利主教也参与了阿纳托利乌斯献祭的活动……这种怀疑已经上升到了如此的高度,以至于提比略皇帝也希望通过阿纳托利乌斯了解事情的真相。因此他命令将阿纳托利乌斯及其同党尽快带到首都……当阿纳托利乌斯被带到首都后,即使经过严刑拷打,他也没有能够说出任何对格里高利主教不利的话……因为他们其中的一些人没有受到死刑的判罚,所以人民出于神圣的宗教狂热,用他们的暴怒扰乱了一切秩序。他们将那些人装到一艘小船上活活烧死。他们还批评皇帝(提比略)和(君士坦丁堡)主教尤提基乌斯背叛了信仰。他们险些杀死尤提基乌斯和那些参与调查的人……最终阿纳托利乌斯本人被拖到圆形竞技场让野兽咬死。他的尸体被它们撕开之后,被钉在木桩上——这还不是他的最终报应,因为恶狼拖走了他的残躯,并且作为美餐享用了。①

除了埃瓦格里乌斯之外,以弗所主教约翰的《教会史》也记录了这一事件,并且整个过程与埃瓦格里乌斯的记载比较一致,只是更加详细地描绘了事件的始末,尤其是逮捕阿纳托利乌斯的场景。当时阿纳托利乌斯正和一些朋友一起在家中进行秘密的宗教活动,逮捕者突然来到,一些献祭者逃跑了,不过一个在场的叫作鲁菲努斯的基督教教士当场自杀,阿纳托利乌斯则以从事异教活动的罪名被逮捕②。

从这一事件中,我们能够看到,在 6 世纪末期,拜占廷国内还存在着一些多神教崇拜活动的迹象,国家对待这些行为的刑罚已经远比 5 世纪初更为严厉,由此甚至会引发违法者在逮捕过程中畏罪自杀的情况。主犯最终则像 3 世纪一些被罗马皇帝迫害的基督徒那样,被用极其残酷的方式处死。同时,由于此时拜占廷帝国大部分的民众都已是基督徒,因此民众要求惩治这些异教活动的情绪非常强烈。在主犯已经被判处死刑的情况下,普通民众甚至还将未被判处死刑的其余从犯杀死,并对皇帝和东部教会最高领袖君士坦丁堡主教严加责难。以弗所主教约翰在作品中记载,迫于这种压力,提比略皇帝

---

① Evagrius Scholasticus, *The Ecclesiastical History of Evagrius Scholasticus*, V.18.
② John of Ephesus, *The Third Part of the Ecclesiastical History of John, Bishop of Ephesus*, III. 27-28.

到其统治结束时都一直在追查和此案相关的余党①。这也表明,拜占廷大多数民众的态度进一步促使了国家对多神教崇拜的打击。

除了严格禁止异教崇拜活动外,拜占廷统治者还通过立法等方式剥夺多神教和犹太教等其他宗教的教产。399年,阿尔卡迪乌斯和西部皇帝霍诺留就联合颁布法令,规定:

> 乡村地区所有的神庙都要被毫不犹豫地拆除,因为拆除了这些东西,迷信活动就无所遁形了。②

这一法令可被视为392年法律的补充,国家在限制异教崇拜活动的基础之上,进一步破坏了其活动的物质基础。

与此同时,基督徒和教会也在通过各种手段抢占异教徒的财产,而国家对这种行为经常予以默认乃至纵容。当然,这种态度的形成也较为曲折,一些皇帝在起初还曾经颁布过法律,保护多神教徒和犹太教徒等非基督徒的合法财产。如423年塞奥多西二世连续发布诏令规定:

> 犹太教徒不许建造新的会堂,但是他们不用担心已经拥有的会堂会被国家没收。③

> 我们特别命令,真正的基督徒不允许滥用宗教赋予他们的权利,不许对那些和平生活并遵纪守法的犹太教徒和多神教徒施加暴行。如果有基督徒胆敢这样做或抢占那些人的家产,他们将被强制归还这些财产,并且还要被课以3—4倍的赔偿金。各省的官员和其下属也必须明白,如果他们纵容这样的行为,那么他们也将接受相同的处罚。④

皇帝的这些法律却面临来自基督徒的强烈反对。就在塞奥多西颁布这些法令之后,据埃瓦格里乌斯记载:

> 安条克地区的著名修士(老)西蒙获悉这件事后,他用坦率的语言给皇帝写了一封信,并激烈地批评了他,尽管他尊敬自己的皇帝。读了他的信后,塞奥多西二世宣布先前颁布的命令无效,并满足了基督徒的要求,此外还罢免了提议颁布这个法令的官员东方大区长官的职务,并且请求神圣的、活在空中的那位护教士能够为他祈祷并且给予他

---

① John of Ephesus, *The Third Part of the Ecclesiastical History of John, Bishop of Ephesus*, Ⅲ. 33-34.
② Theodosius, *The Theodosian Code*, 16.10.16.
③ Ibid., 16.8.27.
④ Ibid., 16.10.24.

祝福。①

当然,仅凭西蒙一个人就改变皇帝诏令的说法显然有些夸张。根据 5 世纪匿名的叙利亚版《圣徒高柱修士西蒙传》记载,当塞奥多西下达这些命令后,叙利亚地区的许多主教带着法令文本来到西蒙修行的高柱之下,并且恳求西蒙能够给皇帝写信表达反对②。

由此可以看出,当时,基督教会是一致在向塞奥多西皇帝表示不满,这也正是埃瓦格里乌斯笔下所谓的"基督徒的要求"。最后,皇帝被迫收回诏令并撤换提议官员则暗示了日后的事态发展方向。

果然,仅仅 12 年之后,塞奥多西二世就联合西部皇帝瓦伦提年颁布了一条对多神教徒极其严厉的法令:

> 我们命令,各地地方官员要毁掉所有迄今还保持完整的神殿、神庙和神坛等设施。并且为了使这些地方保持纯洁,在那里要建立可敬的基督教建筑……任何抵触这条法律的人,将被判处死刑。③

这条法律实际上完全否定了他在 429 年提出的带有某些宽容色彩的法令。从此以后,拜占廷再没有哪位皇帝公开申明要保护异教徒的教产了,多神教的宗教活动不但受到了严格的限制,更逐渐失去了其赖以存在的物质基础。

最终,拜占廷皇帝还采用了一条釜底抽薪的政策,即实行促进非基督徒转化为基督徒的措施。正如英国历史学家布瑞所说,"在 100 年的时间里,帝国从大多数民众都为多神教徒转化为皇帝口中有些夸张的'不存在一个异教徒了',这样的一种转变不仅仅是靠禁令和镇压能够做到的"④。

拜占廷统治者的这一政策是从正反两个方面相互配合实行的,即严格限制异教思想的传播和通过各种途径促使异教徒皈依基督教。最初,尽管已经明令禁止异教崇拜活动,但是拜占廷统治者对思想文化方面的控制略为宽松,因此像左西莫斯《新历史》这样的异教作品才得以流传开来。但是,在塞奥多西二世统治晚期,一本叫作《驳斥基督徒》(*Against the Christians*)的小册子被皇帝颁布法令公开焚毁⑤,由此拉开了对异教思想文化打击的序幕。这一迫害政策的顶峰发生于查士丁尼统治时期。在他的任内,多神教重要的阵地"雅典学院"被最终关闭,并且所有的多神教徒和犹太教徒都被严令禁止

---

① Evagrius Scholasticus, *The Ecclesiastical History of Evagrius Scholasticus*, I. 13.
② R. Doran, trans. with introduction, *The Lives of Simeon Stylites*, The Syriac Life, 122.
③ Theodosius, *The Theodosian Code*, 16. 10. 25.
④ J. B. Bury, *History of the Later Roman Empire*, Vol. 1, p. 372.
⑤ Theodosius, *The Theodosian Code*, 1. 11. 8.

担任任何教职①。通过这些措施,非基督教的传播力大大减弱。

然而,拜占廷统治者和基督教会并不满足于此。基督教会在促使异教徒皈依上表现出了很大的弹性,甚至不惜允许他们在改宗后保留一些和基督教崇拜并不矛盾的传统。同时教会也在自己的仪式中吸收了多神教和其他宗教崇拜的某些习俗,如焚香和使用花卉等等②。拜占廷皇帝更是千方百计地鼓励异教徒皈依。埃瓦格里乌斯在作品中记录了一些这样的故事。如塞奥多西二世统治时期,有一位叫作西奈西乌(Synesius)的多神教学者,"他的哲学水平是如此异常出众,以至于即使是不以个人好恶来判断是非的那些基督徒也十分钦佩他"。最终,"由于这个人具备众多美德,而上帝不会容忍他所钟爱的人有任何缺点",他所在地区的教会千方百计地说服他"相信救赎和再生的观念并且担负起了一名教士的职责"③。

在埃瓦格里乌斯的记载中,最能体现国家争取异教徒皈依态度的是发生在查士丁尼统治时期君士坦丁堡的一个案件。

> 首都在举行分享我主基督圣体的活动时,那些纯洁的男孩会在初级学校教师的带领下参加这个仪式,并且分享圣餐。在一次活动中,一个信仰犹太教的玻璃工人的儿子和其他男孩一起参加了活动。当他的家长询问他回家迟到的原因时,他说了他所做的事情以及和其他男孩一起吃的东西。他的父亲因此勃然大怒,他将儿子放在了定型玻璃用的煤炉里面……男孩的母亲找不到自己的孩子,她找遍了整座城市,时而哭嚎,时而尖声大笑。终于在第三天的时候,当她站在丈夫的工场门口时,尽管因为悲伤而颤抖,但是她还是呼喊她儿子的名字。在听见了母亲的声音后,男孩就在炉子里面回答了她。母亲立刻破门而入,看见那个男孩站在煤的中间……当查士丁尼得知此事后,他让那对母子参加了洗礼,然后使她们成为教会中的一员。至于男孩的父亲,因为他不容忍周围的基督徒,因此以谋杀孩子的罪名被钉死。④

埃瓦格里乌斯讲述这个故事的本意应该只是在宣扬基督教对男孩的神圣庇护,但是从这个故事中我们能够看出拜占廷国家和教会的作为。首先,教会对孩童开放的宗教活动并没有排斥异教徒的孩子,相反,通过安排他们出席这些活动,异教徒的孩子得以接触到基督教中圣餐这样的基本仪式。之后,在幼童的家长对此加以阻挠时,国家则毫不犹豫地站在有利于基督教的

---

① A. H. M. Jones, *The Later Roman Empire 284-602*, p.938.
② J. B. Bury, *History of the Later Roman Empire*, Vol.1, pp.372-373.
③ Evagrius Scholasticus, *The Ecclesiastical History of Evagrius Scholasticus*, I.15.
④ Ibid., IV.36.

立场上,不惜采用极刑,从而实现了让异教徒皈依的目的。

查士丁尼统治时期皇帝支持基督教会引导异教徒改宗的行为还可以从其他史料那里得到印证。据以弗所的约翰记载,542年他受查士丁尼皇帝的指派,和一些教士一起来到吕底亚和弗里吉亚等亚洲行省,他们在那里工作了数年。这期间他一共为8万异教徒受洗,并为他们建造了98座教堂和12座修道院①。

综上所述,4—6世纪在国家的强力支持下,东地中海世界的基督教势力逐渐壮大,并最终在与以多神教为代表的其他宗教的较量中获得了压倒性的优势。尽管在6世纪末期,我们依然能够从某些历史作品中看到一些异教活动的记载,但是在国家禁止崇拜活动、没收教产和促进改宗等政策的影响下,他们的势力极其衰微,已经难以对东地中海世界基督教的发展和拜占廷帝国的基督教化进程起到阻碍作用。

第二节　基督教的自我完善与发展

一　基督教正统教义的演进

在战胜希腊罗马多神教的同时,拜占廷帝国基督教的发展还有赖于基督教会的自我完善。首先是正统教义的不断演进。基督教自形成以来,在和犹太教与希腊哲学接触和融合的过程中,逐渐地形成了一套较为完整的神学体系。现今基督教各主要流派公认的如三位一体等基本神学理论是通过七次基督教大公会议发展而来的,即325年的尼西亚第一次大公会议、381年的君士坦丁堡第二次大公会议、431年的以弗所第三次大公会议、451年的卡尔西顿第四次大公会议、553年的君士坦丁堡第五次大公会议、680年的君士坦丁堡第六次大公会议和787年的尼西亚第七次大公会议。在这七次会议之后,拜占廷帝国的东正教神学思想体系没有再发生重大改变。

这七次会议中,4—5世纪的前四次会议对基督教基本理论和正统教义的确立具有至关重要的意义。其中4世纪的两次大公会议主要是针对基督教"三位一体"神学理论展开的。

---

① 以弗所的约翰关于此的记载存于其作品的第二部分的残篇中(无英文版),转引自 A. H. M. Jones, *The Later Roman Empire 284-602*, p. 939。另外关于他对建立教堂和修道院的一些具体回忆可参见 John of Ephesus, *The Third Part of the Ecclesiastical History of John, Bishop of Ephesus*, III. 36-37。

在4世纪初期,围绕"三位一体"中圣父与圣子的关系问题,基督教会中的神学家们出现了不同的见解。其中以安条克基督教神学家卢西安(Lucian)之徒、亚历山大里亚的教士阿里乌(Arius,约250—336年)与亚历山大里亚主教亚历山大及其助手阿塔纳修斯之间的争论最为激烈。阿里乌的主要神学观点为"基督并非真神……我们承认唯一的神,在时间开始之前,生下了他的独子……子是神完美的创造……在万有产生之前,他是由神的意旨所创造,他从圣父那里得以存在"①。他的主张是圣子由圣父所造,因此从属于圣父,不是神,更不与圣父同性,这一思想的核心就是要坚持圣父的至尊地位和严格的一神教神学。

但是,阿里乌的这一理论实际上否定了圣子的神圣性,让其失去了在上帝和人类之间联系的功用,从而也就动摇了基督教救赎理论的基础②。因此,阿里乌的思想遭到了坚持圣父圣子同性的亚历山大和阿塔纳修斯的强烈反对,双方展开了激烈的论战。后者在其名著《斥阿里乌派书》中旗帜鲜明地斥责了阿里乌的理论:

> 他(阿里乌)胆敢声称圣子并非是神,尽管他被叫作神……圣子是一个受造者,他在本质上和神不同,也不是圣父真正的道和智慧,而是被造物之一……他说圣子与神和圣灵完全不同。这些就是他的谎言。③

阿里乌则在好友尼科米底亚主教尤西比乌斯的支持下予以还击。帝国东部教会一时大乱。这种混乱和分裂的倾向,是君士坦丁大帝不愿看到的。在调解无效的情况下,325年5月,君士坦丁在尼西亚召开了基督教会历史上的第一次大公会议。在这次会议上,两派主教进行了激烈的辩论,最后在皇帝的支持下,会议通过了支持亚历山大和阿塔纳修斯的《尼西亚信经》。

> 我们相信独一的神,全能的圣父,所有有形与无形万物的创造者;我们相信独一的主耶稣基督,神之独子,由圣父受生。由光而来之光,由真神而来之真神,受生而非被造,与父本体相同。天上地下万物凭借他被造。他为世人和拯救我等从天降临,道成肉身成为一个人。被害后第三日复活,升天。将来会回来审判活人与死人。我们相信圣灵。如有人胆敢妄言圣子曾经,或在受生前不与父同体同质,或言其只是被造物,普世的和使徒的教会将谴责他。④

---

① B. Lonergan, *The Way to Nicea*, Philadelphia, 1976, pp. 70-71.
② H. M. G. Gwatkin, *Studies of Arianism*, p. 27.
③ Athanasius, *Against the Arians*, 6.
④ 笔者参考了《尼西亚与后尼西亚教父文集》中的《七次基督教大公会议记录》,相关内容自译。参见 H. R. Percival, ed., *The Seven Ecumenical Councils*, NPNF2-14, pp. 33-34.

尼西亚会议初步确定了圣父、圣子和圣灵三位一体教义的雏形,并将阿里乌主义斥为异端。但是,阿里乌主义依然具有很大的影响力,甚至连君士坦丁大帝后来也赦免了阿里乌,并在临终前由阿里乌派教士施行洗礼。与此同时,尼西亚会议虽然也提到了相信圣灵,但是并没有详细界定圣灵在"三位一体"中的具体地位和作用。因此,在尼西亚会议之后的几十年中,基督教会内部围绕着圣子神人两性关系和圣灵地位等问题依然存在很多争论,埃瓦格里乌斯在作品最开始提到的,主张圣子与圣父完全不同,是被造物的优诺米派和主张圣子和圣父相似的马其顿尼派就是在这些争论中产生的阿里乌教派的变体①。围绕这些争端,381年在塞奥多西一世的召集下,拜占廷基督教会迎来了第二次君士坦丁堡大公会议,并在会议上通过了《尼西亚—君士坦丁堡信经》。

> 我们相信独一的神,全能的圣父,所有有形与无形万物的创造者;我们相信独一的主耶稣基督,神之独子,由圣父受生。由光而来之光,由真神而来之真神,受生而非被造,与父本体相同。天上地下万物凭借他被造。他为世人和拯救我等从天降临,借由圣灵,从童贞女玛利亚道成肉身成为一个人。因为我们,他被本丢·彼拉多钉在十字架上,被害且埋葬。根据《圣经》所言,第三日复活,升天,坐在父的右边。将来会再从荣耀中降临,回来审判活人与死人。主的国无穷无尽。我们相信圣灵,它是主并赐予生命,由父而来,与圣父圣子同受尊崇与荣耀,通过先知给我们教诲。我们相信唯一圣洁、普世和使徒的教会,我们承认赦罪之独一的洗礼,我们盼望死者复活和永恒的生命。阿门。②

通过对比两段信经,我们能够发现《尼西亚—君士坦丁堡信经》继承了《尼西亚信经》的精神,同时在神学领域也有重要的发展。除了进一步强调圣父与圣子同体同质的关系外,《尼西亚—君士坦丁堡信经》增加了有关圣灵的内容,明确提出圣灵与圣父和圣子同等的地位,以及其在耶稣基督道成肉身过程中的作用。该信经的出现标志着基督教会三位一体正统教义的最终确立。在之后的岁月中,尽管基督教会内部多次出现其他宗教争端,但是该信经得到了绝大多数派别的认同。

例如,按照埃瓦格里乌斯的记载,在5—6世纪,面对一性论宗教争端,拜占廷的皇帝们多次试图利用这一信经作为冲突双方都能接受的教义进行调

---

① Evagrius Scholasticus, *The Ecclesiastical History of Evagrius Scholasticus*, I. 1.
② 笔者参考了《七次基督教大公会议记录》,相关内容自译。参见 H. R. Percival, ed., *The Seven Ecumenical Councils*, *NPNF2-14*, pp. 233-234.

停。例如泽诺皇帝在试图调解卡尔西顿派与基督一性论派冲突，颁布《联合诏令》时就明确提出了这一理念：

> 朕深知我国之起源及构成，力量和不可抵御之保护者是独一正确及真实之信仰。这一信仰是318名圣洁的教父在上帝的指引下于尼西亚所提出，同时被150名同样圣洁的教父在君士坦丁堡所确认……朕和各地的教会过去、现在和将来都不会持有不同的教义，也不会对信仰有不同的教导和解释，唯一正确的信仰是上文提及的由318名教父提出并由150名教父批准的神圣信经。如果有人胆敢持有不同的观点，朕将视其为异端。①

君士坦丁堡大公会议之后，基督教教义进入了一段相对稳定的时期。然而，5世纪之后，基督教会内部又围绕着耶稣基督的神人两性关系，即基督论的问题爆发了两次激烈的新论战，即聂斯托利争论和基督一性论争论。

公元428年，来自安条克的教士聂斯托利成为君士坦丁堡教区的主教。他随即提出自己的神学观点，认为基督的神性与人性分离，分别构成两个位格，其人性是由玛利亚所生，而神性是来自上帝，玛利亚是"人母"而非"神母"。基督的人格独立于神格之外②。埃瓦格里乌斯在作品中归纳了他的主要论点：

> 聂斯托利通过区分和割裂基督的神性和人性使得基督再一次被出卖。聂斯托利拒绝承认"上帝之母"这个已被圣灵所缔造并被众多选举出来的教父所公认的概念。他重新伪造了"基督之母"这一概念，从而将教会带入了无穷的争斗之中，使其内部血流成河……他赞成"所有人都不要称玛利亚为上帝之母（Theotokos）。因为她是个凡人，上帝是不可能为一个凡人所生的"这一观点，甚至提出更为亵渎的理论，"那个变为两个月或三个月大的东西，我不会称其为神！"③

聂斯托利的这一观点过于强调耶稣基督的人性，因此实际上导致其神人两性产生了对立，从而使圣子分裂为神人两个分裂的位格，而非正统教义承认的一个位格。这一理论遭到了以亚历山大里亚主教西里尔为代表的许多教会人士的强烈反对。西里尔针锋相对地提出"神，逻各斯，并不是临到一

---

① Evagrius Scholasticus, *The Ecclesiastical History of Evagrius Scholasticus*, III. 14.
② F. Loofs, *Nestorius and His Place in the History of Christian Doctrine*, pp. 29-33.
③ Evagrius Scholasticus, *The Ecclesiastical History of Evagrius Scholasticus*, I. 2.

个人身上,而是真的变成一个人,同时又仍然是神"①这一基督神人两性本质合一为同一个位格的神学理论。在431年的以弗所基督教大公会议上,西里尔在罗马和亚历山大里亚教会的支持下取得胜利,聂斯托利的观点被斥为异端,本人也被皇帝罢免后放逐②。

然而,关于基督论的争端并没有就此平息。在取得了对聂斯托利斗争的胜利后,亚历山大里亚教会逐渐发展了西里尔的神学思想。但是,这种神学思想的革新走向了另一个极端,即由过度强调基督的两性分裂走向过度强调其两性的合一,尤其是神性对人性的融合。这种教义革新在神学理念上源于亚历山大里亚教会和安条克教会不同的基督论神学传统,前者一直比较倾向于基督人性的最终神格化,而后者则坚持基督人性的保持③。西里尔的继任者狄奥斯库鲁(Dioscorus,444—451年在位)就明确表示反对基督有"两性"的说法。他公开宣称,正确的信仰是亚历山大里亚教会的基督只有神性一性的教义。他甚至认为,西里尔在以弗所宗教会议之后其实是与聂斯托利异端联合了④。这实际上就产生了"基督一性论"思想的雏形,即认为基督道成肉身之后人性为神性所融合,故基督只有神性一性而非神人两性。在此之后,四十年代中期亚历山大里亚教会在君士坦丁堡的代理人,修道士尤提克斯正式将这一思想系统阐述成型。他主张"我主在最初确有神人两性,但是最终这两性合而为一,因此我认为我主只有一性。主的肉身也不与我等同质"。⑤这一观点立即得到狄奥斯库鲁及亚历山大里亚教会的支持,标志着基督一性论理论的最终产生。

基督一性论教义提出的基督人性为神性所融合的理论在教义上产生最大的影响是通过排除基督的人性,使得基督不再与人类有同质之处。如果基督不能具有人性,那么他在十字架上之死就无法体现为人的赎罪,因此也就直接影响了基督教救赎的理论。该思想不出意料地在教会内部引发了动荡,但是基督一性论造成争论的激烈程度远胜于之前阿里乌和聂斯托利教义之争。君士坦丁堡和罗马教会联合起来反对这一神学观点。448年,尤提克斯的思想被斥为异端,本人也被放逐,但一年之后,在皇帝塞奥多西二世的支持下,基督一性论在第二次以弗所基督教会议上被定为正统教义,反对者君士

---

① [美]奥尔森:《基督教神学思想史》,吴瑞诚、徐成德译,北京:北京大学出版社,2003年,第227页。
② Evagrius Scholasticus, *The Ecclesiastical History of Evagrius Scholasticus*, I. 4.
③ W. H. C, Frend, "Popular Religion and Christian Controversy in the Fifth Century", *Studies in Church History*, Vol. 8(1972), p. 21.
④ R. V. Sellers, *The Council of Chalcedon*, p. 29.
⑤ Evagrius Scholasticus, *The Ecclesiastical History of Evagrius Scholasticus*, I. 9.

坦丁堡主教弗拉维安(Flavian,446—449年在位)被罢免,随即被迫害致死①。这一决定引发了罗马和君士坦丁堡等教区的不满,基督教会内部出现了严重的分裂。

为此,马西安皇帝于451年在卡尔西顿召开了第四次基督教大公会议,会议经过了五个阶段的激烈讨论后,最终在皇帝的支持下通过了支持罗马主教利奥一世(Leo I,440—461年在位)的《卡尔西顿信经》。埃瓦格里乌斯的记载是现存记录这次会议最为详细的史料之一。

> 一些人愚蠢地提出了让人困惑和混淆的新观点,他们将基督的人性和神性混为一谈,他们提出一个怪异的理论,那就是独生的圣子只有神性是能感知俗世的……为此现在召开的神圣伟大的大公会议希望能够消灭他们的异端,保卫之前确立的不可动摇的信仰……我们承认这独一的,同一个的圣子,我主耶稣基督,并且我们全体一致地阐明他具有完全的神性和完全的人性,他是真正的神,也是真正的人,他是理性的同时也是肉体的生命,就神性而言,他与圣父本质相同,就人性而言,他与我们本质相同,除了他没有罪以外,在其他各个方面都与我们完全一致②。按照神性而言,他是在万世之先,为圣父所生,按照人性而言,他是在末世时由上帝之母童贞女玛利亚所生;这独一的,同一个的耶稣基督、圣子、我主和独生子,他处于不可混淆,不可改变,不可分割以及不可离散的两性之中,因为不同的两性绝不因为联合而失去区别,相反每一性质都保持其特点并且存在于同一个人和位格之中;他不可以割裂为两个位格,而是独一的同一个圣子、独生子、神圣的逻各斯、我主耶稣基督。③

卡尔西顿大公会议和《卡尔西顿信经》给拜占廷帝国带来了深远的影响,随后引发了将近两个世纪之久的基督一性论争端和广泛的社会冲突。这一点笔者将在后面另辟章节专门加以探讨。但是,就基督教教义的发展来看,这次会议无疑具有非常积极的意义,它在某种程度上是现今基督教各主要派别承认的正统教义的雏形。如前文所述,在4世纪末,三位一体教义的争论已经尘埃落定,但是《尼西亚—君士坦丁堡信经》还是为以基督为中心的神学问题留下了巨大的争论空间,并为未来新的争端埋下了伏笔。《信经》中提到了基督是"由真神而来之真神",但又称其"成为一个人,并因为我

---

① Evagrius Scholasticus, *The Ecclesiastical History of Evagrius Scholasticus*, II. 2.
② 《新约·希伯来书》,4.15.
③ Evagrius Scholasticus, *The Ecclesiastical History of Evagrius Scholasticus*, II. 4.

们被害且埋葬"。那么,基督徒到底应该如何理解基督神性与人性这两个性质之间的关系?不解决这一疑惑,以基督为核心的救赎理论就会受到质疑,从而会动摇和破坏基督教的基础,因此这一疑问是基督教神学家们不可避免的问题。但是,出身于不同背景的神学家们对同一神学问题往往会给出截然不同的论断。5 世纪产生的两次基督论争端实际上并非空中楼阁,而是对 4 世纪悬而未决神学问题讨论的延续,是三位一体教义争论的发展。正如埃瓦格里乌斯所言:

> 基督徒中那些已经提出异端教义的人,没有谁起初就是想要亵渎神灵或者对上帝不敬的。他们之所以犯错误是因为他们试图比前辈更好地阐述他们所拥护的教义。①

因此,从这一角度来看,上文出现的这些教义争论实则也是基督教自身发展的表现和必然结果。这些教义之争并不是教会神学家咬文嚼字的文字游戏,而是基督教神学发展和形成独立体系的过程②。在这一过程中,基督教不但完成了由一神论取代多神论的任务,同时通过提出三位一体这一基本信条,以及利用"圣子基督"为神人之间建立了联系,从而形成了一套独特的救赎理论,进而在犹太教和希腊哲学的影响中完善了自己的教义体系。

但是,频繁的教义冲突毕竟不利于基督教会和国家的稳定与统一,所以从 4 世纪开始,国家和教会就一直试图制定能够让绝大多数人接受的信仰规范。从教义的发展来看,得到拜占廷国家和教会多数人士承认的正统信仰表现出传统性和中间性的特点。一些对教义过于极端的革新最后都难免沦为异端。4 世纪的阿里乌和 5 世纪的聂斯托利异端都是失败地发展教义的尝试。在基督一性论理论出现后,面对其与聂斯托利派之间"一性"和"两性"的激烈争论,拜占廷统治者和大多数主教在卡尔西顿会议上依然选择的是一条中间路线。它既承认了耶稣基督具有两性,同时又极力强调这两性是不可"混淆、改变、分割和离散"地统一在一个位格之中,既肯定了耶稣基督具有和圣父本质相同的神性,也认定其具有与人类本质相同的人性。因此,尽管这一教义遭到了以亚历山大里亚为代表的众多东部教区的反对,但是它还是为帝国内大部分的基督徒所接受,并得到了之后诸次大公会议的肯定。《卡尔西顿信经》在纷争之中制定了教义的规范。因此从这一角度来看,这次会议不愧是基督教发展史上的一座重要里程碑。

---

① Evagrius Scholasticus, *The Ecclesiastical History of Evagrius Scholasticus*, I.11.
② 陈志强:《拜占廷学研究》,第 196 页。

这样,经过 4 世纪和 5 世纪关于三位一体和基督论的两次重大神学争论,拜占廷帝国的基督教教义得到了重大发展。清晰统一的教义理论也有助于更多人接受基督教信仰,从而使帝国在基督教化的进程中又向前迈出了重要的一步。

二 基督教会组织的完善

拜占廷帝国早期,除了正统教义得到发展之外,基督教会在组织结构上也逐渐完善。众所周知,在基督教从犹太人的群体中脱颖而出,向西进入罗马帝国腹地传教之时,基督教会内并没有明确的教职制度。然而,随着信徒的增加和传教等工作的需要,从 2 世纪初期开始,在一些基督教文献中开始出现了"长老""监督"和"执事"等头衔名称。关于这些头衔的具体职能,现代学者尚存一些争议,但有一些学者根据当时的书信判断,在某些地区已经出现了由一位监督和多位长老与执事组成的神职班子,负责管理当地的教会事务。到 2 世纪中叶,出于管理的便利,一些教区开始出现独掌大权的主教,到 60 年代后,主教已经变得十分普遍了①。至公元 3 世纪时,主教已经成为教会中不可或缺的角色,以至于当时的教父西普里安提出,"教会的合一在于主教制……主教在教会里,教会也在主教里。因此谁不与主教在一起,他就不在教会里了"②。

与此同时,主教下属的一些神职也逐渐系统地确立起来,并最终形成了一个独特的阶层。尤西比乌斯就在《教会史》中记载到,在公元 251 年,罗马主教科尔尼里乌斯(Cornelius)在写给安条克主教的一封信中提及,自己属下有"46 名长老(presbyter,也有译本作神甫 priest)、7 名执事(deacon)、7 名副执事、42 名襄礼员(acolyte,只存于西部地区教会)以及 52 名驱魔人(ecorxist)、诵经员(reader)和看门人(janitor)"③。这些职位在之后的教会史家,如埃瓦格里乌斯的作品中也多有涉及,如"此人被任命为亚历山大里亚教会的长老"(第 2 卷第 8 节)、"这项任务被交给第一副执事奥勒良"(第 3 卷第 34 节)等等。在今日的天主教和东正教会中,还保留了很多当时的神职名称。

然而,与各地方教区内部结构日益完善相比,基督教会的诸教区在 3 世纪时尚未形成比较清晰的组织关系。在此时期,教会内主教们的教区虽然大

---

① 〔美〕威·沃尔克:《基督教会史》,朱代强等译,北京:中国社会科学出版社,1991 年,第 52—54 页。
② 同上书,第 83 页。
③ Eusebius Pamphilus, *Church History*, VI. XLIII. 11.

小有别,贫富不一,但是从地位来看基本上保持平等。尽管罗马主教因为管理着"使徒彼得的教区"而广受尊重,但是并未取得凌驾于其他主教之上的权力。正如强调主教重要地位的西普里安所言:

> 教会的合一并不包括臣服于一位"众主教的主教",而是在于所有主教之间的共同信心、爱心与交通。①

然而,随着313年后基督教取得合法地位,加之皇帝对基督教会给予越来越多的优待,许多民众选择了皈依基督教。教徒人数的大量增长开始对教会的管理提出了更高的要求。同时,国家与基督教会之间的联系也比先前更为紧密,为了保证基督教作为帝国精神统治工具的作用,拜占廷统治者也需要一个组织严密、层级分明的教会,以利于控制。在这些需求下,罗马、亚历山大里亚和安条克等教区的主教因为驻节在帝国的大都市内,因此在政治、经济和文化等各个方面都在教会中具有得天独厚的优势。这些主教同样希望能够在教会中拥有更多的权力。随着历史的发展,像先前那样由所在教区主教全权管理本区事务,教区之间互不统属的体制已经很难维系,更为复杂的组织结构的出台势在必行。

这种趋势在325年的第一次尼西亚大公会议上已经有所体现,会议通过的第4条教规针对省区内主教任命的问题做出了明确规定。"一个主教必须由同省区的其他主教选举产生……但是,每一项任命都必须交由省城批准通过。"②这一规定实际上给予了省城主教在人事方面的特权。随后,341年召开的安条克宗教会议则在第9条教规中决定"各省的主教必须承认驻节在省城主教的权力,后者应主持全省教会的事务……无论何处他都应名列该省主教之首,其余主教不得超越其而行事"③。显而易见,这项教规比尼西亚会议的决议更进一步,它使得各省城主教不仅在人事方面,同时在各个领域都拥有高于该省其他教区主教的特权,这些驻节在省城的主教被称为"都主教"(archbishop,西部称为metropolitan),以和普通主教相区别,原先主教之间平等的关系就这样逐渐被打破了。

与此同时,在都主教之上,拜占廷基督教会内还逐渐出现了权力更大的宗主教(patriarch,或称牧首、大教长,罗马主教称pope)。然而,这一职位产生的过程不像都主教那样清楚,现代学者对此尚有一些争论。一般认为,罗马、亚历山大里亚和安条克教会获得这一地位主要是凭借其使徒教区的身份

---

① 奥尔森:《基督教神学思想史》,第116页。
② H. R. Percival, ed., *The Seven Ecumenical Councils*, NPNF2-14, p. 44.
③ Ibid., p. 165.

和罗马时代作为基督教中心的传统。这三大教区在拜占廷帝国建立后地位不断上升,至4世纪末时已经获得了高于一般都主教的地位。君士坦丁堡教区则完全是因为帝国首都的身份才获得如此尊荣①。公元381年的第2次基督教大公会议通过的第3条教规宣布:"君士坦丁堡主教的地位仅次于罗马主教,因为君士坦丁堡就是新罗马。"②这一教规使得君士坦丁堡主教获得了和上述三个使徒教区主教同等的地位。耶路撒冷教区在451年的卡尔西顿大公会议上也获得了这一身份。按照埃瓦格里乌斯的记载,耶路撒冷主教朱维诺还和安条克主教马克西姆斯(Maximus)在会议结束后额外举行了谈判,并从安条克教区那里获得了巴勒斯坦和阿拉伯地区的控制权③。至此,拜占廷帝国的五大宗主教区正式形成。五位宗主教在帝国的绝大部分地区划分了自己的势力范围。帝国的西部地区的教会归罗马教区统辖,首都君士坦丁堡教区对希腊部分地区、色雷斯、黑海地区和小亚细亚大部拥有管辖权,亚历山大里亚主教则是埃及和附近利比亚部分地区的宗教领袖,安条克和耶路撒冷教区分别享有叙利亚和巴勒斯坦以及阿拉伯地区教会的领导权④。

在5世纪,尤其是卡尔西顿大公会议之后,拜占廷教会已经逐渐形成了以五大宗主教为核心的、一套比较成型的组织体系。五大宗主教对各自属下教区的诸多方面进行统辖,皇帝则通过对宗主教和其他一些重要教职人员的管理达到控制基督教会的目的。大致看来,宗主教和都主教对下属教会拥有以下三类管理权。

首先,他们享有对下级教会的人事任免权。按照先前的教规规定,任命省内教区主教由本省区其他主教推举,但需经省城的都主教批准后方能通过。这一传统被延续下来并得到完善。一般而言,宗主教都拥有一套自己的咨询机构,主要由其下属都主教和其他一些重要神职人员组成。比较重要的人事问题,如都主教的任命往往由该机构向宗主教提出候选名单,再由后者最终任命。各都主教区也有类似的机构,其确定下属主教的方式与此大体相同⑤。

特别需要注意的是,在一些情况下,宗主教可以越过咨询机构,自行任免

---

① 关于君士坦丁堡教区地位的逐渐上升并最终形成是早期拜占廷和基督教会史中一个非常重要的问题,和地中海世界中心的转变有密切的关系,因此后文将专辟章节详细论述这一问题。
② H. R. Percival, ed., *The Seven Ecumenical Councils*, *NPNF2-14*, p. 250.
③ Evagrius Scholasticus, *The Ecclesiastical History of Evagrius Scholasticus*, II. 18.
④ 参见 G. Every, *The Byzantine Patriarchate 451-1204*, London, 1962, p. 23。
⑤ 陈志强:《拜占廷帝国史》,第430页。

下级主教。例如埃瓦格里乌斯记载,451年卡尔西顿大公会议之后,一性论派的耶路撒冷主教塞奥多西就"自己任命了许多巴勒斯坦地区城市的主教"以替换那些支持卡尔西顿派的主教,其中就包括了著名的一性论派教士彼得(Peter the Iberian),而卡尔西顿派的朱维诺在回到耶路撒冷主教的位置上后,又立即奏请皇帝免除这些主教的职务,转而任命卡尔西顿派的主教①。5世纪晚期,亚历山大里亚主教提摩太(Timothy)不但给一名叫作保罗的教士授以以弗所主教的职位,甚至还给予以弗所主教高于一般都主教的地位②,这些都体现了上级主教对下级主教和教区的人事管辖权力。

除此之外,宗主教和都主教还拥有召开地方宗教会议和处理本教区内教义纠纷的权力。尼西亚第一次大公会议的第5条教规要求,各省教区每年必须举行两次全体会议,一次在大斋节前,一次在秋季到来之前,以商议本省教区内教义和人事等问题③。这一教规后来作为传统延续下来,各都主教和宗主教也相应地获得了本教区内宗教会议的领导权。在埃瓦格里乌斯的作品中出现过关于这类会议的记载。其中比较典型的一例就是448年在君士坦丁堡召开的该教区宗教会议。从中我们可以看到此类会议的一些粗略流程。会议由君士坦丁堡宗主教弗拉维安召开后,首先由宗主教下属主教提出本教区内一些值得讨论的宗教问题。这次会议上一名叫作尤西比乌斯的主教对尤提克斯的基督一性论理论提出控诉,随即与控诉人尤提克斯和其反对者进行了辩论。最终在讨论后,由弗拉维安将尤提克斯的理论裁定为异端并将其罢免④。这表明,上级主教不但能够召开会议,并可在会议上对本教区内的教义和人事问题进行裁处。

最后,从史料中,我们还可以发现,宗主教还拥有处置本教区经济财政事务的权力。例如,在查士丁尼统治时期,一名叫作托马斯的叙利亚修道士来到安条克城为他的修道院领取年金。这份钱已经由教会划拨下来了,但是安条克教会负责此事的管事阿纳斯塔修斯拒绝支付,并殴打了托马斯。最终托马斯没能拿到这笔钱,还病死于回程的路上⑤。埃瓦格里乌斯写作该节的本意是为托马斯撰写圣徒传记,着重描写其死后尸体展现的一些奇迹和安条克

---

① Evagrius Scholasticus, *The Ecclesiastical History of Evagrius Scholasticus*, II. 5.
② 以弗所教区虽然位于小亚细亚西南部,但是从5世纪初开始和君士坦丁堡教区关系十分紧张,而与亚历山大里亚则保持了密切的关系。在这段时间,以弗所教区应该由亚历山大里亚教区名义管辖,因此此处是由亚历山大里亚主教授予保罗以弗所主教的职位。Evagrius Scholasticus, *The Ecclesiastical History of Evagrius Scholasticus*, III. 6.
③ H. R. Percival, ed., *The Seven Ecumenical Councils*, *NPNF2-14*, p. 46.
④ Evagrius Scholasticus, *The Ecclesiastical History of Evagrius Scholasticus*, I. 9.
⑤ Ibid., IV. 35.

民众对此的崇敬,然而这段记录透露了一些教会经济问题。关于早期基督教会的经济状况,现今发现的材料并不十分详细。关于教会内部财富分配问题的史料更是凤毛麟角,现代学者大多依靠一些零散的史料进行一些合理的推测。一般认为,教会内的高级神职人员,如主教、神甫和执事等都由国家发放生活费用,具体数目按教区大小不一,而罗马和君士坦丁堡的低级神职人员也能得到国家的补贴①。埃瓦格里乌斯所记载的内容与上述分配不同,是宗主教将本教区收入中的一部分按期拨付给下级宗教组织。除此之外,埃瓦格里乌斯还在作品中提到了几处宗主教使用教会财产的情况。如:

> 查士丁二世批评安条克主教阿纳斯塔修斯滥用教会财产的时候,后者公开回答这是为了避免让害人的查士丁挪用。
>
> 安条克主教格里高利经常慷慨地捐献金钱,在所有场合都表现得极为大方。②

作为安条克宗主教长期的随从,埃瓦格里乌斯的这些记载应该是亲身经历的实录。以弗所主教约翰也在作品中批评格里高利主教用教会的财产满足公共享乐,甚至还用于行贿,通过"准备大量的金银和无数贵重的服饰作为礼物"以逃脱对其的指控③。这也从侧面表明,宗主教拥有处置教会的某些财产并决定其如何使用的权力。

正是因为拜占廷教会内部出现了层级分明的等级制度,因此随着主教间平等关系的打破,上下级主教之间表现出明显的隶属和主从关系。如在一些重要的宗教会议上,同一教区的下级主教往往全力支持其上级主教参与争论。在卡尔西顿大公会议上,当狄奥斯库鲁的思想被定为异端,本人被罢免后,17 名下属主教中依然有 13 人泣求皇帝收回成命,不要强迫他们改变信仰④。

在下级主教与上级主教发生矛盾时,很多情况下,下级主教会选择委曲求全。在 5 世纪末期,君士坦丁堡主教阿卡西乌和下属小亚细亚地区的主教为是否支持皇帝瓦西里斯库的一性论宗教通谕产生了异议,争论的最终结果就是"小亚细亚地区的主教们恳请并哀求前者的原谅,他们写信悔悟,在信中他们表示自己是在被迫而绝非自愿的情况下签署的瓦西里斯库通谕。"⑤

---

① A. H. M. Jones, *The Decline of the Anciet World*, New York, 1966, p.266.
② Evagrius Scholasticus, *The Ecclesiastical History of Evagrius Scholasticus*, V.5-6.
③ John of Ephesus, *The Third Part of the Ecclesiastical History of John, Bishop of Ephesus*, V.17.
④ 〔英〕爱德华·吉本:《罗马帝国衰亡史》下册,黄宜思、黄雨石译,北京:商务印书馆,1997年,第 269 页。
⑤ Evagrius Scholasticus, *The Ecclesiastical History of Evagrius Scholasticus*, III.9.

即使在矛盾变得不可调和时,下级主教也会尽量避免与上级主教发生直接冲突。埃瓦格里乌斯就记载了阿纳斯塔修斯统治时期安条克主教塞维鲁和下属主教之间的一件趣事。当时埃瓦格里乌斯家乡的埃比法尼亚主教科斯马斯和附近的一些主教反对塞维鲁的基督一性论信仰,联合撰写了一封不承认塞维鲁地位的信,但是却没人敢将信交给后者。最后"他们将传递这份文件的任务交给埃比法尼亚的第一副执事奥勒良。但是他畏惧塞维鲁宗主教的高贵身份,因此在到达安条克城之后穿上了妇女的衣服来拜见塞维鲁。他让蒙在脸上的纱巾垂到胸前,嚎啕大哭并忸怩作态,在伪装掩护下将这封信递交给他。之后趁人不备离开了人群,并且在塞维鲁看到信的内容之前安全地逃跑了"①。这种下级教士对宗主教地位的畏惧由此可见一斑。

但是需要注意的是,该时期形成的教会内组织结构也有弱点。例如,教会内部没有明确的机制解决宗主教区与宗主教区之间的矛盾,才会出现448年君士坦丁堡教区会议反对亚历山大里亚教区支持的一性论教义,449年亚历山大里亚教区又举行会议罢免君士坦丁堡主教这样的混乱局面。这种情况恰恰为拜占廷皇权介入教会事务提供了良机。从拜占廷的历史来看,皇帝在绝大多数时间都把持着召开基督教大公会议和其他宗主教区之间会议的权力,同时极力控制宗主教和一些其他重要神职的任免权,这也正是拜占廷教会最终未能完全摆脱皇权控制而独立发展的重要原因之一。

然而,虽然拜占廷的基督教会无法摆脱世俗权力的控制,但是这也使教会的发展得到了国家的指引与保护。国家的强力支持与基督教会自身结构的完善相结合,从而使教会成为拜占廷国家更为有力的精神统治工具。与此同时,层级分明的体系虽然一定程度上改变了各教区之间平等的地位,并压缩了其自由发展的空间,但是却提供了更为高效的管理和严明的纪律,这对基督教会在这一时期的高速扩张具有至关重要的意义。

第三节 圣徒、圣物和圣像崇拜与基督教的普及

一 东地中海世界圣徒、圣物和圣像崇拜的表现

基督徒对圣徒和圣物的崇拜传统由来已久。早在公元2世纪中期,在罗马帝国迫害中殉难的基督教殉教士的遗物就已经受到了信徒的广泛崇拜。

---

① Evagrius Scholasticus, *The Ecclesiastical History of Evagrius Scholasticus*, III. 34.

在3世纪后,一些对虔诚基督徒的怀念与崇敬仪式逐渐普及,并出现了一些在信徒忌日上通过捐赠表示纪念的活动①。

4世纪以来,随着基督教取得合法地位,基督徒对圣徒和圣物的崇拜更为兴盛,并且有了新的发展。在对圣徒的崇拜上,童贞女玛利亚的地位开始显著上升,尤其是在431年以弗所基督教大公会议后,玛利亚作为"上帝之母"的身份得到明确,反对这一观点的聂斯托利教义被斥为异端邪说。拜占廷民众表达了自己欣喜的心情。"那些从圣母教堂里走出的疲惫的高级教士被看作是她的保卫者而得到人们的欢呼。灯火彻夜通明,激动的人群用经久不息的歌声纪念她最终的胜利。"②这体现了玛利亚在基督徒心目中已经具有了极其崇高的地位,她逐渐成了帝国内最受崇拜的圣徒和拜占廷民众的保护者。在圣物方面,一些被赋予特殊意义的圣物陆续出现,其中最著名的就是君士坦丁大帝之母海伦娜在耶路撒冷发现的"耶稣受难十字架"。它成了拜占廷基督徒最为珍视的宝物之一,以至于当7世纪伊拉克略皇帝将一度落入波斯人手中的这个圣十字架夺回后,全帝国的民众都陷入了狂喜之中,这场战争也被视为拜占廷人的"圣战"。与此同时,一些教堂开始使用圣像作为装饰物,很多家庭也供奉圣像以求得到庇护,圣像崇拜逐渐普及开来。

基督教成为拜占廷帝国的国教后,拜占廷人对圣徒、圣物和圣像的崇拜达到一个新的高峰。这些崇拜也成了基督教信仰重要的组成部分并得到了教会史学家的高度重视。例如,据笔者统计,仅在埃瓦格里乌斯的《教会史》中,就先后有16处长短不一地记录了基督教圣徒的事迹,并各有两次较为详细地讲述了基督徒对圣物和圣像崇拜的故事。以下笔者将依据其作品对这些崇拜的具体表现做一简要分析,以作为个案研究。

首先,在崇拜的对象上,拜占廷人的圣徒崇拜有了新的发展,这首先表现为修道士圣徒的比重显著上升。在5世纪之前,基督教会内也有受到敬仰的修道士圣徒,但是他们在基督教圣徒中所占比例相对较小。但在埃瓦格里乌斯《教会史》中的16篇圣徒事迹中,有1篇是圣母救人的故事,有7篇是基督教殉教士"显圣"的传说,剩余8篇则都是5—6世纪拜占廷修道士的事迹,已经占据了其作品全部圣徒传记的半壁江山。当然,我们不能仅以《教会史》这一部作品作为样本进行判断,但是显而易见的是,随着基督教取得合法地位并成为拜占廷国教,殉教士出现的机率越来越小,而修道士则开始因其简朴、自律和虔诚的美德广受基督徒崇敬,因此越来越多修道士圣徒的出

---

① 威·沃尔克:《基督教会史》,第107页。
② 爱德华·吉本:《罗马帝国衰亡史》下册,第260—261页。

现并非是一种偶然现象。

除数量增多之外,在5—6世纪,作为基督徒崇拜对象的修道士圣徒的修道方式比先前更为丰富,许多不同类型的修道士陆续出现。拜占廷时代的修道生活源于3世纪一些基督徒的禁欲苦修实践。其中最著名的就是有"隐居修道之父"美誉的埃及圣徒安东尼。安东尼生于埃及一个富有的基督徒家庭,在父母去世之后他将所有的财产赠与同村村民,自己于约270年走上了独自隐修的道路①。在独自隐修15年之后,他躲入了渺无人烟的沙漠之中,在一座墓窟里又修行了20年之久②。他的这种行为吸引了许多追随者,他们居住在他的墓窟周围,接受他的教诲。大约与安东尼同时代,埃及还出现了另外一位重要的修道者,即圣徒帕克缪斯(Pachomius)。此人生活于上埃及地区,他觉察到了独自隐修的不便与危险,因此将附近的修道士召集在一起,于塔本尼西(Tabennisi)建立了第一所修道院。这座修道院包括几栋不同的建筑,每处居住30—40名修道士,由一位监督负责管理。这一修道方式大受欢迎,到了345年的时候,帕克缪斯的修道团体已经拥有9所男修道院和2所女修道院③。可以说,在4世纪之时,埃及等地区的修道风气已经开始流行起来。与此同时,陆续出现了一些记载著名修道士事迹的圣徒传记,其中最为著名的即是亚历山大里亚主教阿塔纳修斯所著的《安东尼传》(*Life of Antony*)。这部作品全面地记录了安东尼的生平和修道经历,从中我们能够了解到4世纪早期埃及地区修道生活的原貌。

从5世纪开始,东地中海世界还陆续出现了一些新的修道方式。埃瓦格里乌斯在其《教会史》中描绘道:

> 那里有两座神圣的修道院以及我们所称的拉乌拉(lavra)。这些地方内部的运作机制是不同的……那些以集体为单位修行的人因为没有金钱,不受世俗事务的掌控……其实他们连外衣或者食物这样的私人财产都没有……他们的桌上只有蔬菜和其他维持生命正常需要的食品。他们日夜在一起向上帝祈祷……他们还经常履行一些"额外"的任务,即绝食两到三天。但是也有一些人采用了相反的方法,他们像使徒所说的那样置身于洞穴之中。还有一些人和野兽同居并且在难以发现的凹洞里与上帝交流……他们置身于荒芜的沙漠,并且不论男女都只穿着勉强蔽体的衣服……而且他们也和野兽聚集在一起。我还要谈一谈另外

---

① Athanasius, *Life of Antony*, pp. 1-2.
② Ibid., pp. 12-13.
③ N. H. Baynes and H. St. L. B. Moss, ed., *Byzantium: An Introduction to East Roman Civilization*, p. 137.

> 一类修行者……这类人十分罕见,但是他们通过其远离热情的品德而回到了混沌之中的世界。通过宣称自己发疯,他们践踏着自己的虚荣心……此外他们还在任何地方和任何人面前都放弃羞耻之心……在有激情的地方,他们就如同行尸走肉,而在对上帝祈祷时,他们即使已经不再青春年少,却依然生机勃勃……①

埃瓦格里乌斯的上述记载是研究5—6世纪拜占廷修道生活非常重要的史料。在这段文字中他提到了该时期4种不同的修道方式。前两种是有组织的群体修道,其中放弃个人财产集体修道的修道院是前文提到的圣帕克缪斯所提倡的传统修道方式。埃瓦格里乌斯笔下的圣徒伊斯多里(Isdore,第1卷第15节)就是这样一座修道院的院长。拉乌拉则是最早出现于加沙的,由单独隐居和集体修道相结合的修道方式,是由中心修道院和分散隐居点组成的修道团体②。其余两种方式为个体修道方式。"置身荒芜的沙漠"这样的修道士应是继承了安东尼独自隐修的修道传统,但是之后在具体形式上又有所发展。埃瓦格里乌斯在作品中提到的高柱修士老西蒙和小西蒙(第1卷第13节,第6卷第23节)置身于高耸的石柱之上而非沙漠洞穴中独自悟道,其性质同样为远离人世的隐修。埃瓦格里乌斯提到的最后一种"十分罕见"的修道士则是在人群中通过假痴扮癫进行特殊修行。这一类型的代表修道士是圣徒愚人西蒙(Symeon the Fool,第3卷第34节)。他是一个"抛弃了虚荣的外衣,实际上有着神圣智慧和魅力"的狂人。"他一生大多数时间都是独居的,他不允许其他人了解他是怎么敬仰上帝的……有时候他也要到闹市去,他看上去很不正常并且完全没有意识和智慧……但当有人向他低头致意时,他就会在暴怒中仓促离开那里,因为他害怕自己的特殊美德会被大众发现。"③这是一种新的城市中的修道方式。

上文提到的这些广受东地中海世界基督徒崇拜的修道士圣徒与5世纪前的先辈们相比,不仅仅人数更为众多,在修道方式上更为丰富,并且分布范围也更广。这其中包括了叙利亚地区的两位高柱修士西蒙与托马斯(第4卷第35节)、埃及的伊斯多里、巴勒斯坦的左西莫斯、约翰(第4卷第7节)、愚人西蒙(第4卷第34节)和巴萨努菲乌斯(Barsanuphius,第4卷第33节)等。因为视野的偏狭,埃瓦格里乌斯还遗漏掉了同时期许多其他重要的修道士,尤其是那些在君士坦丁堡和小亚细亚地区的圣徒。例如5世纪君士坦丁堡

---

① Evagrius Scholasticus, *The Ecclesiastical History of Evagrius Scholasticus*, I. 21.
② 陈志强:《拜占廷学研究》,第181页。
③ Evagrius Scholasticus, *The Ecclesiastical History of Evagrius Scholasticus*, III. 34.

的高柱修士圣丹尼尔和6世纪小亚细亚的圣塞奥多利等①。这些圣徒的足迹已经走出了4世纪时以埃及为主的地域范围,开始广泛分布于地中海世界东部的各个地区,也从侧面表现出该地区民众对修道生活和修道士的尊崇。

其次,除了崇拜对象的范围扩大之外,拜占廷人对圣徒、圣物和圣像崇拜的目的性也十分明确。崇拜活动在保持了先前纪念基督教圣人及其物品的主要目的外,功用性也大大增强,许多崇拜行为是与崇拜者的实际需求紧密相连的。

对于东地中海世界的平信徒来说,圣徒、圣物和圣像已不仅仅属于宗教生活范畴,更是对日常生活有着不可估量的影响。圣徒、圣物和圣像首先经常被用来作为国家、城市和教会的保护者。在危难面前,他们会期望借助这些神圣的力量来保卫安宁。这一点在战争时刻表现得尤为明显。埃瓦格里乌斯曾经记录了查士丁尼时期与波斯战争时的一场守城之战,这场战争发生在两国边境的重镇艾德萨。当时波斯国王科斯洛埃斯亲自指挥士兵攻城,波斯人用木料和泥土制造了一个比城墙还高的、可以向前推进的活动土丘,他们的士兵借此可以"从较高的位置向城墙上的守卫投掷投射物"。拜占廷的守城士兵想出了一个应对措施,"他们对着那个土堆挖掘了一条地道,并且从那里往外点火",但是几次点火行动都以失败告终,最终拜占廷人想出的办法是将一个据说是耶稣基督亲自赠予的基督圣像"放进地道,并将它淋上水之后,堆起一些柴堆,然后拿来很多木材点火。马上,神圣的力量使那些信徒看见了奇迹,完成了他们先前没有完成的事情:木材被点燃了,然后迅速化成灰烬,大火在各处燃烧起来",波斯军队随之败走②。虽然圣像在这次突袭行动中不会真的起到什么作用,只是偶然和点火成功联系在了一起,但是拜占廷人选择借助圣像来展开这次军事行动,显然是相信基督的圣像能够引导他们取得胜利。

基督徒们对圣徒、圣物和圣像的保护作用是如此虔信,以至于在一些时候,不同城市之间甚至会为其展开激烈的争夺。当459年老西蒙去世后,当时其所在教区的安条克主教马上让驻扎在当地的东方战区司令官亲自带领士兵来到西蒙修行所在之地,对他的圣体严加保护,以免其他城市将其盗走。随后,西蒙的圣体被护送到了安条克。利奥皇帝随后也听说了这

---

① 同时代匿名作者为这两位修道士撰写的希腊文圣徒传记已被现代学者贝恩斯等人翻译成英文并辑合成书。其二人事迹简介可参见 E. Dawes and N. H. Baynes, trans., *Three Byzantine Saints: Contemporary Biographies translated from the Greek*, pp. 1-7, 87-88。

② Evagrius Scholasticus, *The Ecclesiastical History of Evagrius Scholasticus*, IV. 27.

一消息,他要求安条克人把西蒙的圣体运送到君士坦丁堡。安条克民众对他请愿道:

> 我们城市的城墙已经毁于一场地震,因此我们希望把圣体留在这里作为保护我们的一道城墙。①

最终经过激烈的争论,利奥皇帝同意了安条克人的要求,允许他们保留西蒙的圣体。安条克主教将其作为城市的护佑者安放在大教堂之内,并郑重地为其建造了礼拜堂②。

除了寻求庇护之外,一些基督徒崇拜圣徒、圣物和圣像的另一个目的是希望能够得到神迹的治疗。这种思想古已有之,在《新约》中,就有许多耶稣基督治愈麻风病人、盲人和跛子的故事。随着时间的推移,许多拜占廷人,尤其是一些普通民众,更是将圣徒、圣物和圣像都赋予了神迹治疗的功能。这种现象集中出现在 8 世纪毁坏圣像运动时代,那时流传下来许多因为坚持信仰而被皇帝残害的修道士得到圣像治愈的传说,其中最为著名的是大马士革的约翰(John of Damascus)的故事。据传说,此人因为坚定崇拜圣像遭到了拜占廷皇帝的记恨,后者阴谋唆使阿拉伯帝国的哈里发将约翰的右手斩断。约翰手持圣母像祈祷圣母的垂怜,最终在睡梦中,他的手被圣母复原③。

在埃瓦格里乌斯的《教会史》中也有类似的故事,如巴勒斯坦修道士,圣徒左西莫斯和约翰就曾经有过拯救失明妇女的经历。一天,他们二人的朋友阿塞西劳斯的妻子的一只眼睛被飞梭刺瞎,约翰得知此事后吩咐医生尽力将伤眼复位,然后用海绵和绷带将它绑好。阿塞西劳斯则哭求左西莫斯予以帮助。后者于是"开始和上帝亲密地交流"。过了一会之后,左西莫斯来到阿塞西劳斯身边并且摸着他的头说,他的妻子痊愈了④。

这样的"奇迹"还发生在了愚人西蒙的身上。西蒙一个朋友的女仆在怀孕后曾经冤枉他是孩子的父亲,结果她"临盆的时候感觉到剧烈而不可忍受的疼痛,但是却生不下孩子。这时人们都希望西蒙为她祈祷。"西蒙指出,在孩子父亲的问题上这个女人说了谎话,如果她不说出真相的话,就不能生下这个孩子。"当那个女人这样做了并且说出了孩子的真实父亲后,她很快就

---

① Evagrius Scholasticus, *The Ecclesiastical History of Evagrius Scholasticus*, I. 13.
② John Malalas, *The Chronicle of John Malalas*, 14. 37.
③ A. Louth, *St. John Damascene, Tradition and Originality in Byzantine Theology*, New York, 2002, pp. 17-19.
④ Evagrius Scholasticus, *The Ecclesiastical History of Evagrius Scholasticus*, IV. 7.

生下了孩子,这个真话仿佛就像接生婆一样灵验。"①

　　这些故事在今日看来显然并不能让人信服,如果我们一定要为其寻找合理解释的话,也许只能归因于这些隐修士如约翰那样具有医学知识,或是因为民众对圣徒、圣物和圣像的神力极为信服,因此一些病人,如那位生产时过度紧张的妇女,在被视为"圣人"的修道士的谆谆引导或感召下得以放松心情,从而让病情缓解。但是不管怎样,信仰基督教的普通民众对这些神迹治疗的作用是极为虔信的,所以在之后的岁月中才会不断产生新的传说。这些故事甚至对拜占廷帝国之外的非基督徒也产生了影响。据埃瓦格里乌斯记载,在莫里斯皇帝统治时期,波斯国王小科斯洛埃斯给安条克主教格里高利送来一个"用许多黄金和名贵宝石装饰的十字架",希望格里高利将其转赠给著名殉教士塞尔吉乌斯(Sergius)的陵寝,以恳求圣徒帮助,让他一直没有子嗣的妻子怀孕,并且允诺如果愿望能够实现,则会再向其捐赠5000银币②。

　　除了将圣徒、圣物与圣像作为保卫者和治疗者之外,一些拜占廷统治者通过编造或宣传某些对自己有利的"圣训",来实现个人目的。这一做法的始作俑者其实是拜占廷开国皇帝君士坦丁。他在进军意大利,讨伐马克辛迪乌斯的重要战役米尔万桥之战前公开宣称自己梦见了上帝显灵,神托梦告知他一定可以取得战争胜利,从而大大鼓舞了军队的士气③。再如泽诺皇帝在与叛乱者瓦西里斯库作战前,就宣称自己"梦见神圣的和受过巨大磨难的第一个殉教士西克拉(Thecla)鼓励并且允诺帮助他收复失去的帝国。"在击败叛军之后,他"在伊苏里亚附近的塞琉西亚地区为殉教士西克拉修建了一座无比壮观和美丽的教堂,并且捐献了很多皇帝用的物品以装饰教堂"④。之后,在查士丁尼统治时期,当皇帝派遣大将贝利撒留率兵远征汪达尔王国时,他也利用了一则流传甚广的"圣徒训示"鼓舞军队的士气。传说的内容是"汪达尔人从基督徒手中夺走了殉道士西普里安的教堂,利比亚人对此十分悲痛,但是他们说西普里安经常在梦中出现,并且告诉他们他会为自己复仇的"⑤。这些做法和君士坦丁如出一辙。拜占廷皇帝能够如此频繁又简单地利用圣徒实现个人目的,很大程度上是当时东地中海世界的基督徒对圣徒的训示极其信服。

---

① Evagrius Scholasticus, *The Ecclesiastical History of Evagrius Scholasticus*, IV. 34.
② Ibid., VI. 21.
③ Eusebius Pamphilus, *Life of Constantine the Great*, I. XXIX.
④ Evagrius Scholasticus, *The Ecclesiastical History of Evagrius Scholasticus*, III. 8.
⑤ 详细记载见 Procopius of Caesarea, *History of the Wars*, 3. XXI. 22-25。埃瓦格里乌斯对此事的描述可见 Evagrius Scholasticus, *The Ecclesiastical History of Evagrius Scholasticus*, IV. 16。

最后，信仰基督教的民众对圣徒、圣物和圣像崇拜的内容也有鲜明的特征，即这些崇拜活动越来越多地与一些奇迹联系在一起。在5世纪之前，尽管很多作品也记载了一些和圣徒、圣物有关的奇迹，但是却未如此时这般频繁。在教会史作家们的笔下，几乎每名圣徒或每个圣物与圣像都能和一些难以解释的奇闻轶事联系在一起。显然，津津乐道的奇迹比晦涩艰深的教义更容易吸引普通民众的关注。面对这种现象，甚至一些现代基督教学者认为，5世纪后这种"大众的基督教崇拜"使教会处于异教化的危险之中①。

据埃瓦格里乌斯描述，他在作品中讲述的这些奇迹大部分都是有人"亲眼所见"的。如圣徒老西蒙圣体停放的礼拜室在圣徒的纪念日会有"一个巨大的星星反复闪烁着划过窗户"，甚至有人看见"圣徒的脸在各处飞舞并且可以看到他脸上的胡须"。② 抑或女殉教士圣徒尤菲米亚(Euphemia)的圣墓能够让来到其棺材前的人"浑身散发出异于常人的极其特别的异香"③。然而这些"亲眼所见"除了因虔诚产生的幻觉外，很难再找到其他合乎情理的解释。反倒是埃瓦格里乌斯在尤菲米亚奇迹同一章节中的一段话更能说明问题：

> 人们说如果一个品德高尚的人来到这里，奇迹就会特别频繁地发生，但是如果来者并非如此的话，奇迹就很少显现。

由此观之，许多民众在崇拜圣徒、圣物和圣像的同时，也为了避免"品德不够高尚"之嫌，因而更加促进了这些奇迹的流传。

埃瓦格里乌斯笔下还有一些传说仿佛和其他许多奇迹出自同一个模板。例如，他记载圣徒左西莫斯在去恺撒里亚城的路上，有一只狮子把驮物的驴吃掉了。左西莫斯通过言语使狮子驯服地为其所用，直至到达目的地④。在作品接近结尾的地方，他又在高柱修士小西蒙的圣徒传记中记载了圣徒驯服豹子和狮子的故事⑤。与这些奇迹类似的故事在其先后的史学作品中也多有出现，并发生于不同的圣徒身上(如上文提及的圣丹尼尔)。有现代学者认为，驯服猛兽的这些传说是用来证明圣徒神圣美德的绝好方式，才会以此为模板衍生出如此众多的相似版本⑥。作家与民众通过对这些素材的加工、再创作和传播，使得这些奇迹更加深入人心。

---

① 威·沃尔克:《基督教会史》,第198页。
② Evagrius Scholasticus, *The Ecclesiastical History of Evagrius Scholasticus*, I. 14.
③ Ibid., II. 3.
④ Ibid., IV. 7.
⑤ Ibid., VI. 23.
⑥ A. G. Elliott, *Roads to Paradise*; *Reading the Lives of the Early Saints*, Hanover, 1987, p. 144.

由此我们可以看出,在5—6世纪,拜占廷帝国的圣徒、圣物与圣像崇拜极为兴盛,并在崇拜对象、目的和内容上具有鲜明的特点。这些崇拜是基督教发展带来的产物,同时也对帝国的基督教发展产生了重大的影响。

二 圣徒、圣物与圣像崇拜对基督教传播的作用

4—6世纪东地中世界基督徒对圣徒、圣物与圣像的崇拜与日俱增对基督教在该地区传播和发展有着显著的促进作用,主要表现在以下两个方面。

首先,对圣徒、圣物和圣像的崇拜加速了基督教教义普及,同时丰富了基督教信仰的内容。基督教在帝国传播的过程中,地中海地区的普通民众,尤其是东方地区的人民对信仰表现出了高度的热情,但是,宗教狂热却不能代表该地区大多数的基督徒已经具备了高度的神学素养。尤其是在广阔的农村地区,有很多人无法接受良好的教育,因此很难想象他们可以参与复杂神学问题的论辩。与此同时,尽管拜占廷帝国的教育水准在同时期的世界上都可归于发达一类,但是绝大部分的妇女并没有接受过多教育的机会。哈佛大学的拜占廷学者莱奥更是认为,许多拜占廷妇女实际上都是文盲①。因此,如何让这些文化水平较低,不能精确理解神学微言大义的民众加深基督教信仰,就成了基督教传播过程中面临的一个重要问题。圣徒、圣物与圣像的崇拜恰恰在这一方面发挥了重要的功用。

埃瓦格里乌斯在其作品中记载了一些圣徒、圣物和圣像崇拜促进基督教在普通民众,尤其是拜占廷妇女中传播的故事。这多发生在一些特定仪式或圣徒的纪念日中。例如他描绘每年高柱修士老西蒙的纪念日:

> 庭院四周的石柱周围挤满了人,各地的人都聚集到此……人们可以自由而不受约束地来到这里参观,他们牵着自己的驮畜一圈接一圈地绕着石柱行走。妇女不被允许进入圣地的内部参观。但是因为一扇门正对着那个若隐若现的星星,妇女可以站在门外看见并且赞美这个奇迹。②

圣像在宗教教育中有着同样重要的功用。如前文所言,拜占廷基督徒中一些目不识丁的信众很难听懂深奥的布道,为了解决这一问题,基督教会开始在教堂中绘制一些和《圣经》有关的宗教画像用来普及信仰知识,后来圣徒的事迹也逐渐纳入其中。到了5—6世纪的时候,圣像崇拜是如此普遍,以

---

① A. E. Laiou, "The Role of Women in Byzantine Society", *Jahrbuch der osterreichischen Byzantinistik*, Vol. 31 (1981), p. 254.
② Evagrius Scholasticus, *The Ecclesiastical History of Evagrius Scholasticus*, I. 14.

至于某些现代学者甚至夸张地形容当时的许多群众"不依靠实物(圣像)的观念,便不能想象神的临在"①。基督教会内部对这一现象也产生了争论,一些基督徒认为其属于偶像崇拜的范畴,坚决予以反对。4世纪时的塞浦路斯主教埃比法尼乌斯(Epiphanius)曾经撕毁过教堂内基督和圣徒的画像,6世纪时艾德萨一些反对圣像崇拜的士兵更是向基督圣像投掷石块以表达不满②。但是更多的支持者则认为,崇拜圣像有利于普通信众了解基督教知识,具有绝对的合理性。正如尤西比乌斯提出的那样,对耶稣基督和使徒圣像的崇拜对于基督教徒来说是顺理成章的事情③。6世纪末的罗马主教格里高利一世更是明确指出,目不识丁的基督徒至少可以从墙壁的圣像上学到无法从书本里学到的东西④。

除了便于教义的普及之外,圣徒与圣像的崇拜还丰富了基督教信仰的内容。基督教正统教义在演进的过程中,无论是围绕三位一体还是基督论问题,基督教神学家的一个重要目的即是在凡人与神之间建立起联系的渠道。圣徒圣像崇拜的发展则让这种交流有了更多的介质。其中圣像的这一作用实际上在上文已有所涉及,在许多基督徒心目中,圣子基督的圣像已与圣子本尊无异。圣徒的性质则略有不同,他们本身并非神,而是具有特殊品德和能力的人。在基督徒心目中,圣徒具有和神交流的资格,这是一般基督徒不具有的能力。圣徒施展的奇迹,如前文提到的保卫基督徒、神迹治疗、驯服野兽等,实际上都是"与上帝交流"后"传达神意"的结果。正如埃瓦格里乌斯对圣徒老西蒙的一段描写:

> 他使自己摆脱了尘世的束缚……他能够与天地沟通,他与上帝和光荣的天使交谈,他在上帝面前为了人类的利益而请愿,同时又为人类带来自天堂而降的恩惠。⑤

圣徒也由此获得了超越一般基督徒的地位。

圣徒所具有的这种与神的交流能力让拜占廷基督徒深信不疑,以至于皇帝也时常会在面临重大问题的时候希望能够得到圣徒传达的"神意"。例如利奥一世就曾经为是否要坚持卡尔西顿信仰的问题,亲自写信向圣徒老西蒙征求意见⑥。在日常的生活中,圣徒与基督教信众的关系更为密切,他们经

---

① [美]G. F. 穆尔:《基督教简史》,郭舜平等译,北京:商务印书馆,1981年,第141页。
② A. A. Vasiliev, *History of the Byzantine Empire*, Vol. 1, pp. 254-255.
③ Eusebius Pamphilus, *Church History*, VII. XVIII. 4.
④ A. A. Vasiliev, *History of the Byzantine Empire*, Vol. 1, p. 255.
⑤ Evagrius Scholasticus, *The Ecclesiastical History of Evagrius Scholasticus*, I. 13.
⑥ Ibid., II. 9.

常能够在与神"交流"之后为后者"传道解惑"。虔诚的基督徒,教会史学家埃瓦格里乌斯本人就曾经和圣徒小西蒙有过这样的对话。埃瓦格里乌斯因为在瘟疫中"失去了自己的孩子"而感到十分难过,并且"困惑为什么很多异教徒的孩子能够幸免于难",然而圣徒西蒙在得知此事后写信告诉他不要有这种想法,因为上帝会因此不快,埃瓦格里乌斯于是深表悔悟①。

从表面看来,圣徒、圣物和圣像在神与凡人之间建立沟通媒介的这一作用似乎偏重于神学理论,并不像普及基督教教义那样对基督教化的进程有明确的意义。实际上,后者造成的影响丝毫不弱于前者。因为圣徒、圣物和圣像都属于教会中的重要组成部分。圣像和圣物本身就在教会控制之下,实则完全是教会掌握普通信徒的工具。圣徒,尤其是修道士圣徒,则多与本教区的主教保持着极为密切的关系,他们在许多重大问题上持有相同的立场,甚至在一些场合,圣徒往往凭借其广受景仰的地位成为主教们的代言人。本章第1节中提到的圣徒老西蒙应主教们的要求写信给皇帝,反对宽容犹太教徒的政策就是最好的例证。圣徒、圣物和圣像与神建立的"联系"其实就是帮助基督教会建立了神圣的地位,这为后者在民间发展势力提供了很大的帮助。同时,它们也让教会能够更加便利地干预国家事务,因此圣徒、圣物和圣像的这一作用是不应被低估或忽视的。

此外,对圣徒、圣物和圣像的崇拜还能坚定帝国内基督徒的信仰,增强基督徒之间的凝聚力。有现代学者经常批评教会史作家看待基督教和帝国的命运过于乐观②。事实上,这样一种情绪是许多生活在4—6世纪拜占廷"黄金时代"普通东地中海民众的共同感受,并且他们都将国运的昌盛归因于基督教的信仰。圣徒、圣物与圣像作为基督教信仰重要的组成部分,在许多危急场合的确能够起到坚定拜占廷人信念的作用,而在取得胜利之后,他们进一步将胜利的原因与信仰相连,从而使得基督教在帝国内更为深入人心。

例如,埃瓦格里乌斯根据其亲身经历记载道,当540年波斯人的军队兵临叙利亚重镇阿帕米亚城时,全城的居民:

> 恳求托马斯主教将城市中的圣物——神圣的木十字架拿出来,这样在最后时刻他们能够看见、亲吻这件救世的圣物,并且得到通向另一个世界的道路,因为这个神圣的十字架能将他们带到一个更美好的世界。

在托马斯主教宣布了仪式的日期后,全城和附近地区的人都来到阿帕米亚。人们"亲吻了那个十字架后,托马斯举起双手说神圣的十字架扫除了所

---

① Evagrius Scholasticus, *The Ecclesiastical History of Evagrius Scholasticus*, VI. 23.
② G. F. Chesnut, *The First Christian Histories*, Macon, 1986, pp. 227-230.

有古代的诅咒……并预言阿帕米亚民众将得到拯救"。最后波斯军队没有攻打阿帕米亚,全城的居民都将这归因于奇迹的结果①。类似的故事还发生在紧随其后的另一次战斗中,波斯军队在进攻塞尔吉奥堡时(Sergiopolis),城中多是一些老弱妇孺,结果波斯军队没有攻陷城池,居民则将其归因于该城殉教士圣徒塞尔吉乌斯的"显圣"②。拜占廷人的这一传统在之后一直延续下去,甚至1453年奥斯曼人攻占君士坦丁堡的前夜,全城军民还将圣母子像抬上城头,祈祷圣像能够拯救他们于危难之中③。

除战争之外,上文中提到的大量神迹治疗故事也有相同的意义。正如一些现代学者所言,这些神迹治疗的故事在一定程度上体现了当时的社会价值④。我们能够看到,在故事中的被"治愈者"和"目击者"无不对上帝借由圣徒、圣物或圣像施行的奇迹心悦诚服。当这样一些故事被不断加工流传后,对其他基督徒造成了极大的触动,进而形成了群体性的效应,以至于在6世纪大瘟疫爆发之时,许多人到圣徒的坟墓前祈祷,希望能够因此摆脱疾病⑤。

从这些故事中我们不难看出,在危难面前,圣徒、圣物和圣像的神迹总是被拜占廷人视为自己的寄托与希望。无论事情本身的发展方向如何,基督徒或因满怀喜悦地传诵这些奇迹,或因心怀寄托和希望,都会更加虔信自身信仰的神圣性。从这一点来说,基督教信仰中比较直观的圣徒、圣物和圣像的崇拜,起到了坚定民众信仰的作用。

同时,这一作用不仅只在危难的时候才会表现,在平日的生活中,圣徒、圣物和圣像也常被拜占廷的基督徒们用来证明自己的特殊身份。在他们的观念中,圣徒、圣物和圣像都是神圣的并且只偏爱和眷顾基督徒,通过对它们的崇拜以及它们所展现的奇迹,基督徒将自己鲜明地与异教徒区隔,从而加强了基督徒团体的凝聚力。

在埃瓦格里乌斯的作品中有一些记载,其中一则是关于安葬在安条克的圣徒,3世纪的殉教士巴比拉斯(Babylas)的故事。这一传说发生在4世纪朱利安统治时期,这是一段在安条克流传颇广的故事。故事的内容是:"当朱利安来到安条克的阿波罗神庙求神谕时,灵感之泉没有给他任何回答,神圣的巴比拉斯从附近阻止了它。这样朱利安不得不用荣耀的仪式将这位圣徒

---

① Evagrius Scholasticus, *The Ecclesiastical History of Evagrius Scholasticus*, IV. 26.
② Ibid., IV. 28.
③ L. Brehier, *The Life and Death of Byzantium*, New York and Oxford, 1977, p.369.
④ P. Brown, "The Rise and Function of the Holy Man in Late Antiquity", *The Journal of Roman Studies*, Vol.61 (1971), p.96.
⑤ G. Downey, *A History of Antioch in Syria: From Seleucus to the Arab Conquest*, pp.555-557.

的遗体移开,并在城外为这个圣徒建了一座很大的教堂。"埃瓦格里乌斯认为"这是救世主上帝安排的,这样,荣耀和圣洁的殉教士必然将会被送往洁净的地方,并且被安葬在最美丽的圣地,从而流芳千古"。① 这虽然是一个4世纪的传说,但是直到埃瓦格里乌斯所处的6世纪后半叶依然能够广为流传,显然是与安条克的基督徒对巴比拉斯年复一年的纪念和对基督教胜利的传颂相关的。

最能体现圣徒、圣像与圣物崇拜这一作用的是前文提到的6世纪著名的阿纳托利乌斯献祭案件。据埃瓦格里乌斯记载,此人是多神教徒,在因献祭行为被逮捕之后,为了脱罪,"他就冲向了一个悬挂在监狱中的圣母像,然后将其抓在手里,宣称自己是一个虔诚的祈祷者。但是圣母厌恶他,于是圣像自己背过身去,因此证明了阿纳托利乌斯是一个受到玷污的和上帝所厌恶的人"。② 以弗所主教约翰对此事的记载和埃瓦格里乌斯稍有不同,按照他的描绘,这一奇迹出现在阿纳托利乌斯的家中。当逮捕者到来时,他向来人展示了家中的一个耶稣基督的圣像,并且向他祷告,结果圣像"三次转向墙壁"③。

虽然在细节上略有出入,但是两位6世纪末作家所记载的故事大致还是雷同的。二者在自己的作品中都没有提到过对方,也没有证据表明他们相互引用过对方的作品,因此这则故事的来源很可能就是两人各自所在的叙利亚和小亚细亚地区对这一著名案件的传说。细节上的不同恰好可能说明,由于故事流传甚广,在传播过程中才会出现一些误差。其实,无论是圣母像还是圣子像,本段故事表明的主旨都是相同的。两位基督教作家想要证明的都是圣像可以明辨是非,它们所保护的只有基督徒,而异教徒不会受到垂怜,势必会受到应有的惩罚。如上文所述,基督教具体的教义艰深复杂,因此形式明了且内容直观的圣徒、圣物与圣像崇拜对于普通的平信徒来说,正是在异教徒面前区隔信仰,树立自己特殊身份的良好手段。

拜占廷基督教会借助圣徒、圣物和圣像崇拜的兴盛促进了教义在普罗大众中的传播,加强了凡人对教会的依赖,坚定了基督徒的信仰并增强了基督徒群体的凝聚力,从而巩固并发展了帝国内基督教的力量。这一特点与多神教的衰落和基督教会的自我完善相结合,共同推进了该时期东地中海世界基督教的发展。

---

① Evagrius Scholasticus, *The Ecclesiastical History of Evagrius Scholasticus*, I. 16.
② Ibid., V. 18.
③ John of Ephesus, *The Third Part of the Ecclesiastical History of John, Bishop of Ephesus*, III. 29.

第四节　基督教在东地中海世界边缘地区的传播

在公元4—6世纪东地中海世界宗教信仰转变的过程中，最后一个显著的特点是基督教开始走出了罗马世界的范围，开始向地中海世界的周边边缘地区传播。这一过程与基督教在罗马世界普通民众中影响不断扩大的过程相辅相成，是地中海世界基督教化进程的重要表现。

传教从基督教诞生之初就是其发展的重要手段。早在公元1世纪，以保罗为代表的使徒们就开始走出犹太人的地区，向罗马帝国的腹地进发，传播基督教信仰。使徒的后人们继承了先人的事业，在之后的几个世纪中，将"福音"传播到了地中海世界的大部分地区。在330年拜占廷帝国建立之后，基督教会的传教事业继续向前发展。然而，在4世纪时，传教的主力军并非拜占廷官方和基督教会中的"三位一体"正统派别，而是阿里乌派基督徒。同时，主要的传教活动是在帝国西部地区进行的。

在325年的尼西亚基督教大公会议上，阿里乌派被斥为异端，阿里乌本人也被处以流放，但是他所提出的教义并没有就此消亡。该派仇视教会上层，反对教会占有大量财富和田地的理念受到了很多帝国下层民众的支持①，因此阿里乌派在帝国的东部地区还是有一些坚定的支持者。随后，因为发展空间受到了限制，一些阿里乌派神学家开始走出帝国，向周边蛮族地区进发，一些生活在那里的居民也由此接受了阿里乌派教义，并开始在他们生活的地区传教，其中比较有代表性的人物是乌斐拉（Ulfila）。此人生于公元310年，是生活在哥特人地区罗马战俘的后代，父母都是基督徒。他最初只是在哥特人的基督教团体中担任"诵经人"，后来接受了阿里乌派信仰。341年他在陪同哥特使节来到拜占廷帝国时，被君士坦丁堡主教、倾向阿里乌派信仰的尼科米底亚的尤西比乌斯任命为主教。在其后的7年时间内，他开始了在故乡的传教活动，最为突出的贡献是将《新约圣经》译成了哥特语②。

除了向哥特人传播基督教信仰之外，阿里乌派的神学家们还成功地让北非的汪达尔人接受了阿里乌教义。从4世纪一直到查士丁尼统治时期拜占廷名将贝利撒留灭亡汪达尔王国为止，汪达尔人的官方信仰一直是阿里乌派基督教。与拜占廷帝国对阿里乌派异端的打击相反，在汪达尔人那里，三位

---

① 陈志强：《拜占廷帝国史》，第401页。
② 威·沃尔克：《基督教会史》，第151页。

一体派则成为受到迫害的对象。埃瓦格里乌斯在作品中就曾经援引普罗柯比的记载提到:

> (汪达尔王)霍内里克(Huneric)是阿里乌派的信仰者。他用最野蛮的方法虐待利比亚地区信仰正统教义的基督徒,并且强迫他们改信阿里乌主义。那些不屈服的人被他用火和其他无数方法折磨死,其中有些人甚至被割掉了舌头。①

汪达尔王则像拜占廷皇帝对待其他异端一样,有计划地没收三位一体派基督徒的教产。3世纪基督教著名的教父西普里安在北非的教堂就曾经"在霍内里克做国王时,被汪达尔人从基督徒手中夺走。他们用极其不光彩的手段将(三位一体派)教士们赶走,并且将其归于阿里乌教派名下"。②

在这一时期,向其他民族的传教活动主要由基督教会中的异端教派完成。总体看来,在帝国西部的传教活动也要较之东部更为活跃。然而,依据埃瓦格里乌斯和普罗柯比等史家的记载,在此之后,尤其是在查士丁尼皇帝继位后,东地中海世界基督教会的传教活动表现出一些新的特点。

首先,基督教会在6世纪的传教活动有了更明确的目的性和主动性,国家开始扮演重要的角色。这是与基督教成为帝国国教并开始与国家利益联系在一起的。一方面,由于基督教会被纳入国家的控制之下,拜占廷统治者可以利用基督教会的影响去实现国家的战略目标。另一方面,因为基督教成了帝国的官方宗教和最为重要的精神统治工具,国家也有义务和必要协助基督教会向更远的地区扩充影响。在这一时期,拜占廷帝国更重视向东部周边民族传教,并借此实现政治目的。同时,帝国的宗教中心已经转移到了皇帝可以方便掌控的君士坦丁堡等东部教区,因此,此时帝国的官方传教活动主要由东部的教士来完成。

拜占廷帝国这样一种性质的传教活动在查士丁尼统治之初开始出现。正如一些学者所言:"利用基督教会的势力对周围少数民族和落后地区进行文化上的渗透是查士丁尼皇帝不同于其以前历代拜占廷皇帝的重要方面。在早期拜占廷,历代皇帝对帝国境外各部族人民是否信奉基督教的问题并不关心。"③该时期比较有代表性的一次传教活动是令厄鲁利(Heruls/Eruli)人皈依的故事。厄鲁利人是最早居住在现今斯堪的纳维亚半岛的民族,早期活动的信息至今仍不甚明了。在公元3世纪时,厄鲁利人多次随哥特人一起洗

---

① Evagrius Scholasticus, *The Ecclesiastical History of Evagrius Scholasticus*, IV.14. 普罗柯比的记载见 Procopius of Caesarea, *History of the Wars*, 3. VIII. 1-4。
② Evagrius Scholasticus, *The Ecclesiastical History of Evagrius Scholasticus*, IV.16。
③ 徐家玲:《早期拜占庭和查士丁尼时代研究》,第200页。

劫黑海和爱琴海地区①。4世纪后,厄鲁利人先后依附东哥特人和匈奴人的政权。5世纪中叶匈奴帝国瓦解后,他们在现今的斯洛伐克南部建立了自己的王国,然而这一政权不久就被伦巴德人灭亡,其残部移居到今意大利境内②。与此同时,另一部分厄鲁利人向拜占廷帝国靠拢,按照6世纪的拜占廷史学家马赛里努斯的《编年史》记载,在阿纳斯塔修斯一世统治时期,厄鲁利人渡过了多瑙河进入帝国境内。根据皇帝的旨意,他们于公元512年被集中安置在了东部帝国北部边疆人口稀少的乡村和城市③。

在查士丁尼统治时代,由于拜占廷帝国在东线战场上和波斯人进行着艰巨的战争,同时皇帝一直心怀收复西部领土的雄心,帝国北疆多瑙河防线的稳定就显得极为重要,甚至直接关乎首都的安全。因此,勇猛善战的厄鲁利人引起了查士丁尼的注意,他同时运用了物质和精神两种手段对其展开拉拢。按照埃瓦格里乌斯的记载,查士丁尼赠予厄鲁利人大笔金钱,同时派遣了教士传教,最终说服他们全部接受洗礼,成为了基督徒④。根据普罗柯比的描绘,拜占廷皇帝给予这些皈依的基督徒极高的荣誉。厄鲁利王格莱普斯(Greps)于528年1月在君士坦丁堡接受洗礼,查士丁尼皇帝亲自担任了他的教父。当然,查士丁尼也从中得到了回报,在之后的哥特战争中,数千名厄鲁利战士被编入拜占廷军队,先后随从贝利撒留和纳尔西斯(Narses)在意大利战场浴血奋战⑤。

在之后6世纪的历史中,拜占廷的皇帝们延续了查士丁尼的政策,即将基督教的传播与国家的政治外交需求相结合,对帝国东部周边的"蛮族"实行物质拉拢与精神同化的双重手段。在具体实施的细节上,拜占廷统治者表现出了很大的灵活性,传教对象民族的过往作为和领导人个人品质均非其主要考虑的问题,重要的是通过其皈依基督教能否给帝国带来重大利益。例如埃瓦格里乌斯就曾经记载了莫里斯皇帝统治期间的一次传教活动,传教的对象是阿拉伯半岛上的莱赫米部族(Lahmid)。该部族所在地域是拜占廷和波斯帝国激烈争夺的地区,具有十分重要的战略地位。莱赫米阿拉伯人经常摇摆于两大帝国之间。在莫里斯统治时期,该部族领袖纳曼(Naaman)曾经"给

---

① 关于这些战争的过程参见陈志强:《巴尔干古代史》,北京:中华书局,2007年,第107—108页。
② Paul the Deacon, *History of the Langobards: With Explanatory and Critical Notes, a Biography of the Author, and an Account of the Sources of the History*, trans. by Foulke, New York, 1906, I. XIX-XX.
③ Marcellinus Comes, *The Chronicle of Marcellinus*, 512.11.
④ Evagrius Scholasticus, *The Ecclesiastical History of Evagrius Scholasticus*, IV.20.
⑤ Procopius of Caesarea, *History of the Wars*, 6. XIV. 28-36.

(拜占廷)国家带来了无数麻烦,他洗劫了腓尼基和巴勒斯坦地区,并且和蛮族同伴一起带走了很多俘虏"。① 埃瓦格里乌斯更是形容纳曼本人"是一个最可恶和完全肮脏的异教徒,他甚至亲手杀人献祭给他们的魔鬼"。但是最终拜占廷统治者还是通过外交手段让莱赫米部族选择了基督教信仰,并成为帝国的盟友②。

值得一提的是,拜占廷皇帝还在一定程度上修正了4—5世纪放任异端教派在境外传播其教义的做法,开始任命东部正统教会的一些教士进行传教活动。埃瓦格里乌斯在同一章节就记载了安条克主教格里高利奉莫里斯皇帝之命,前往波斯边境的幼发拉底河流域和阿拉伯地区传教的事迹。那些地区的民众大都信奉基督一性论派信仰,格里高利的目的即是使他们改为信奉正统派基督教。作为格里高利的重要助手,埃瓦格里乌斯很可能亲身参与了这一行动。这次传教活动十分成功,"许多城堡、村庄、修道院和部落的人都皈依到了上帝的教会"。当然,这样一种做法是有限度的。总体来看,拜占廷君主更关注的是周边民族是否能接受基督教信仰,而非具体某个教派。例如,周边的亚美尼亚人和埃塞俄比亚人最终选择的都是基督一性论教派。再如,为了让自己的重要盟友皈依基督教,查士丁尼更是应允阿拉伯加萨尼部族(Ghassanids)接受了一性论信仰③。

从拜占廷史家的作品中我们不难看出,在6世纪后,拜占廷帝国传教活动的目的性和主动性都显著提高,同时国家开始成为重要的支持力量。东部教会和国家的紧密配合使该时期基督教信仰的传播收到了良好的效果。我们还能看到,在这一时期,帝国周边的一些相对落后的民族开始主动和拜占廷帝国进行交往并希望能够皈依基督教。拜占廷皇帝对这一行为自然也是乐观其成,并会提供相应的帮助。这一现象集中发生于查士丁尼统治时期。其中比较重要的是阿巴斯吉人(Abasgi)的皈依。阿巴斯吉人是居住在黑海东北岸地区的民族,活动区域大致为高加索地区和黑海之间,战略地位比较重要。根据埃瓦格里乌斯和普罗柯比的描述,该民族在经济文化上都比较落后,很多人都选择自我阉割后进入拜占廷皇宫做宦官。在40年代,该民族主动要求皈依基督教,查士丁尼不但愉快地派去了教士,并且还专门为他们建造了一座圣母教堂④。阿巴斯吉人从此和拜占廷人的联系更为紧密,并在拜

---

① Evagrius Scholasticus, *The Ecclesiastical History of Evagrius Scholasticus*, VI. 2.
② Ibid., VI. 22.
③ J. W. Barker, *Justinian and the Later Roman Empire*, Madison, 1966, pp. 128-129.
④ Evagrius Scholasticus, *The Ecclesiastical History of Evagrius Scholasticus*, IV. 20. 普罗柯比的记载见 Procopius of Caesarea, *History of the Wars*, 8. III. 18-21.

占廷与波斯的战争中发挥了一定的作用。这一现象的重要性是不容忽视的。尤其是8世纪之后,类似的情况在拜占廷帝国与周边民族,如保加尔人、哈扎尔人和罗斯人等的交往过程中多有发生,成为拜占廷外交活动的重要内容。

总而言之,6世纪基督教会的对外传教活动与先前两个世纪相比有了明显的变化。基督教的传播和国家的政治需求越来越紧密地联系在一起。与此同时,境外的一些民族主动接受基督教信仰,也进一步体现了拜占廷帝国在政治经济上的优势和基督教文化的影响。从这一时期开始,拜占廷帝国在国内基督教化进程基本完结之后,以帝国东部的几大教区为主要依靠力量,对周边地区加大了传教的力度,进而对东地中海地区的历史进程产生了重要的影响。

第二章 拜占廷统治模式的形成
——东地中海世界的政治转变

4—6世纪东地中海世界的政治转变表现为国家机器和社会管理体系日趋完善,逐渐形成了一个以专制皇帝为最高统治者的中央集权帝国,形成了中古地中海世界独具特色的拜占廷统治模式。在该时期内,拜占廷帝国的皇权进一步得到巩固,表现为以血亲继承为基础的皇帝继承制度的确立和皇权的神化。拜占廷世俗统治者与教会之间独具特色的二元关系也在该时期确立。与此同时,一些不同于罗马时代的拜占廷官职也逐渐出现,许多罗马时代的旧有官职虽然继续存在,但是从地位和功能上都发生了很大的转变,二者相互结合后最终演化出一套比较完整的官僚体系,并服从于专制帝王的命令与控制。笔者将依托史料对上述问题进行必要的分析。

第一节 拜占廷专制皇权的形成

一 以血亲继承为原则的皇帝继承制度的确立

作为专制帝国的最高统治者,皇帝在拜占廷国家机器中居于核心地位。在拜占廷帝国长达1100余年的历史中先后有93位皇帝执掌帝国的权柄①。不同时期的皇帝继位方式多种多样,形成了极富特色的拜占廷皇帝继承制度。遗憾的是,尽管占有大量史料,西方学者却由于研究视角等原因,并不注重从整体和长时段上探讨这一复杂制度的规律性,而是对皇帝制度的理论,尤其是基督教与皇帝制度关系的研究投入了更大的精力,其中最有代表性的研究成果是前文提及的美国学者德沃尔尼克的《早期基督教与拜占廷政治

---

① 参见陈志强:《拜占廷皇帝继承制度特点研究》,《中国社会科学》,1999年第1期,第180页。

哲学》和英国学者仁西曼的《拜占廷神权政治》①。我国学者中,陈志强教授曾经运用计量分析的研究方法,通过对相关历史数据的统计,并结合特定的历史环境,概括分析出拜占廷皇帝继承制度具有多样性、不稳定性和激烈性三大主要特点②,具有很强的说服力。此外,董晓佳教授曾经主要就450年之前拜占廷皇帝继承制度的发展进行了深入研究,探讨了由"四帝共治"制度向以父死子继为代表的血亲继承过渡的必然性③,为近年来国内该领域研究的上佳之作。

拜占廷皇帝继承制度是4—6世纪东地中世界政治转型中的关键性问题。这一制度与帝国其他政治制度一样,也经历了由诞生到发展完善,最终走向稳定的过程。330年帝国建立后,皇位继承问题随之产生。经过4世纪的实践,在5世纪初拜占廷皇帝基本将父死子继,尤其是长子继承确立为主要的继承方式。但是,此时该继承制度并不完善,尤其是在皇帝没有男性继承人时,缺乏其他的补充继承方式。有趣的是,从现存的多种拜占廷史料中我们会发现,自公元450年塞奥多西二世去世之后,直到584年莫里斯皇帝的长子塞奥多西诞生为止,在位皇帝没有任何能够参与皇位继承的男性子嗣,这显然给刚刚确立以血亲继承为原则的皇帝继承制度带来了新的挑战。这一独特的现象为我们提供了难得的范本,对这一时期的皇位继承的研究,有助于我们深入认识拜占廷帝国在东地中海世界转型时代政治制度的深刻变革。

首先,拜占廷皇位继承中的首要变革是血亲继承原则的确立。在330年拜占廷帝国建立之前,前身罗马帝国也存在着多种皇位继承方式,如果按照继位者与前任皇帝的关系来划分的话,大致可以分为自然血亲继承和非自然血亲继承两种,其中父死子继制度为自然血亲继承的主要方式之一。除了父死子继之外,在一些情况下,如皇帝无子的时候,兄终弟及也是一种自然血亲继承方式,可使家族统治延续下去。

然而值得注意的是,在罗马帝国时期,自然血亲继承并非唯一的继承方式。相反,很多皇位继承人与前任皇帝并不具备血缘关系。但是,非自然血亲继承方式在绝大多数时候都并非在位皇帝的主动选择,他们显然更倾向传位于家族成员,只是在某些情况下,血亲继承往往以失败告终。其中一些皇位传承是以篡位、叛乱或政变等形式完成的。例如在3世纪先后出现了15

---

① F. Dvornik, *Early Christian and Byzantine Political Philosophy*; S. Runciman, *The Byzantine Theocracy*.
② 陈志强:《拜占廷皇帝继承制度特点研究》,第193—194页。
③ 董晓佳:《浅析拜占庭帝国早期阶段皇位继承制度的发展》,《世界历史》,2011年第2期,第87—95页。

年更换 10 帝和所谓的"三十僭主"的混乱局面①。

除此之外,非血亲皇位继承制度中还有一个重要的组成部分,即"养子继承制",这是一种拟制血亲继承方式。很多罗马皇帝会将部将、重臣收为养子,并选择他们而非自然血亲作为继承人。这种现象从根本上说是专制皇权尚未得到足够发展的表现,皇帝不得不和其他贵族势力分享统治权力,以巩固自身的地位。戴克里先统治时期,他对皇帝继承制度进一步改革,在东西部两个皇帝(奥古斯都)之下各设一恺撒,使其与奥古斯都一起管理国家,并明确其为皇位继承人,当奥古斯都退位后,则由恺撒接任皇帝,由此形成了"四帝共治"制度。然而,这种明显带有理想化特征的皇位传承方式在其去世后不久即名存实亡,这表明该制度并不适应历史发展的需要。正如董晓佳教授所言,四帝共治制度"违背了皇位由皇帝血亲世袭继承的社会发展趋势,这是其垮台的深层原因"②。

330 年进入拜占廷时代后,帝国的皇位继承制度最为明显的改变是自然血亲继承的确立与发展,尤其是父死子继开始成为最主要的皇位传承方式,皇位能够较为平稳地按照皇帝的意图在家族内传递,一定程度上体现了皇权的加强与政治局势的稳定。在整个 4 世纪,具备父死子继条件的皇位传承共有两次,分别为君士坦丁大帝传位和塞奥多西一世传位,全部成功。4 世纪拜占廷帝国还出现了一例兄终弟及的继位方式,即君士坦丁之子君士坦提乌斯暴卒后,皇位由同属君士坦丁家族的堂弟朱利安继承。在拜占廷帝国建立后的最初几十年间,以父死子继为主,兄终弟及为补充的自然血亲继承制度初步建立起来。

但是,4 世纪拜占廷的皇位继承制度依然不够完善,这主要可以表现为两点。其一,父死子继时,前代皇帝诸子之间的继承顺序尚不清楚,没有形成明确的长子继承制度。例如君士坦丁大帝生前本来一度确立长子克里普斯为继承人,并给予其恺撒的头衔,但是后来克里普斯因与继母通奸的罪名被杀③。在君士坦丁死后,按照其生前的意愿,帝国被一分为三,由其三个儿子分别继承,三人同为皇帝,彼此之间平等,并无隶属关系。塞奥多西一世死后

---

① 参见 Evagrius Scholasticus, *The Ecclesiastical History of Evagrius Scholasticus*, III. 41。
② 此处血亲应指自然血亲,董晓佳:《浅析拜占庭帝国早期阶段皇位继承制度的发展》,第 90 页。
③ 参见 Zosimus, *New History*, II. 29. (2)。这一记载遭到了众多崇敬君士坦丁大帝的基督教历史学家的非议。5 世纪历史学家索卓门和埃瓦格里乌斯为此特意在各自的作品《教会史》中用大量篇幅驳斥了左西莫斯,以为君士坦丁和基督教辩护。参见 Sozomen, *The Ecclesiastical History of Sozomen*, I. V; Evagrius Scholasticus, *The Ecclesiastical History of Evagrius Scholasticus*, III. 40。

也做出了相同的决定,两个儿子阿尔卡迪乌斯和霍诺留分别成为东西部皇帝。因此,在4世纪的拜占廷皇位传承中,没有一次典型意义的长子继承现象出现,诸子继位顺序也缺乏明确的规定。这显然并不利于皇位的稳定,继承人之间往往会为争夺帝国最高领导权发生争斗。

在408年阿尔卡迪乌斯皇帝去世后,其子塞奥多西继承皇位,是为塞奥多西二世。这次继承有重要的意义,塞奥多西是阿尔卡迪乌斯的长子,这是拜占廷历史上第一次真正意义的长子继承。从此以后,只要前任皇帝辞世或逊位时长子健在,同时排除政变或叛乱等因素,绝大多数长子都能稳定地继承皇位。长子继承由此成为拜占廷皇帝继承方式的第一选择。据统计,在拜占廷帝国的历史中一共发生了24次长子继承,居各种继承方式之首,构成了王朝世系的主线①。

4世纪皇位继承制度的第二个问题是保证皇位在本家族内传承的手段不够丰富。在前代皇帝去世后,如果家族内没有男性继承人,那么该家族的统治一般就会自动中断。这种现象在4世纪出现过多次,例如363年朱利安在与波斯战争的前线阵亡后,由于没有子嗣和兄弟,军队推举其部将卓维安为帝,君士坦丁王朝统治就此结束。同样的情况后来也发生在了卓维安和瓦伦斯皇帝身上,皇室女性的地位无疑被忽略了。以君士坦丁王朝为例,君士坦提乌斯皇帝的亲妹妹君士坦丁娜(Constantina)和海伦娜(Helena,同时还是朱利安皇帝的配偶)等君士坦丁家族的女性亲属均未对皇位传承起到帮助作用。缺少父子和兄弟之外的皇位继承方式不但对家族统治不利,同时对皇权的稳固也有影响。因此,丰富皇位继承方式也是拜占廷帝国在4世纪之后历史中迫切需要解决的问题。

450年塞奥多西二世去世之后,因为拜占廷皇帝乏嗣,以皇子为基础的继承制度面临着严峻的考验。如果没有稳妥的解决办法,那么刚刚稳定下来的政治局势就会再度走向混乱。通过对史料的分析,我们可以看出,在这段"无皇子时期",拜占廷皇位继承制度的显著特点是继承手段更为丰富,尤其是皇室女性开始在皇位传承中起到了重要的作用。

依据史料来看该时期出现了这些新的继承方式。其一为外甥继承法,即前任皇帝去世后,由于没有亲子或兄弟(包括兄弟的儿子),而由其外甥继承皇位的方式。这种继承方式共有两例,全部发生在查士丁尼王朝。第一次是查士丁一世传位查士丁尼一世。前者在晚年通过宫廷斗争获得皇位,本人没有子嗣和兄弟,因此一直重用其甥查士丁尼,并在去世前4个月将后者加冕

---

① 陈志强:《拜占廷皇帝继承制度特点研究》,第182页。

为共治皇帝①。而查士丁尼皇帝去世后，同样没有亲生子女和兄弟，因此当时担任宫廷侍卫长官这一要职的其外甥查士丁继位，是为查士丁二世。

其二为姐妹继承法，即前任皇帝去世后，因为没有子女和兄弟，而由亲姐妹继位的方法。该女继承人大多只保有名义上帝国统治者的称号，一般需要通过婚配的方式由其丈夫充当帝国新的实际统治者。这种情况在该时期发生过一次。塞奥多西二世去世后，其姐普尔西利亚(Palcheria)选择了将军马西安为配偶，之后在元老院和各重要官员的一致赞同下，由马西安接任皇位。史学家埃瓦格里乌斯特别强调这只是一桩名义上的婚姻。因为普尔西利亚是一名虔诚的修女，所以二人之间没有实际的夫妻生活，"直到终老她一直保持着处女之身"。②

其三为女儿继承法，即前任皇帝没有儿子时由女儿继承皇位。在具体操作上，这种继承法与姐妹继承有相似之处，即女继承者只具有名义上的地位，因此必须选择一位男性，如丈夫或儿子为共治者，并由后者担负实际统治的重任。在该时期内，这种继承方式共发生过两次。第一次在利奥一世统治时期，他在去世前任命他的女儿阿里阿德涅(Ariadene)和不满7岁的外孙利奥二世为共治皇帝，利奥一世去世后二人成为拜占廷帝国的统治者。另一次是查士丁尼王朝末期，提比略皇帝去世前任命其女儿君士坦丁娜和女婿莫里斯为继承人，"他将整个帝国作为了送给莫里斯的嫁妆"。③

其四为遗孀继承法，即皇帝去世后由其遗孀继承皇位。这种继承方式并不属于自然血亲继承，是皇帝缺乏能够参与皇位继承的自然血亲时的一种补充继承法。与前两种继承一样，女继承人，即继位的前任皇帝遗孀也需要再嫁，并由其新任丈夫治理国家。这种继承法在这一时期同样发生过两次。第一次为泽诺皇帝去世后，其妻阿里阿德涅选择了一名年过六旬的廷官阿纳斯塔修斯为名义上的丈夫，后者由此"继承了泽诺的帝国和妻子阿里阿德涅"。④ 第二次是查士丁二世在临终前，按照其妻子索菲亚的意愿，为其心腹、宫廷侍卫长官提比略加冕，其死后索菲亚与提比略共同成为帝国的新统治者⑤。但是提比略的继位略有特殊。查士丁二世的第一顺位继承人是皇后索菲亚，而索菲亚之所以要求选择提比略为共治者是因为她爱慕提比略并

---

① 普罗柯比在《秘史》中暗示查士丁尼通过非法手段取代了查士丁的皇位。但是没有在同时代其他作品中找到相应的证据。参见 Procopius, *The Secret History*, trans. by G. A. Williamson, New York, 1966, 9.51-53。
② Evagrius Scholasticus, *The Ecclesiastical History of Evagrius Scholasticus*, II.1.
③ Ibid., V.22.
④ Ibid., III.29.
⑤ Ibid., V.13.

向其提出了结婚的要求。查士丁去世后,提比略最终拒绝和原配夫人离婚,没有迎娶索菲亚①,但是他仍以查士丁的继承人自居。现代学者一般也多将提比略和其后的莫里斯归入查士丁尼王朝的谱系②。尽管这次遗孀继承没有最终实现,但是从目的、过程及结果等方面来看仍可归于该继承方法之内,所以笔者不将此次继承单独归类。

除了上文提到的这四种新的继承方式外,在该时期还有一例比较特别的继承方式,即子死父继现象。上文提到的幼儿皇帝利奥二世继位数月后病亡。其父亲、前任皇帝利奥一世之女婿泽诺接替了他的位置。但是这种继承方式属于比较特殊的例子,基本上是上一次女儿继承的变体,在此后的拜占廷历史中这种继承方式也较为罕见。

不难看出,这一时期拜占廷帝国出现了皇帝乏嗣的特殊现象,因此在皇位继承方式上较先前更为丰富。这些新兴方式的核心目的都是尽可能通过各种自然血亲继承手段延续王朝统治,在具体的实践上则表现为皇族女性亲属在皇位传承中起到越来越重要的作用。上面提到的四种继承方式中,后三种都是直接以皇族女性作为继承人,外甥继承法也与前任皇帝配偶有关,应属于皇室女性参与皇位传承的变体。当然,这种现象并非仅仅是某些西方史学家所强调的,是拜占廷妇女地位提高的结果,而仅是在特殊情况下为了保证皇位能在家族内延续的一种权宜之计。从上文的介绍也不难看出,5 位女性皇位继承者无一能够享有实际统治的权力。像普尔西利亚和阿里阿德涅这样深受尊重的皇室妇女,也仅仅是在选择共治的伴侣时起到一些作用。拜占廷历史上第一次真正由妇女继承皇位并独自治理国家的例子是 8 世纪末伊琳尼(Irene)将其亲生儿子,皇帝君士坦丁六世废黜并挖去双眼后自立为帝③。然而她在继位之初也是谋求和加洛林王朝的查理大帝通婚,以此共同治理国家。这一图谋失败后,伊琳尼独自执政,但其统治十分不稳固,短短数年后即被废黜。从这一角度来看,拜占廷皇室女性在皇位继承中大多只起到了一个传承媒介的作用。这是拜占廷皇权强化的必然结果,旨在最大程度上保证皇位在本家族内延续。

皇室女性参与到拜占廷皇位的传承中带来两个鲜明的影响,该时期拜占廷的皇位继承表现为动荡性与稳定性并存。这种矛盾对立统一的存在正是拜占廷帝国在奠基与转型时期的典型特征,体现了皇位继承制度从不完善走向完善的发展过程。

---

① 可参见 A. Cameron, "The Empress Sophia", *Byzantion*, Vol. 45(1975), pp. 16-20。
② 如 A. A. Vasiliev, *History of the Byzantine Empire*, Vol. 2, p. 783。
③ G. Ostrogorsky, *History of the Byzantine State*, p. 181。

从一方面来看,皇室女性参与到皇位继承中无法完全弥补帝国皇位继承的根本性问题。纵观拜占廷历史来看,缺乏子嗣一直困扰着拜占廷皇室。一些学者,如陈志强教授认为,拜占廷帝国在教会法的影响下严格执行一夫一妻制婚姻制度和限制结婚次数,从而导致很多皇帝一生无后现象的出现①。拜占廷皇帝缺乏子嗣对皇位继承动荡的影响是毋庸置疑的。在皇帝没有子嗣时,如果同时有两个以上的皇室亲属具备继承皇位的资格,那么就有可能围绕继承权产生冲突。正如董晓佳教授所言,"血亲世袭继承制可以通过联姻吸收非皇室成员进入皇室家族……加剧了皇位继承的复杂性,极易引起皇位继承纠纷"②。这样的例子在当时拜占廷历史学家的作品中多有记载。最重大的冲突是泽诺与瓦西里斯库的皇位继承战争。如前文所述,泽诺是利奥一世之女婿、利奥二世的生父,而瓦西里斯库则是利奥一世的妻弟。利奥二世去世后,帝国当时名义上唯一的统治者应为泽诺之妻,利奥一世之女阿里阿德涅。虽然最后泽诺因丈夫的身份被加冕为皇帝,但是瓦西里斯库作为皇室成员也要求享有继承权,并得到了利奥一世遗孀瓦里娜和阿里阿德涅的支持。双方由此爆发了皇室内战,瓦西里斯库更是一度将泽诺驱逐出君士坦丁堡并成为帝国的统治者。最终泽诺于次年击败瓦西里斯库,将其杀害,重夺统治权③。

泽诺与瓦西里斯库之间的皇族内战给帝国造成了极大的动荡。为了避免类似冲突的重演,6世纪查士丁尼皇帝在《查士丁尼法典》中按照血缘关系对继承权问题做出了明确规定,即"死者的子女、养子女等属于第一顺序继承人,亲父母和全血缘的兄弟姐妹等属于第二顺序的继承人,同父异母的兄弟姐妹属于第三顺序继承人,其他旁系血亲属于第四顺序的继承人。"④这些法律条文明确了拜占廷帝国以父死子(女)继为基础的继承方式,同时承认并进一步肯定了5世纪以后出现的其他继承方式为补充的皇帝继承制度。

当然,法律条文无法杜绝拜占廷历史中围绕皇位继承产生的宫廷斗争和政治阴谋。此后,围绕皇位展开的斗争依然时有发生,以至于孟德斯鸠这样对拜占廷历史怀有偏见的历史学家说出了"希腊帝国的历史不外乎是一连串的叛变、骚乱和背信弃义的行为"的偏激之词。

然而,围绕皇位继承出现的政治斗争是几乎所有古代专制国家的共同现

---

① 陈志强:《拜占廷皇帝继承制度特点研究》,第188页。
② 董晓佳:《浅析拜占庭帝国早期阶段皇位继承制度的发展》,第95页。
③ Evagrius Scholasticus, *The Ecclesiastical History of Evagrius Scholasticus*, III. 3, 8.
④ 周枏:《罗马法原论》,北京:商务印书馆,1996年,第512—517页。

象,并非拜占廷帝国的特性。我们不能据此就认定拜占廷皇帝继承制度在5—6世纪的发展对于政治形势的稳定不具有任何意义。事实上,此时期出现的以皇室女性为传承媒介的多种皇位继承方式是拜占廷统治者针对皇位继承中的实际问题,逐渐制定并完善的补充性措施。尽管不能因此解决皇位继承中的全部问题,但是依然在皇帝没有子嗣这一特殊情况出现时,对延续王朝统治具有重要的作用。

我们可以借由数据验证上述的观点。塞奥多西二世去世后,因其姐普尔西利亚下嫁马西安,而使塞奥多西王朝多延续1代,计7年。利奥一世之后,则因其女阿里阿德涅两次婚嫁,使得利奥王朝多延续3代,计44年。查士丁尼王朝的表现更为明显,通过2次外甥继位,1次女儿继承和1次遗孀继承,使得王朝统治多延续4代,长达75年。四种新继承法使这三个王朝多持续了126年之久,占该时期总年份的八成以上。三个王朝统治时间分别达到78年、61年和84年,远高于4世纪君士坦丁王朝的39年,更毋论卓维安和瓦伦斯各一代数年之统治。此后的拜占廷诸王朝中,除12世纪末至13世纪初的安茞鲁斯王朝因第四次十字军东侵只存在了19年之外,其余7个王朝的统治时间也均超过君士坦丁王朝。最短如阿莫利王朝统治亦达47年,长者如伊苏里亚王朝、科穆宁王朝、马其顿王朝和帕列奥列格王朝统治时间都在百年以上。甚至如马其顿王朝,竟在其统治期内先后发生了姐妹、女儿和遗孀等皇室女性继承方式共10次,远高于父子相继和兄终弟及的7次①。新继承法的重要作用可见一斑。此外,王朝的频繁更迭显然不利于政治稳定和皇权的加强,因此这些新皇位继承方式的出现对拜占廷专制帝国的发展同样具有一定的促进作用。

在看到该时期出现的以皇室女性为核心的新皇位继承方式对王朝延续及政治稳定的积极作用之后,最后还需进一步明确的是,这并不代表此后拜占廷帝国的皇位继承缺乏主次关系。父子继承,尤其是长子继承始终在各类继承方式中居于主导地位并对其他继承方式具有排他性,即一般情况下,皇帝的亲子,尤其是长子拥有继承皇位的优先权。在帝国内,这一观念不仅在法律层面受到保护,并且已深入人心,为帝国精英和普罗大众所尊崇。埃瓦格里乌斯曾经记载道,584年莫里斯皇帝的长子"塞奥多西的降生给他自己和国家的每个人都带来了极大的喜悦",因为从阿尔卡迪乌斯传位塞奥多西二世之后,帝国内再没有一个皇帝是父子相传的②。可见,5—6世纪出现的诸多新皇位继承方式只是特殊情况下父子继承制的补充,并不会因此造成混

---

① 参见陈志强:《拜占廷皇帝继承制度特点研究》,第182页。
② Evagrius Scholasticus, *The Ecclesiastical History of Evagrius Scholasticus*, VI.24.

乱无序的继承困局。

总之，4—6世纪，统治东地中海世界的拜占廷帝国明确了以血亲继承为原则的皇帝继承制度。虽然该时期出现了罕见的近一个半世纪的皇帝"无皇子时期"，给尚处于雏形的继承制度带来巨大的挑战，但是通过以皇室女性为传承媒介的多种新继承方式的补充，拜占廷的皇位继承制度得到了完善和发展，为之后数百年东地中海地区的政治稳定奠定了重要基础。

二 拜占廷皇权的神化

除了在皇帝继承制度方面日益完善，该时期的拜占廷专制皇权还在其他方面逐渐加强。尤其是在东地中海世界高速基督教化的背景之下，皇权开始和基督教紧密结合。皇权的神化对拜占廷专制皇权的加强有重要的作用。

事实上，"君权神化"并非为拜占廷帝国独有的现象。在许多古代国家中，统治者都会竭力在自己与本国信仰的神明之间建立特殊的关系。如在罗马帝国时期，罗马统治者就经常将自己与多神教诸神联系在一起。帝国的第一位统治者屋大维获得的"奥古斯都"的称号本身就有"神圣的"含义，而罗马皇帝们从此大都兼有大祭司长的头衔，以在宗教事务中起到主导作用[1]，进一步加深了统治的神圣性。至戴克里先时期，罗马统治者与诸神之间的联系更为紧密。如戴克里先自诩为"朱庇特之子"，共治者马克西米安则以希腊神话中的赫拉克勒斯作为自己的父亲。君士坦丁大帝的父亲君士坦提乌斯也奉阿波罗为父[2]。

4世纪之后，拜占廷皇帝开始将基督教作为神化自己的新外衣。从《旧约》中对大卫、摩西和亚伦等人的描述中可以看出，对于早期基督徒来说，他们愿意接受一位和神有特殊关系的统治者[3]。如《圣经》中"在上有权柄的，人人当顺服他。因为没有权柄不是出于神的。凡掌握的都是神所命的，所以抗拒掌权的就是抗拒神的命。抗拒的必自取刑罚"[4]等论述也体现了保罗等早期基督教使徒并不排斥世俗统治者的态度。君士坦丁大帝是第一个利用基督教神化自身统治的拜占廷君主。他在进军意大利，讨伐马克辛迪乌斯的重要战役米尔万桥之战前，公开宣称自己梦见了上帝显灵，托梦告知他一定可以取得战争胜利，大大鼓舞了军队的士气[5]。而后，在为新都选址的过程

---

[1] 科瓦略夫：《古代罗马史》，第661、666页。
[2] 徐家玲：《早期拜占庭和查士丁尼时代研究》，第60页。
[3] F. Dvornik, *Early Christian and Byzantine Political Philosophy*, pp. 280-281.
[4] 《新约·罗马书》，13.1。
[5] Eusebius Pamphilus, *Life of Constantine the Great*, I. XXIX.

中，君士坦丁故技重施，宣称有神在为他指路，最终顺利按照自己的意愿完成了圈定城市界标的工作：

> 当他开始工程（特洛伊）后，在夜里，上帝出现在了他的梦中，并且命令他寻找一个新的地点。在上帝的带领下，他来到了色雷斯的拜占廷，这里与比提尼亚的卡尔西顿隔海相望……为了遵守上帝的命令，他开始扩建这座之前被称为拜占廷的城市。①

同时，在君士坦丁大帝给予基督教合法地位后，基督教的神学家们也尽其所能地给予他十分热忱的回报。他被尊为基督教会的"第十三位使徒"。尤西比乌斯更是将君士坦丁皇帝比作上帝在现实世界的映像，是在凡人中上帝的代理人，同时和圣灵有着特殊的联系②。他在为君士坦丁大帝撰写的颂词中写道：

> 我们为神所钟爱的皇帝，他的权力来自于上帝，并且通过上帝，他像神在人间的映像一样掌管世间事务，这仿佛是神在天国统治的人间翻版。③

尤西比乌斯宣扬的这一理论为之后的基督教神学家们接受，他们开始将基督教神学和拜占庭皇帝统治的神圣性与合法性结合在一起，为日后拜占庭皇帝宣扬"君权神授"的观念提供了理论依据，成为拜占庭帝国早期政治思想的重要内容。

至392年基督教成为拜占廷帝国国教后，多神教等其他异教完全失去了与皇帝之间的神圣关系。拜占廷皇帝们放弃了"大祭司长"这样的多神教宗教头衔，基督教成为神化拜占廷皇权的唯一途径。公元457年，在利奥一世皇帝的登基仪式上，第一次增加了基督教涂油礼的内容，他也成为了由君士坦丁堡大教长加冕的第一位拜占廷皇帝④。自此以后，这一"君权神授"的仪式成为拜占廷皇帝遵循的神圣传统。与此同时，从埃瓦格里乌斯的《教会史》等史料中我们可以发现，皇帝们也开始在法令、诏令或信件中公开地宣扬自己与上帝的特殊关系。如"这是最神圣的利奥皇帝亲笔所写的神圣的信件……虔诚的、最伟大的和永远值得尊敬的皇帝、恺撒利奥致阿纳托里乌斯主教"⑤；"我们最信仰基督教的皇帝（查士丁尼），他的精

---

① Sozomen, *Ecclesiastical History of Sozomen*, II. III.
② S. Runciman, *The Byzantine Theocracy*, p. 22.
③ Eusebius Pamphilus, *Oration of Eusebius*, I. 6.
④ J. B. Bury, *History of the Later Roman Empire*, Vol. 1, p. 315.
⑤ Evagrius Scholasticus, *The Ecclesiastical History of Evagrius Scholasticus*, II. 9.

神中有超凡的美德啊"①;"奉我主耶稣基督,我们的上帝之名,皇帝、恺撒、虔诚信仰基督的……永远受到崇敬的奥古斯都,弗拉维·查士丁发表如下宣言"②,等等。

除了官方仪式外,在皇帝授意或民间编造下,一些关于皇帝"神圣"的传说也在帝国中流行起来。在这些传说中,皇帝在继位前一般都会展示出不同于凡人之处,他的一举一动仿佛都受到了上帝的指引和帮助。通过这些故事,皇帝进一步将自己与凡人区隔,使统治名正言顺地成为神的选择。埃瓦格里乌斯在他的作品中集中记载了大量这方面的故事。如在谈论5世纪的马西安皇帝时,他就不吝篇幅地记载了3则他继位前的传奇:

(1)修辞学家普里斯库和其他一些人都记载马西安是色雷斯人,他的父亲是一个军人。因为渴望从事父亲的职业,他在菲利浦堡(Philippopolis)开始了士兵生涯。在去那里的路上,他看见了一个刚刚被杀的人横尸地上。除了其他的美德外,他还特别具有同情心,一路上他都很难过。他走近那具尸体,希望能够给予那个被害人一个适当的悼念仪式。但是当一些人看到他的动作后就通知了菲利浦堡的地方长官。地方长官逮捕了马西安,并且以杀人罪审讯他。尽管马西安否认杀了那个人,还是面临谋杀罪名的惩罚,就在这时,一个神圣的奇迹出现了,杀人者被交了出来。这样,这个人因为罪行被杀头,马西安则被无罪开释……(2)马西安来到了军队的一个分队,并且希望加入。出于钦佩以及认识到他将是伟大和最显赫的人,那些军人高兴地接受了他并且将他编入队伍当中,没有按照军法的规定将他排在最后,而是给予了他一个刚刚去世军人的军衔,那个人的名字叫作奥古斯都。这样,他们就登记道"马西安就是奥古斯都"。奥古斯都这个名字是我们皇帝的称号,那些身穿紫袍的人才会被如此称呼。这就仿佛是这个名字不能容忍不相称的职位,而反之这个职位也在寻觅适合他的人一样,马西安个人的名字和称号就恰如其分地结合在一起了。他应得的职位和公开的称号就通过这个事情表现了出来……(3)当他跟随阿斯帕(Aspar)与汪达尔人作战并且遭到惨败后,他和许多战士都成了俘虏。盖塞里克想看看这些俘虏,他们被一起带到了一个平原上。当他们集合好之后,盖塞里克坐在高处,以观看这些被俘的人为乐。随着时间的推移,他们每个人都在做想做的事情,按照盖塞里克的指示,卫兵们解开了他们的绳索。每个

---

① Evagrius Scholasticus, *The Ecclesiastical History of Evagrius Scholasticus*, IV.38.
② Ibid., V.4.

人的举止行为都有所不同,但是马西安躺在平原上,并且在太阳下睡着了,当时天气极其炎热,与一年中的这个季节(冬天)非常不协调。一只鹰飞到了太阳下,这样就像一朵云一样使马西安不会感到酷热难耐。盖塞里克十分震惊,正确地推测了未来的事情。他把马西安叫过来并且释放了他。马西安被要求发下重誓,在成为皇帝之后将不与汪达尔人为敌,他之后确实遵守了诺言。①

《教会史》中这三段马西安的传说体现了一个拜占廷基督教学者对拜占廷皇帝"神圣性"的态度。其中第一段着重表明马西安神圣的美德,第二、三段则强调神注定其要成为皇帝的预兆,也就是我国"受命于天"的传统观念。一些学者,如同样翻译了埃瓦格里乌斯作品的费斯蒂吉埃尔就认为埃瓦格里乌斯的记载,尤其是第二段"奥古斯都预兆"的传说是他自己编造的,因为他对马西安皇帝比较偏爱②。关于马西安的传说,在埃瓦格里乌斯同时代历史学家的作品中也有记载。例如普罗柯比在《战史》中也提到了飞鹰为马西安遮挡阳光的故事,只不过按照普罗柯比所言,此事发生在夏日的正午时分,而非埃瓦格里乌斯记载的冬天③。按照怀特比在本节注释中的意见,二人的史料来源应均来自普里斯库,只不过埃瓦格里乌斯为了强调奇迹而改变了具体时间。至少可以说明的是,马西安的传说在6世纪依然广为流传,甚至到了9世纪,拜占廷史学家塞奥法尼斯的《编年史》中,依然保留了这一传说,而且他还记载了另一次飞鹰护卫马西安的奇迹④。由此可见,这并非是埃瓦格里乌斯因为个人偏爱而编造的故事。这些传说能够在帝国内长时期流传,体现了东地中海世界的基督徒对这些奇迹的认可。

除了马西安之外,还有很多关于其他皇帝的奇迹出现在《教会史》中,例如6世纪的莫里斯皇帝在继位前来到安条克的查士丁尼教堂敬奉薰香时:

圣桌周围的窗帘都被大火点燃,莫里斯为此感到十分惊讶和恐惧。安条克主教格里高利当时站在他的旁边,并且告诉他这是一个神圣的景象,预示着他将有显赫的地位。我主耶稣基督也曾经于他在东方前线准备战争的时候对他显圣,这明显是皇帝的征兆:因为谁又能比一个皇帝,当他虔诚对待上帝的时候,更能看到这种景象呢?他的父母也对我讲述了类似的故事。他的父亲说当莫里斯是一个胎儿的时候,他看见无数葡萄藤围绕着他的床,并且有无数大葡萄悬挂在上面。他的母亲则说,当

---

① Evagrius Scholasticus, *The Ecclesiastical History of Evagrius Scholasticus*, II. 1.
② Evagrius Scholasticus, "Évagre, Histoire Ecclésiastique", p. 258, 注释 2.
③ Procopius of Caesarea, *History of the Wars*, 3. IV. 1-11.
④ Theophanes Confessor, *The Chronicle of Theophanes Confessor*, AM. 5943, AM. 5942.

莫里斯降生时,有一股奇异无比的香气。还有,尽管那个叫作安布莎的怪物经常把婴儿带走吃掉,但是她却不能伤害莫里斯。①

类似这样的传说对于我国读者来说并不新鲜,在中国的古籍和民间传说中,也有大量如此光怪陆离的故事,如皇帝生母梦龙而孕或梦日而孕等。这些故事在本质上毫无疑问只是为了进一步渲染皇帝统治的神圣性和超凡性,拜占廷统治者不过是利用基督教来实现了这一目的而已。

拜占廷皇帝对皇权的神化在帝国内起到了一定的作用,许多虔信基督教的拜占廷普通民众对皇帝产生了敬畏之心。在某些关键时刻,皇帝甚至可以凭借一己之力化解危局。例如在阿纳斯塔修斯皇帝统治晚期,他对一性论宽容的态度在首都君士坦丁堡引发了不满,但阿纳斯塔修斯一世进行了演讲,一场大规模的骚乱就此平息了。埃瓦格里乌斯写道:

> 首都爆发了一场大规模的骚乱,因为(他们认为)基督教的信仰被完全地废弃了……接下来,人民失去了控制,那些当权的人面临着死亡的危险,很多辉煌的建筑也被焚烧了……他们砍下了他(一位支持一性论的帝国高官)的脑袋,并且将他的首级捆在一根竿子上。他们倨傲地喊道:"这就是那个阴谋对抗三位一体的人!"接下来骚乱发展到了很严重的程度,他们抢劫所有东西并且失去了控制,皇帝被迫在不带皇冠的窘境下来到圆形大竞技场。阿纳斯塔修斯派传令官对人群宣布,关于皇帝权力的问题,他是乐于放弃并退位的,但是皇位不可能由所有人占有。就算他退位了,即使民众人数众多,国家依然要由一个君主而不是由民众统治。看到这种情形后,人民改变了主意,仿佛有神圣的启示,他们祈求阿纳斯塔修斯戴上皇冠,并且保证会就此保持安静。②

6世纪的另外一位历史学家约翰·马拉拉斯也在作品中记载了阿纳斯塔修斯派传令官命令民众停止骚乱的举动,以及在事后对叛乱者的惩戒③。当然,从常理推断,此次叛乱的平息应是多种原因,皇帝的威信并非唯一因素,否则也就无法解释查士丁尼统治时期所爆发的激烈的"尼卡起义"为何最终要通过武力镇压的方式结束。但是,拜占廷皇帝在这次骚乱中体现的威严也是显而易见的。尤其是阿纳斯塔修斯所宣扬的"皇位只能由皇帝占据,而决不属于平民"的宣言更是明确阐明了他所坚持的拜占廷皇帝特殊性的理念,从埃瓦格里乌斯和约翰·马拉拉斯等其他人的记载中来看,这一观念

---

① Evagrius Scholasticus, *The Ecclesiastical History of Evagrius Scholasticus*, V.21.
② Ibid., III.44.
③ John Malalas, *The Chronicle of John Malalas*, 16.19.

最终还是为当时绝大多数民众所接受。

总之,早在君士坦丁一世统治时期,拜占廷皇帝就开始有意识地利用基督教信仰作为神化自己的工具。在基督教成为帝国的国教后,皇权和基督教的联系更为紧密。皇帝开始在现实统治中实践"君权神授"的理论。与此同时,大量关于皇帝超凡传说的出现进一步加强了皇权的神秘与威严,这些都对巩固拜占廷皇帝的专制统治起到了积极的作用。皇权至上的观念在东地中海地区逐渐深入人心。

第二节　拜占廷皇帝对基督教会"至尊权"的确立

随着皇权的不断强大和基督教的高速发展,拜占廷皇帝和教会之间的关系显得愈发重要,这也是该时期东地中海世界宗教和政治转变结合的结果。拜占廷帝国皇权与教权的关系一直是学界热议的焦点。笔者在前言中也用一定篇幅介绍了西方学者的看法。在这一问题上最为全面、系统和具有影响力的作品是希腊裔拜占廷史学家吉纳勾布鲁教授1965年发表的《拜占廷帝国的教会与国家:关于至尊权问题的再思考》[1]一文。在文中,吉纳勾布鲁将教会与国家间的事务分为三个层面,第一为纯世俗事务,如制定法律等;第二为混合事务,如建立教区,处置教士等涉及教会组织管理的决议;第三为纯精神层面的事务,如教义信仰。他认为皇帝只在第一个层面上具有绝对的权力[2]。为此他进而将第二、三层面分为三个部分,即组织、仪式和教义。他认为皇帝在教会的组织问题上拥有相对的权力,但却并不能像处理世俗事务一样随心所欲地解决这一问题。在仪式层面皇帝也有一些特权,可在一些重要的宗教仪式中扮演关键角色,但是对于教会来说,皇帝还是一位俗人,不能过高估计他在仪式中的作用。在涉及教义问题时候,吉纳勾布鲁认定拜占廷皇帝不能真正地按照自己的意志命令教会改变教义。他在文章最后得出结论,皇帝与教会的关系是多层面的,前者在一些问题上拥有部分权力,但是不能简单用"至尊权"对这一关系进行定义和解释,这种做法是极其错误的。他同时认为,很难单独用一个名词来界定拜占廷教会与国家之间复杂的关系,但是至少应该停止使用"至尊权",因为拜占廷皇帝从来都没有真正同时具

---

[1] D. J. Geanakoplos, "Church and State in the Byzantine Empire: A Reconsideration of the Problem of Caesaropapism", *Church History*, Vol. 34, No. 4 (Dec., 1965), pp. 381-403.

[2] Ibid., pp. 386-387.

备世俗君主与教士的双重身份①。

吉纳勾布鲁的观点是具有合理性的,但是他的研究范围主要在于拜占廷帝国的中后期。以笔者浅见,虽然"至尊权"并不能全面概括拜占廷教俗关系状况,但是对其全盘否定的观点也同样值得商榷,由于皇权和教权在拜占廷帝国不同历史时期始终在发展变化,对二者关系也需要用动态的眼光进行评析,以得出更为全面的结论。至少在4—6世纪来看,世俗君主与基督教会之间的关系是可以用这一名词来描述的。

一 4世纪"至尊权"的形成

一般认为,基督教是在君士坦丁大帝颁布《米兰敕令》之后在帝国获得了合法的地位。由于合法性来自皇权,同时基督教只是帝国中众多宗教之一,皇帝也就自然获得了对基督教会绝对控制的权力。这种权力主要表现在召开基督教会议、控制教会高级教职人员任免权以及调解仲裁教义争端等方面。在得到皇帝庇护的同时,基督教会也心甘情愿地从精神层面给予皇权帮助,由此二者的联系更加紧密②。可以说,在君士坦丁大帝统治时期,拜占廷皇权确实掌握着对基督教会的"至尊权"。

君士坦丁对待基督教会的策略是利用与控制双管齐下,这种手段取得了很好的效果,基督教成了皇帝新的精神统治工具,同时基督教会的势力也受到皇权的严格制约。

君士坦丁大帝对基督教会的控制主要体现在以下方面。其一,亲自裁决教义争端,严禁教会内部出现分裂倾向。这一政策的目的非常明确。事实上,君士坦丁对基督教教义了解并不很深,干涉教义冲突更多是为了统治的需要。例如,面对阿里乌宗教争端时,他最初认为讨论圣父圣子之类的问题毫无意义,但是当看到教义冲突的双方无法自己弥合裂痕后,他就果断地施加影响以维护教会统一。起初,教会打算自行召集亚洲地区的主教举行会议讨论阿里乌争端,但是君士坦丁大帝拒绝了这一建议。他将会议地点定在便于控制的尼西亚,并邀请埃及和西部的主教参加会议。君士坦丁亲自起草信件强令主教们与会,并表示自己也将到场③。在尼西亚第一次基督教大公会议上,君士坦丁以基督教会领袖的姿态操控会议,他严令各地主教恢复团结

---

① D. J. Geanakoplos, "Church and State in the Byzantine Empire: A Reconsideration of the Problem of Caesaropapism", pp. 397-399.
② 陈志强:《拜占廷学研究》,第199—200页。
③ Socrates Scholasticus, *The Ecclesiastical History of Socrates Scholasticus*, I. IX.

以维护帝国的安定,并最终亲自将阿里乌派裁定为异端①。

在此之后,君士坦丁丝毫没有放松对教义的主导权。当他看到对阿里乌派过于严苛政策的负面影响后,随即不顾"三位一体"派主教们的意见,赦免了阿里乌:

> 不到三年,他就开始对那些被禁止的教派表现出了同情,甚至纵容。放逐令被撤销了……阿里乌本人在教会中完全得到了一个无罪的遭受迫害的人应得的尊敬……(君士坦丁)竟发布了一道严格的命令,要把他隆重迎回君士坦丁堡的正统基督教会。②

君士坦丁对待阿里乌的态度恰恰表明,他对待教义争端的立场是由统治需要所决定。无论是曾经的正统派还是异端,只要忠于皇帝本人,都会获得青睐。这一立场是与此时拜占廷皇权对教会的绝对权力相辅相成的。

除了掌握教义的裁定权外,君士坦丁还将基督教会的组织权,尤其是高层教职的任免权牢牢控制在自己手中。他将主教们分派到帝国的各个角落,为帝国建立起了一种"新的永久性的神职官员体系"③,并且安排亲信出任重要地区的主教之职。同时,对于个别不服从皇命的主教,即使声望再高,他一般也会坚决加以撤换甚至给予更为严厉的处分。例如不接受他的命令,拒绝和阿里乌和解的"三位一体"派领袖,德高望重的亚历山大里亚主教阿塔纳修斯就曾被君士坦丁放逐。他还从不放弃任何向教会宣示权力的机会。在335年决定召开推罗(Tyre)宗教会议的时候,君士坦丁就命令主教们务必来参加会议:

> 如果有人不遵从我的命令前来参会(我希望不会发生这种事情),那么我将派遣使者用帝王的敕令惩戒他,并让他明白任何人都无权违抗皇帝维护正确信仰的法令。④

当然,作为"神在人间的代理人"和帝国唯一的帝王,拜占廷君主拥有对教会的权威之余,也有需要履行的义务。首要便是对教会提供保护。在基督教学者的作品中,君士坦丁就是这样一位伟大的保护者。例如苏格拉底在他的《教会史》中就记载了君士坦丁是如何制止李锡尼迫害基督徒的:

> 他的共治者李锡尼坚持自己的异教信仰,憎恨基督徒。虽然他惧怕君士坦丁皇帝而避免公开实施迫害,但暗地里对他们策动阴谋……然

---

① T. D. Barnes, *Constantine and Eusebius*, Cambridge, 1981, p.215.
② 爱德华·吉本:《罗马帝国衰亡史》上册,第486页。
③ 同上书,第460页。
④ Eusebius of Caesarea, *Life of Constantine*, IV. XLII.

而,这些暴行不可能长久瞒住君士坦丁,当得知君士坦丁为此愤慨时,李锡尼通过道歉得到了宽恕……他发下许多誓言,承诺不再像暴君一样行事。①

同时期的教会史家索卓门也在作品中描述了相似的内容:

> 曾经敬重基督徒的李锡尼改变了他的观点……因为同君士坦丁的分歧,他深深地迁怒于基督徒……他还怀疑教会在终日祈祷并且热切盼望君士坦丁成为最高统治者……最终,他和君士坦丁的矛盾以一场战争告终。因为君士坦丁得到了神的助祐,因此他得以在陆地和海洋都赢得胜利……②

显然,对于尚处在基督教化进程中的拜占庭帝国来说,基督教学者们认为像君士坦丁这样拥有绝对权力,同时又倾向于基督教的皇帝能够最大限度地保证基督徒的安全。

此外,君士坦丁还在诸多领域给予了基督教会特权和帮助。例如,他规定主教们拥有司法裁决方面的特权。在经济方面他对教会表现得更是十分慷慨,他给予了基督教会免税的权力,并命令一切殉道者的财产,如果没有继承人,将被赐予教会③。他本人也经常大方地向基督教会捐赠可观的财富,曾经一次给予迦太基主教18000镑白银的巨款,用来弥补当地教会用度的不足④。

君士坦丁在以强大皇权为基础上实行的亦张亦弛、宽严有度的宗教政策得到了基督教会中绝大多数教士的尊崇。尤西比乌斯和奥西乌斯(Hosius of Cordova)等人更是成为皇帝的私人顾问,与君士坦丁保持了亲密的臣属关系。基督教神学家们尊奉他为基督教会的"第十三位使徒"。尤西比乌斯甚至将君士坦丁皇帝比作上帝在现实世界的映像,是在凡人中上帝的代理人⑤。可以说,在君士坦丁的时代,无论从他对教会的管理,还是教会对他的服从方面来看,"至尊权"这一模式是存在的。

君士坦丁大帝"至尊权"的存在是建立在皇权对教会绝对优势上的。换言之,只有在帝国世俗权力强盛,教会势力弱小,同时教会对皇权绝对依赖的情况下,这种"至尊权"才能真正地存在。与此同时,因为君士坦丁给予了教会合法的权力,他本人又具有高度的政治才能和声望,也赢得了教士们对他

---

① Socrates Scholasticus, *The Ecclesiastical History of Socrates Scholasticus*, I. III.
② Sozomen, *Ecclesiastical History of Sozomen*, I. VII.
③ 汤普逊:《中世纪经济社会史》上卷,第83—84页。
④ 爱德华·吉本:《罗马帝国衰亡史》上册,第464页。
⑤ S. Runciman, *The Byzantine Theocracy*, p. 22.

的个人崇拜,但是这种情感并不一定能够延续到后人身上。因此,从拜占廷历史中我们能够发现,君士坦丁去世后,"至尊权"逐渐受到了挑战。

教会与皇帝的摩擦在君士坦丁大帝之子,君士坦提乌斯统治时期已初露端倪。双方矛盾的焦点主要是围绕着阿里乌争端展开的。皇帝本人是虔诚的阿里乌派教徒,为此遭到了某些"三位一体"派主教的不满和反对,代表人物依然是一度被君士坦丁放逐的阿塔纳修斯。后者甚至在其作品《阿里乌史》中指责君士坦提乌斯:

  这个异端(阿里乌异端)得到了基督的敌人君士坦提乌斯的支持……这个人在热切地模仿扫罗残酷的行为……他比扫罗、亚哈和彼拉多还要坏得多……①

君士坦提乌斯的确如阿塔那修斯所说的那样,采用了强硬的政策对待拒绝服从的教士。在355年的米兰宗教会议上,当君士坦提乌斯要求与会主教处罚不服管束的阿塔纳修斯时,主教们表示这一举措没有教规作为依据,君士坦提乌斯立即回击道:

  我的所有意愿,都应该被视为教规!②

此外,在君士坦提乌斯召开的尼卡宗教会议上,他强迫主教们通过倾向阿里乌主义的信经,许多主教屈服了,但是那些坚持信仰的主教都被流放到了帝国最边远的地方③。一些资深教士开始反对皇帝这种专断的行为,君士坦丁大帝的顾问,老主教奥西乌斯就写信给君士坦提乌斯称:我已经准备好接受你的处罚了……但是我希望你不要用威胁的方法来解决问题……我恳求你停止这样做吧……不要侵扰教会内部的事务,也不要命令我们改变教义,而要借由我们学习教义。上帝把王国交到你的手中,也把他的教会交给了我们……《圣经》上写道"恺撒的物当归给恺撒,神的物当归给神"(《马太福音》22:21)。因此我们没有普世的权力,陛下您也没有干涉信仰崇拜的权力。④

但是,从现存的史料中我们可以发现,此时教会与皇帝之间的矛盾还只是处于萌芽状态,反对皇帝命令的教士人数和提出的主张都是十分有限的。教会中仅有一些资深的教士敢于违抗皇命,他们与皇帝之间的摩擦也主要集中在教义领域,教士们并不否认皇帝对教会的其他权力。教会中也依然有一

---

① Athanasius, *Arian History*, pp. 67-68.
② Ibid., p. 33.
③ Theodoret, *Ecclesiastical History*, *Dialogues*, *Letters of Theodoret*, II. XVI.
④ Athanasius, *Arian History*, p. 44.

些重要人物坚持皇帝管理教会的神圣性。北非米里维主教圣奥普塔图斯（Optatus of Milevis）在回答皇帝和教会关系问题时就明确提出：

> 教会在国家之内，而非国家在教会之内……除了授予他皇位的上帝之外，没有人能凌驾于皇帝之上。①

即使是冲突的代表人物阿塔纳修斯也曾经在作品中多次对君士坦提乌斯的统治表示服从。他写到"我不会违背虔诚的您（君士坦提乌斯）的命令，因为上帝不允许我这样做。我是一个连城市官员命令都会遵守的人，遑论您这样一位伟大的君王了"。②

甚至在345年君士坦提乌斯宣布恢复阿塔纳修斯主教的职位之后，他还曾写信给亚历山大里亚人民，要求他们"为了虔诚的和上帝所钟爱的皇帝祷告，当他得知你们盼望的阿塔纳修斯是清白无辜的时候，他就决定恢复阿塔纳修斯的职务和所有荣誉"。③ 由此可见，在这一时期，皇帝与教会之间的"至尊权"关系并没有被完全打破，君士坦丁大帝控制教会的模式也在延续之中。

至4世纪晚期，教会开始真正实质性地威胁到皇帝的"至尊权"。从根本上来看，这是皇权与教权力量此消彼长的结果。该时期蛮族入侵等问题严重困扰着拜占廷帝国的统治者，东部帝国军队于378年在与哥特人的阿德里亚纳战役中遭受重创，数万将士血染疆场，皇帝瓦伦斯被杀。西部帝国更是被蛮族军队推向了灭亡的边缘。此时世俗统治者的权威显然难以与君士坦丁相提并论。与此相反，大量民众皈依和财富不断涌入让基督教会的势力在这数十年中不断壮大，基督教更是随后取得了国教的地位。这样，不断膨胀的教会势力不可避免地开始挑战世俗权力。

与东部帝国相比，该时期西部帝国的政治形势更加恶劣，皇权也相对衰微。因此，教权对皇权的挑战也更为明显，尤其以米兰主教安布罗斯的主张最为激进。安布罗斯在当选米兰主教之前担任过帝国的地方官员，并且尚未接受洗礼④。在成为米兰主教之后，他在很多时候是以一个政治家的态度来维护教会的权利，为此不惜与皇帝发生正面的冲突。例如，西部皇帝瓦伦提年二世在试图干涉阿里乌派教士与安布罗斯主教的教堂之争时，安布罗斯当

---

① Optatus of Milevis, *Against the Donatists*, tranlated by Vassall-Phillips, London, 1917, III. III.
② Athanasius, *Apology to the Emperor*, p. 19.
③ Athanasius, *Apologia Contra Arianos*, p. 57.
④ J. Moorhead, *Ambrose, Church and Society in the Late Roman World*, London and New York, 1999, p. 22.

面拒绝了皇帝的要求：

> 皇帝陛下，不要认为你可以凭借帝王的权力控制属于上帝的事务……宫殿是属于皇帝的，教堂是属于主教的，你可以任意掌管属于你的地方，但是不能干涉这些神圣的建筑。①

在此之后，他在给瓦伦提年的信中和布道词中多次谈及类似的观点。如：

> 最仁慈的陛下，您什么时候听说过俗人能够在信仰领域为一个主教做出决定？……如果一个主教被俗人教导，接下来会发生什么事情？那就是俗人高谈阔论，主教只能聆听，主教不得不向俗人学习……主教应该仲裁基督教皇帝的决定，而不能反其道行之。②

> 我认为你的法律不能超越上帝的律法。上帝的律法教给人们何去何从，而凡人的法律则不能如此。③

> 《圣经》上写道"恺撒的物当归给恺撒，神的物当归给神"（《马太福音》22:21），我们不拒绝这一点。教会是属于上帝的，不能被转让给恺撒……皇帝是在教会之内的，而非超然在上。好皇帝应该积极帮助教会，而非拒绝它的要求。④

最值得注意的是，安布罗斯强调的"皇帝在教会之内，而非超然在上"的观点，与上文提到奥普塔图斯的"教会在国家之内"的论调截然不同，可以被视为拜占廷基督教会教俗关系理论新的发展。

在此之后，即使面对重新统一帝国的塞奥多西一世，安布罗斯的态度依然非常强硬。最著名的一个故事是390年塞萨洛尼基爆发反哥特人起义，塞奥多西派兵镇压，杀戮7000余平民百姓。安布罗斯写信要求皇帝承认自己的罪行。当塞奥多西回到米兰，要进入教堂的时候，安布罗斯阻止了他，说：

> 站住，你这个被罪行玷污的人，你的双手沾满鲜血，没有忏悔之前，你不配进入这个神圣的地方。

塞奥多西被迫折回脚步，并且公开表示悔过⑤。安布罗斯的这一行为在之后广为流传，后世画家甚至以此为题材创作了一幅名画，而中世纪的罗马教皇更是借此宣扬教权至上的观点。

---

① Ambrose, *Epistle. XX*, p. 19.
② Ambrose, *Letter XXI*, p. 4.
③ Ibid., p. 10.
④ Ambrose, *Sermon against Auxentius on the Given up of the Basilicas*, pp. 35-36.
⑤ Sozomen, *Ecclesiastical History of Sozomen*, VII. XXV.

在同时期的东部帝国,教会的领袖们也开始向皇帝索要相应的权力。但是与安布罗斯相比,东部的主教们主要是针对个别具体问题,如司法裁定权等与皇帝进行交涉。如卡帕多西亚教父瓦西里提出:

> 如果有人被发现在教堂内偷窃……那么我宣布,因为这是在教堂内的犯罪行为,所以应该由我们来进行惩罚,政府对这些事情进行干预是多余的行为。①

然而,东部主教们的权力要求是比较温和的,如瓦西里在另一封信中又写道:

> 我的意见是,不把这些犯人交给地方行政官员,但是如果他们已经在被羁押,也不要去营救。因为使徒们早就说过,地方行政官员是这些行恶之人所畏惧的,正是"你若作恶,却当惧怕,因为他不是空空地佩剑(他是神的用人,是申冤的,刑罚那作恶的)(《罗马书》13:4)"。②

可见,瓦西里并没有像安布罗斯那样提出世俗事务也包含在教会之内的激烈主张。

面对基督教会逐渐高涨的权力要求,拜占廷皇帝,尤其是塞奥多西一世并不愿过多退让。尽管在安布罗斯的责难下,塞奥多西表示了对杀戮行为的悔过,但是这更像是一位基督徒的私人忏悔。在涉及皇帝职权的问题上,塞奥多西的态度是十分明确的,他不允许教会触及政府的管辖范围。例如,388年卡里尼库(Callinicum)的基督徒在当地主教领导下毁坏了一些犹太教和诺斯替派的建筑。塞奥多西要惩罚那些主教并重建被毁坏的房屋,安布罗斯写信表示激烈反对,但是最后并没能奏效③。同时在统治期间,他还取消了君士坦丁大帝曾经给予教会的"罪犯庇护权"④。

总体看来,4世纪拜占廷皇帝对待基督教会的态度基本可以用利用和控制并举来概括。这种手段取得了一定的效果,基督教取代了古希腊罗马多神教,成为皇帝新的精神统治工具,同时基督教会的势力也基本受到皇权的制约。然而,尽管皇帝采取了种种控制手段,随着基督教的发展,教会势力不可避免地走向膨胀,从而逐渐开始对世俗权力形成挑战。至4世纪末,拜占廷皇帝已经很难像君士坦丁时期那样保持对教会的绝对控制,双方未来必然要发生更广泛和激烈的矛盾与冲突,这是5世纪后的皇帝们难以回

---

① Basil the Great, *Letter CCLXXXVI*.
② Basil the Great, *Letter CCLXXXIX*.
③ Ambrose, *Letter XL-XLI*.
④ A. A. Vasiliev, *History of the Byzantine Empire*, Vol.1, pp.81-82.

避的挑战。

二 5—6世纪皇帝应对教会对"至尊权"的挑战

5世纪后,拜占廷帝国教权与皇权的矛盾日趋明显。双方争论的领域更为广泛,主要表现在争夺教义主导权、争夺教会人事任免权和争夺世俗事务领导权三个方面。

首先,5世纪20年代后,一度较为平静的神学领域出现了新的争端。如前文所述,聂斯托利异端揭开了又一次教义冲突的序幕,此后基督一性论思想的出现更使争端进一步发展。为了维护基督教会的统一,保证基督教的精神统治工具作用,拜占廷皇帝在5—6世纪多次试图制定官方的教义规范。这本是君士坦丁大帝宗教政策的延续,然而在该时期,皇帝试图主导教义争端的行为却显得步履维艰。

从相关史料的记载来看,围绕聂斯托利和基督一性论争端,拜占廷皇帝先后三次试图直接干预教义问题。第一次发生在431年的以弗所基督教大公会议上。从428年聂斯托利担任君士坦丁堡主教以来,他所提出的神学观点就遭到了亚历山大里亚和罗马教会的激烈反对,但是得到了塞奥多西二世皇帝的支持。冲突愈演愈烈时,"在当时掌控整个东部帝国的塞奥多西二世的同意下,聂斯托利要求召集了第一次以弗所宗教会议。"[①] 会议进行过程中,聂斯托利的主要支持者安条克教会距离以弗所较远,因此当安条克主教率众到来时,势单力孤的聂斯托利"被免职已经有五天时间了",聂斯托利的宗教思想也被斥为异端。

在此期间,皇帝塞奥多西二世的立场值得重点关注。由于在位期间积极扶持基督教的发展,打击异教残余势力,塞奥多西在教会中广受尊敬。为此,埃瓦格里乌斯在记录这位偏爱聂斯托利皇帝的立场时采用了"曲笔"。他十分简略地写道:

> 在最开始塞奥多西二世没有接受罢免聂斯托利的判罚,但是不久在认识到此人的渎神行为之后,他认可了这一决定。[②]

显而易见,这一记载无疑是对塞奥多西神学观点的有意遮掩。众所周知,塞奥多西二世是拜占廷历史上出名的文人皇帝,学识渊博,对神学问题也知之甚多。早在聂斯托利于安条克担任教士期间,他的神学造诣就得到了皇帝的赏识,为此塞奥多西才任命他担任帝国最重要的教职——君士坦丁堡主

---

① Evagrius Scholasticus, *The Ecclesiastical History of Evagrius Scholasticus*, I. 3.
② Ibid., I. 5.

教。由此可见,埃瓦格里乌斯所言,在会议决定做出后,塞奥多西才"认识到此人的渎神行为"显然不是事实的真相。况且,在会议结束后,聂斯托利依然得到了皇帝的优待。埃瓦格里乌斯记载,塞奥多西没有按西里尔等人的要求放逐聂斯托利,而是"批准了聂斯托利在塞奥波里斯(安条克)城外他自己的修道院隐居的要求……聂斯托利在那里待了大约4年时间,并且享受到了所有荣耀和特权"。① 由此可见,直到会议结束聂斯托利被免职时,皇帝依然对其抱持有限度的支持。由此可以推断,塞奥多西先前不了解聂斯托利的宗教思想,并最终自愿支持西里尔的说法值得商榷。以弗所大公会议是塞奥多西二世应聂斯托利的要求召开的,但是得到皇帝支持的后者却最终一败涂地。可以说,在这次会议上,拜占廷皇帝没有能够成功地主导教义发展的走向。

拜占廷皇帝第二次干预教义的行为发生在前文多次提到的卡尔西顿大公会议上。在这次会议中,马西安皇帝在罗马教区和君士坦丁堡教区等基督教会内部多数派的支持下,将基督一性论裁定为异端。从这次会议的结果来看,的确是皇帝成功地引领了教义的走向。但是,马西安的决定在教会内部遭到了激烈的反对。参会的东部教士们被强迫在利奥和狄奥斯库鲁二者中选择其一,许多人出于无奈被迫地附和了前者的观点,正如当时参会的教士尤斯塔西乌(Eustathius of Berytus)所说:"我是在胁迫下违心地签字的!"②在很多东方的教士看来,卡尔西顿会议确定的所谓"正统教义"是皇帝和西部教会强加于他们的"聂斯托利"异端的延续③。这次皇帝参与教义争端的结果虽然以成功告终,但是却在教会内部埋下了后续纷争的伏笔。

为了应对基督一性论冲突,482年拜占廷皇帝不得不在5世纪第三次参与教义争论,即前文提到的泽诺皇帝颁布的《联合诏令》。该诏令是皇帝在君士坦丁堡主教阿卡西乌的建议下颁布的,旨在调节卡尔西顿派与基督一性论派基督徒的冲突。在诏令中,皇帝公开强调基督徒应该避免谈论基督性质这一焦点争论,而只需遵守4世纪得到争论双方一致赞同的《尼西亚信经》和《尼西亚—君士坦丁堡信经》④。泽诺重申了皇帝对教义问题的主导权。他首先指出《联合诏令》是在教会自身无力解决纷争,一部分高级神职人员恳求皇帝予以调解的背景下出台的,它表明只有皇帝才能调解和仲裁教义争

---

① Evagrius Scholasticus, *The Ecclesiastical History of Evagrius Scholasticus*, I.7.
② 转引自 W. H. C. Frend, *The Rise of the Monophysite Movement*, p.143。
③ 参见威·沃尔克:《基督教会史》,第176页。
④ 泽诺在《联合诏令》中强调"朕希望你们能理解这样一个事实,即朕和各地的教会过去、现在和将来都不会持有不同的教义,也不会对信仰有不同的教导和解释,唯一正确的信仰是上文提及的由318名教父提出并由150名教父批准的神圣信经。"Evagrius Scholasticus, *The Ecclesiastical History of Evagrius Scholasticus*, III.14.

端。泽诺还在诏令中多次强调皇帝认可的信仰才是正统信仰,并且警告持不同观点的教士将会受到严厉的惩罚①。《联合诏令》在一定程度上缓解了帝国内部紧张的宗教对立局面。但是,这一诏令在教会内部遭到了很多反对,其中尤以罗马主教菲利克斯最为强烈。他不但拒绝接受和基督一性论联合的神学规范,并且极力反对皇帝干涉教义问题。为此,他宣布将阿卡西乌开除教籍。他公开宣称:

> 君士坦丁堡的阿卡西乌应该受到严厉的惩罚……他欺骗了皇帝……更贪婪的是,他因为迎合皇帝而背弃了信仰。②

这段话表达了菲利克斯认为教义信仰应该独立于皇权控制的主张。此后,在众多教会人士的激烈反对下,《联合诏令》在推行了30余年后,于519年被正式废弃。

不难看出,5世纪拜占廷皇帝试图干预教义问题的三次尝试没有完全取得令其满意的结果。从4世纪中期开始,基督教会中就已经出现了要求神学问题独立的呼声,至5世纪后,随着教会势力的膨胀,基督教会对教义的主导性越来越强,即使是马西安皇帝在卡尔西顿大公会议上取得的成功,也是与教会多数派的支持密不可分的。拜占廷皇帝已经很难像君士坦丁大帝那样,将裁定教义的权力置于股掌之间。当然这种局面在强势的查士丁尼大帝继位后有所改变,为了更好地参与教会的争论,他早在担任皇储期间就认真学习《圣经》,参与基督教教义的学习,并向神学家们请教。同时,他积极参与教会内部的争论,力图平息各个教派之间的教义论争,最终通过强有力的措施主导了第五次基督教大公会议,一定程度上挽回了拜占廷皇帝对基督教教义的主导权。

如果说教会试图争夺教义主导权在4世纪初见端倪,那么争夺教会人事任免权则是拜占廷教俗关系中出现的新矛盾。从5世纪初开始,拜占廷皇帝任免教职人员的权力受到制约,例如阿尔卡迪乌斯皇帝统治时期的君士坦丁堡主教"圣金口"约翰因为经常批评世俗贵族的道德水准,甚至指责皇后的奢侈生活而被皇帝放逐。但是由于他深得民心,支持者拒绝和皇帝委派的继任者进行任何形式的交流。迫于压力,约翰被召回首都,官复原职③。虽然在404年,君士坦丁堡内树立了皇后尤多西亚的银像,约翰再次攻击皇后生活奢侈,导致其第二次被罢免④,但是面对影响力与日俱增的教会,此时的拜

---

① 参见 Evagrius, *The Ecclesiastical History of Evagrius Scholasticus*, III.14。
② Ibid., III.21.
③ A. Cameron, *The Mediterranean Word in Later Antiquity: AD. 395-600*, p.20.
④ Socrates Scholasticus, *The Ecclesiastical History of Socrates Scholasticus*, VI.XVIII.

占廷皇帝处置教会领袖比上个世纪要更为困难。至 5 世纪中期,在亚历山大里亚和耶路撒冷等基督一性论信区甚至先后出现了当地教会罢免和杀死皇帝委派的主教,并自行拥立新主教的行为。457 年马西安皇帝去世后,亚历山大里亚教会趁乱"推举提摩太(Timothy Aelurus)接任了显赫的主教职务。他曾经是一个修道士,随后被任命为亚历山大里亚教会的长老。人们来到了以恺撒而得名的大教堂,任命他为主教"。① 随后他们在提摩太的带领下,残忍地杀死了皇帝委派的主教普罗特里乌斯。

面对这一状况,拜占廷皇帝采用了非常强硬的应对措施,即罢免和流放不服从自己命令的主教,以维系对教会的人事任免权。这也是 4 世纪拜占廷皇帝们曾经的措施。在聂斯托利宗教争端后,皇帝罢免五大教区宗主教的行为变得非常频繁,这从一个侧面可以反映出双方矛盾的激烈程度。为了更直观表现这一情形,笔者通过列表的方式加以说明。

聂斯托利宗教争端后基督教五大教区主教被免职情况统计表②

	428—593/594 年在位主教人数	被皇帝罢免(包括流放)人数	被皇帝罢免(包括流放)主教的百分比
君士坦丁堡	19	6	约 32%
亚历山大里亚	19	4	约 21%
安条克	21	8	约 38%
耶路撒冷	9	1	约 11%
罗马	23	2	约 9%

从该表数据中不难看出,耶路撒冷和罗马教区被皇帝罢免主教的比例明显低于其他三个教区,这是由两大教区的特殊性造成的。耶路撒冷教区直到 451 年卡尔西顿基督教大公会议后方才取得宗主教区地位,并且管辖范围只限于巴勒斯坦,与其他四大教区相比,重要性略逊一筹。耶路撒冷宗主教一般也较少参与教会中的敏感争论,相对来说地位比较稳定。罗马主教则恰恰相反,经常充当反对皇帝决定的急先锋角色。但是在 5 世纪,随着西部帝国的衰微,西部皇帝已经无力控制罗马教会。相反,在多次蛮族入侵之时,罗马主教屡屡挺身而出,通过谈判或交纳贡金的方式化解危局,在意大利等地享有极高的声望。至 476 年西部帝国灭亡后,拜占廷皇帝实际上已经失去了对罗马教会的控制权,罗马主教才得以自由批评皇帝的宗教政策。然而,在 6

---

① Evagrius Scholasticus, *The Ecclesiastical History of Evagrius Scholasticus*, II. 8.
② 表中数据统计于 Evagrius, *The Ecclesiastical History of Evagrius Scholasticus* 相关章节和 W. H. C. Frend, *The Rise of the Monophysite Movement* 正文前拜占廷帝国宗主教年谱表。

世纪中期帝国收复西部领土之后，查士丁尼皇帝加紧了对罗马教会的控制。在其统治时期，两位罗马主教先后被下令罢免。其中希尔维留主教（Siverius）在罗马教区自行组织的选举中战胜了皇后塞奥多拉支持的维吉利乌斯（Vigilius），而被查士丁尼罢黜。查士丁尼指使贝利撒留以"背叛通敌"的罪名将其流放到希腊地区①，并任命维吉利乌斯为新的罗马主教。然而，维吉利乌斯最后也遭到了和希尔维留相同的命运。他在553年第5次基督教大公会议召开前两次拒绝皇帝的召唤，不愿去君士坦丁堡参加会议，而在次年被皇帝流放，最终客死他乡②。

除罗马和耶路撒冷教区外，东地中海世界基督教会三大宗主教区——君士坦丁堡、安条克和亚历山大里亚在该时期有超过三成的主教在任内被皇帝罢免或流放，这在一定程度上体现了皇帝对各大教区人事任免的严格控制。与干涉教义问题相比，尽管也面临一些反抗，但是总体看来皇帝还是将教会高级教职的人事任免权掌握在自己手中。

最后，从5世纪开始，拜占廷皇帝和基督教会还在世俗权力与教会权力地位关系的问题上出现了矛盾。早在4世纪末期，米兰主教安布罗斯等西部神学家已经提出，因为皇帝也是在教会之内，所以无权干涉教会事务的主张。至5世纪初，面对懦弱无能的东部皇帝阿尔卡迪乌斯，一向较为听命的东部教会也表明了政治权力要求，君士坦丁堡主教"圣金口"约翰甚至公开提出教权高于皇权，教会高于世俗政府的理论③。

除理论外，基督教会的领袖们也开始在实践上积极干预世俗事务。从利奥一世开始，拜占廷皇帝在继位大典上增加了由君士坦丁堡宗主教涂油加冕的仪式，并在此之后形成惯例，以体现拜占廷"君权神授"的神圣性。然而，这种仪式也给予了君士坦丁堡宗主教一项政治上的特权。虽然不能以此改变皇位的传承，但是他可以凭借这项权力在某些特殊时刻制约皇帝的登基。例如：

> 在阿纳斯塔修斯继位前，（由于其宗教态度倾向于基督一性论），因此当（泽诺皇帝的遗孀）阿里阿德涅希望阿纳斯塔修斯紫袍加身时，君士坦丁堡主教尤菲米乌斯（Euphemius）表示只有阿纳斯塔修斯通过文件以及发重誓的方式，向他亲笔承诺登上皇位后会保持正统信仰不被歪曲，并且不给上帝的神圣教会带来任何教义的变革，那么他才会同意阿纳斯塔修斯继位。尤菲米乌斯在离任后，又将这个文件传给了（下一任君士坦丁堡主教）马其顿尼，后者成了这份珍贵文件的守护人……当马

---

① Evagrius Scholasticus, *The Ecclesiastical History of Evagrius Scholasticus*, IV.19.
② J. B. Bury, *History of the Later Roman Empire*, Vol. 2, p. 390.
③ 转引自陈志强：《拜占廷学研究》，第201页。

其顿尼登上主教的位置后,阿纳斯塔修斯希望要回自己亲笔书写的文件,说这是对皇帝统治的侮辱。马其顿尼坚决反对并且宣称不会背叛信仰,皇帝就竭尽所能策划阴谋来对付马其顿尼并且希望将他赶下主教的位置。①

皇帝和主教之间由此爆发了激烈的冲突。按照埃瓦格里乌斯所言,皇帝甚至"竭尽所能地策划阴谋来对付他(马其顿尼)……例如,连男童也被用来指控马其顿尼犯有下流的罪行……"②最终,皇帝成为这场角逐的胜利者,这场冲突以马其顿尼被迫离职而告终。

在地方上,随着城市议会的衰落,各教区主教也逐渐开始干预辖区内的世俗事务。在城市中,主教往往成为比行政官员更为重要的人物。例如在526年安条克城发生的大地震中,安条克主教遇难。在震后,"安条克的民众选举东方政区长官埃弗兰(Epherem)为教士。随后他就成为了安条克的主教,这是他杰出工作的回报"。③ 由此可见,在当时的帝国中,宗主教的地位比作为封疆大吏的东方政区长官更为尊贵。

主教们在处理世俗事务时扮演了越来越重要的角色,甚至在某些时刻,拜占廷皇帝也不得不恳请他们的帮助。埃瓦格里乌斯在作品中记载了一段安条克主教格里高利的事迹。在莫里斯皇帝统治时期,东方战区的军队发生了兵变,莫里斯皇帝多次派出特使与其谈判,但是未能成功。最终,皇帝只得请求格里高利主教去应付危局。在格里高利对叛军发表了劝降演说后:

> 他马上改变了所有人的想法……叛军回答说整个军队都发誓听从他。④

埃瓦格里乌斯把格里高利的成功归结于神的帮助,然而,他不经意的一段记载可能更能反映事实的真相。他写道:

> 军队都尊敬格里高利主教。因为主教在军队被征召入伍并路过教区时用金钱、衣物和其他东西犒劳他们。⑤

再联系到埃氏曾经在作品中提到许多人指责格里高利主教滥用教会财产的指控,我们不难看出,大教区的主教拥有可支配的巨额财富,他们借此能够在世俗事务中发挥较大的影响力。然而,这种影响力是有限度的,教会的

---

① Evagrius Scholasticus, *The Ecclesiastical History of Evagrius Scholasticus*, III. 32.
② Ibid.
③ Ibid., IV. 6.
④ Ibid., VI. 12-13.
⑤ Ibid., VI. 11.

领袖们没有去寻求取代世俗统治者,同时,凭借着强有力的教会人事控制权,拜占廷的世俗统治者们能够最大限度地保有主宰世俗事务的权力。

综上所述,在5—6世纪,拜占廷皇帝和基督教会在争夺教义主导权、争夺教会人事任免权和争夺世俗事务领导权三个方面产生了矛盾,并引发了激烈的争斗,君士坦丁时代的"至尊权"模式被一再挑战,皇帝与基督教会之间逐渐形成了既相互需要,又相互斗争的局面。一方面,皇帝要利用基督教作为精神统治工具,教会也需要得到国家的保护。另一方面,势力日益壮大的基督教会也向皇帝提出了更多的权力要求,双方之间势必要进行一次新的权力再分配。这一任务在该时期并未完成,最终在8—9世纪引发了一场轰轰烈烈的毁坏圣像运动,拜占廷皇权与教会的冲突在此运动中达到顶峰,并在该运动结束后实现了新的平衡。从总体来看,在4—6世纪,拜占廷的基督教会基本处于皇权的控制之下,神职人员难以充分干涉皇帝对世俗事务的领导权,同时在教会人事组织等方面需要服从君主的意志,基本上充当着皇权在精神领域的统治工具。

第三节 拜占廷官僚体系的完善

拜占廷帝国拥有一个复杂、庞大而又完备的官僚体系。国外学者很早以前就对拜占廷帝国的官职展开了研究。英国学者布瑞的《9世纪帝国的政府制度》一书为该领域的代表成果。此外,如伊格诺米基斯、施泰因和博克等人也分别就此问题进行了专门的研究。但从目前来看,对早期拜占廷帝国官僚体系问题的整体研究与其他时期相比略显薄弱。为此,我国学者陈志强教授曾经专门就普罗柯比《秘史》中查士丁尼统治时期的拜占廷官职进行了详细的考辨,是为上述研究成果的有力补充。笔者希望以史料为基础,就这一问题进行一些粗浅的分析,以对4—6世纪拜占廷帝国官僚体系的研究做出微薄贡献。

一 元老与执政官

"元老"与"执政官"是罗马时代重要的官职与头衔。在罗马共和国时期,他们在罗马政治体制与统治系统中居于举足轻重的地位,享有极高的荣耀。例如元老曾被誉为"人类中最优秀的部分"和"世界之花"[1]。随着历史

---

[1] A. H. M. Jones. *The Later Roman Empire 284—602*, p.523.

的发展,元老和执政官的地位也在不断发生着变化。进入拜占廷时代后,尤其是5—6世纪时,他们的政治地位和职能已经与罗马共和国时代大相径庭。然而,元老与执政官的名称却一成不变地保留下来,并在汗牛充栋的拜占廷史料中时时可见,这很容易给非拜占廷史的历史研究者和学生造成一定的困惑。因此,笔者拟从当时拜占廷原始资料的记载出发,对这两个名称的职能与地位的变化做一简要的分析。

首先我们来看一下元老职能的变化。众所周知,在罗马共和国时期,元老院是罗马国家的主要权力机构,至帝国时期,它也依然在国家重大事务的决策中发挥着重要的作用。随着君主专制的加强,元老院在帝国中的政治功能逐渐削弱。戴克里先就曾经为了加强皇权而剥夺了元老院大部分的行政职能。至君士坦丁大帝继位后,他虽然延续了戴克里先政策的实质精神,但是依然将元老院作为帝国的一个重要政治机构保留下来,并维持了它荣耀的地位。在迁都君士坦丁堡后,君士坦丁在罗马元老院之外,另设立了君士坦丁堡元老院,并给予其和罗马元老院同等的法律地位①。

君士坦丁堡的元老院在早期拜占廷帝国的政治生活中依然发挥了一定的作用,主要表现在以下几个方面。首先,在皇位出现空缺时,元老院能够参与讨论皇位继承问题。在4世纪,卓维安和瓦伦斯等皇帝都是由军队和元老院所拥立的。从埃瓦格里乌斯的《教会史》来看,至5世纪后,元老院对皇位继承问题的干涉能力逐渐减弱,更多只是起到形式上的作用而已。他提到,皇帝塞奥多西二世去世后:

> 在(塞奥多西的姐姐)普尔西利亚的建议下,元老院和各级官员一致同意把皇位给予马西安……②

再如皇帝泽诺的遗孀阿里阿德涅为前者选择继承人时:

> 尽管(阿利雅德尼新选择的丈夫)阿纳斯塔修斯当时还不是元老,但是阿里阿德涅将他扶上了皇位……③

此外,从史料来看,元老院此时依然具有部分咨政功能。首先,元老可以作为皇帝的代表,出席重要会议。在很多宗教会议上,皇帝一般都会派出元老参与乃至代替君主主持会议。埃瓦格里乌斯就曾经写道,在公元451年召开的卡尔西顿第四次基督教大公会议上:

---

① 陈志强:《拜占廷帝国史》,第96页。
② Evagrius Scholasticus, *The Ecclesiastical History of Evagrius Scholasticus*, II. 1.
③ Ibid., III. 29.

主教们各自的随从教士和尊贵元老院中的显赫之人都出席了会议……在询问他们(反对亚历山大里亚主教狄奥斯库鲁和基督一性论教义的主教们)究竟以什么罪名指控狄奥斯库鲁后,元老们推举狄奥斯库鲁坐在了中央的位置。①

但是需要特别指明的是,元老在这些会议中更多起到礼仪上的职能,他们必须遵照皇帝的意志行事,并不具备自由裁定权。在卡尔西顿会议中,起初参会的元老比较倾向亚历山大里亚主教狄奥斯库鲁,以至于让他,而非首都君士坦丁堡的大教长或在教会系统中居于首位的罗马主教的特使坐在中央的位置。因为皇帝马西安强烈反对亚历山大里亚教会和基督一性论的观点,在会议的最后裁定中,元老们还是按照皇帝的意志宣布严惩狄奥斯库鲁,将其免职后流放。

同时,在涉及批准立法、税收等国家重大政策的问题上,元老院也能够一定程度地参政议政。不过从史料中来看,元老院的职能大多只限于提出建议,在与皇帝意见发生抵触的时候,很难改变皇帝的决定。例如,在阿纳斯塔修斯一世进行财政改革时,他打算废除洁净税(又称金银税 Chrysargyron/collation lustralis),对于元老们来说"这项行动使他们痛心疾首,他们这样做是发自肺腑而非伪装的,因为这让他们损失了大笔非法收入。"但是阿纳斯塔修斯依然坚决地"将决定提交到元老院,宣布这是一个可耻的税收,并且命令他们立即和永远加以废除,之后将这项税收的记录文件投入火中焚毁"。②许多元老并不同意皇帝的意见,但是没有人敢公开表示反对,洁净税从此正式退出了拜占廷的历史舞台。

君士坦丁堡元老在5—6世纪还经常参与帝国的司法活动。在审理一些重大案件的时候,元老们多会起到协助的作用。埃瓦格里乌斯就根据自己的亲身经历,记载了他陪同受到参与异教活动和通奸罪指控的安条克主教格里高利赴君士坦丁堡受审的经历。在案件审理过程中:

各地的大主教都参加了调查,有些是亲自前来,有些是派了代表,同时神圣的元老院和其他大城市的上层人物也都参与其中。经过调查和争辩之后,格里高利取得了胜利。结果那些指控者都被判处鞭刑并游街示众……③

最后,某些元老在特定的情况下担负了外交方面的职责。例如查士丁二

---

① Evagrius Scholasticus, *The Ecclesiastical History of Evagrius Scholasticus*, II. 4.
② Ibid., III. 39.
③ Ibid., VI. 7.

世在与波斯的战争失利后：

> 派遣了一个叫图拉真的人来到波斯国王科斯洛埃斯那里。他是一个雄辩的人，还是元老院的成员。他不是代表皇帝，也不是代表国家，而是代表索菲亚皇后的利益去谈判的……①

但这是埃氏《教会史》中唯一一例元老参与外交事务的记载，其他史料也没有表明外交是当时元老院的主要职能。

总之，从这些史料的记载中不难看出，尽管元老院这一机构的名称依然存在，但它已经远不是罗马共和国时代国家首屈一指的权力机构，而逐渐向咨政机构转化。同时，元老们虽然依然在这一时期的拜占廷政治生活中扮演着比较重要的角色，但是职能逐渐趋于形式化。5—6 世纪的拜占廷元老们，更多的是以个体形象参与政治生活，元老阶层作为一个整体，在拜占廷政治体系中，已经不再具有几个世纪之前那种举足轻重的地位。

除了职能上的变化，5—6 世纪拜占廷元老的社会地位也发生了一定的变化。他们由国家的权力的共有者开始向皇帝的臣仆转化。首先需要说明的是，尽管拜占廷的元老们已经不再具有罗马时代的权力，但是元老阶层在拜占廷社会中还是具有很高的地位。这种社会地位反映在各个方面，元老们拥有随时进宫觐见皇帝、财产不受侵犯等诸多政治和经济特权②。此外，在婚姻生活中，这种特殊地位也有所体现。元老贵族不能随便与贫贱之人通婚。普罗柯比曾经在《秘史》中写到，尽管作为皇储的查士丁尼深爱塞奥多拉，但是"（按法律）作为一名元老，他是不可能娶一位妓女为妻的……"③。元老们的配偶通常是帝国达官显贵之女，甚至还有资格和皇室公主联姻。在马西安皇帝统治时期，罗马城被汪达尔人攻陷，西罗马帝国皇帝瓦伦提年三世的皇后尤多西亚和两个女儿被掠至北非。其后，汪达尔人"为安抚马西安皇帝，尤多西亚和她的幼女帕拉西迪亚一起被送往拜占廷……然后，马西安命令帕拉西迪亚和一位叫作奥利布里乌斯的人结婚，他是元老院中显赫的一员"。④

为了扩大君主专制的阶级基础，拜占廷皇帝也有意识地增加元老人数，鼓励东部的名门望族和高级官吏进入元老阶层。皇亲国戚、大区长官、执政官、首都市长、执事长官等帝国显贵和高官都相继进入元老院。4 世纪时，元老头衔被划分为"辉煌者"（Illustris）、"杰出者"（Spectabiles）和"高贵者"

---

① Evagrius Scholasticus, *The Ecclesiastical History of Evagrius Scholasticus*, V.12.
② 陈志强：《六世纪拜占庭官职考辩》，第 29 页。
③ Procopius of Caesarea, *The Secret History*, X.3.
④ Evagrius Scholasticus, *The Ecclesiastical History of Evagrius Scholasticus*, II.7.

(Clarissimi)三个等级,总人数已经达到 2000 人①。然而,元老阶层扩大带来的一个副作用是元老头衔的贬值,许多本来出身低微的人只要得到皇帝垂青便可轻易跻身元老阶层。埃瓦格里乌斯曾经提到:

> 在泽诺皇帝统治时期,有一个叫作马米阿努斯的人由一个手艺匠变成了声名显赫的人并且进入了元老院……(为此)他在安条克城修建了两个柱廊……②

元老头衔的贬值迫使拜占廷皇帝只能不断为元老设置新的荣誉称号。6世纪中期后,新头衔"荣耀者"(Gloriosi)成了最高头衔。当"高贵者"日益增加使该阶层极大地膨胀时,原先的"高贵者"就被晋升为"杰出者",而原先的杰出者也相应地晋升为"辉煌者",由此也就需要产生一个比"辉煌者"更高的"荣耀者"头衔③。这种变化本身并无太多实际意义,恰恰表明该时期的元老院已经完全沦为了拜占廷皇帝专制统治的工具和皇帝个人意志操控的玩物。

如笔者所言,此时的拜占廷元老院只是拜占廷专制君主控制下的庞大国家机器中的一个组成部分,元老们拥有的特权也只是针对平民百姓而言。对于皇帝来说,他们和其他人一样也是帝国的臣仆,并没有任何本质性的区别。在 4 世纪时,元老觐见皇帝时只需用手捂住右胸向皇帝致敬,同时皇帝要亲吻元老的头顶。但是,到 6 世纪查士丁尼统治时期,他要求所有元老在觐见皇帝和皇后时必须行五体投地,并且亲吻皇帝和皇后双脚的"吻靴礼"④。

元老们地位的下降并不仅仅体现在宫廷礼仪上,在实际的政治生活中,他们也必须谨遵皇命,唯其是从,稍有不慎即会给自己带来灭顶之灾。在皇帝的处罚面前,元老的头衔和所谓的特权并不能使他们幸免于难,尤其是到 6 世纪查士丁尼王朝之时更是如此。埃瓦格里乌斯曾经生动地记录了 6 世纪中后期查士丁二世继位后的一次重大案件。埃斯里乌斯和阿代乌斯是查士丁尼时期帝国的重臣,却受到当时担任宫廷侍卫长官的查士丁的嫉恨。在查士丁继位之后,他立即"以叛国罪的罪名展开了对埃斯里乌斯和阿代乌斯的审判,尽管他们都是元老院成员……并且发下重誓说自己决不知情,但是最后他们都被砍了头。阿代乌斯临死前说,在这件事情上他是被冤枉

---

① G. Ostrogorsky, *History of the Byzantine State*, p.39.
② Evagrius Scholasticus, *The Ecclesiastical History of Evagrius Scholasticus*, III.28.
③ G. Ostrogorsky, *History of the Byzantine State*, p.39.
④ 陈志强:《六世纪拜占庭官职考辨》,第 29 页。

的……"①

类似的故事在普罗柯比的《秘史》中更是比比皆是。他记载道,因为得罪了皇后塞奥多拉:

> 一名叫塞奥多西的元老,不仅被剥夺了财产,而且被投进了地牢,他的颈部被绳子绑在槽头上,绳子很短,他不得不把鼻子贴在马槽上而动弹不得。这个可怜的人无论吃饭睡觉还是活动一下身体,都不得不一直站在槽头旁,除了不会像驴子那样叫之外,他和驴子过着同样的生活。过了四个月,这个人精神失常了。最后他才被释放,随后就死掉了。②

查士丁尼在皇储时期,要打破禁忌,公然迎娶艺妓塞奥多拉为妻时,元老们的表现更是让贵族出身普罗柯比心痛不已。他描绘道:

> 元老院没有任何一个成员在目睹帝国遭受的这一奇耻大辱时,胆敢提出异议或出面阻止这件事,相反,他们全都在她(塞奥多拉)面前卑躬屈膝,仿佛她是位女神。③

由此可见,在拜占廷的专制皇权面前,元老们所谓高贵的地位是多么不堪一击。

如果说在5—6世纪,元老这一罗马时代的重要头衔不仅仅只是荣誉称号,还保留着如司法等部分行政职能的话,那么罗马时期的另一个重要官职执政官则完全沦为了拜占廷帝国的荣誉头衔,几乎不再具有任何行政职能。按照普罗柯比在《秘史》中的描述:

> 帝国每年都要任命两个执政官:一个驻在罗马,另一个驻在君士坦丁堡。不论是谁受到此种殊荣都要为公众花费2000磅黄金,其中一部分来自执政官自己的积蓄,其余则是由皇帝提供。这笔钱用来给予那些我曾提及的人,大部分是给予那些穷苦人和被戏院雇佣的人,而所有这一切都对城市有益。自从查士丁尼继位以后,便不再有这些善举,有时一个执政官要年复一年担任这个职位,直到最后,人们对盼望一位新执政官的愿望感到厌烦,甚至在梦中也不想有这个念头。④

从这段描述中我们不难看出,尽管执政官衔具有一定的荣誉价值,但是因为没有实际权力,同时需要耗费大量资财,到查士丁尼统治时期已经很难

---

① Evagrius Scholasticus, *The Ecclesiastical History of Evagrius Scholasticus*, V.3.
② Procopius of Caesarea, *The Secret History*, III.9-11.
③ Ibid., X.6.
④ Ibid., XXVI.13.

做到每年更换新的执政官,甚至出现了帝国显贵"对这个徒有虚名而必使倾家荡产的光荣头衔拒不接受,执政官名表的最后一段时间常有缺漏"①的现象出现。

也许正是因为执政官在帝国政治生活中的实际地位已然无足轻重,当时的很多拜占廷史料,尽管多次出现了如塞奥多里克、查士丁等众多担任过执政官的拜占廷政要的名字,却没有明确提及他们担任执政官的经历。如埃瓦格里乌斯在他的《教会史》中只详细记录了一次拜占廷皇帝任命执政官的事迹。在查士丁一世统治时期,为了安抚一位叛军领袖维塔里安,查士丁"任命维塔里安为一支中央野战军的司令。并且为了进一步的欺骗活动,查士丁还给予他执政官的地位。当他得到这个职位后去皇宫参拜皇帝的时候,他在宫里的一扇门内被刺杀了。他为无耻地对抗罗马王国的行为付出了代价"。② 从中我们不难看出,执政官头衔只是一个荣誉称号,可以由皇帝任意封赠,曾经在罗马时代权势极大的执政官此时已经完全沦为拜占廷皇帝操控的政治工具。

同元老一样,执政官虽然拥有荣耀的社会地位,但是保有这种地位的条件是必须完全服从于拜占廷的专制皇权,任何对皇帝及其家庭的冒犯都会让其迅速失去原有的地位,甚至遭受灭顶之灾。普罗柯比在充当贝利撒留将军秘书的时候曾经记载过,因为怀疑贝利撒留意图谋反,塞奥多拉皇后下令将其部将布基斯投进密牢。

> 尽管他有执政官的头衔,但没有人知道他的命运。他坐在黑暗中,既不知白天黑夜也无法与他人联系……不久,人人都认为他死了,再没人敢提起他。可是两年零四个月以后,塞奥多拉释放了他。以后他一直处于半失明的状态,疾病缠身。③

除执政官官职之外,6 世纪后,尤其是从查士丁尼统治时期开始,拜占廷皇帝还经常将"前任执政官"作为一个荣誉头衔派发给下属臣民。一些现代学者认为,这是拜占廷荣誉头衔贬值的体现④。维塔里安就在得到执政官头衔前获得过前任执政官的称号。本书中多次提及的历史学家埃瓦格里乌斯也曾被莫里斯皇帝授予过这一头衔。

由于执政官在帝国政治生活中已经失去了实际作用,拜占廷文献中有关执政官的记载到 7 世纪上半期即消失了,执政官职位就此退出了拜占廷帝国

---

① 爱德华·吉本:《罗马帝国衰亡史》下册,第 213 页。
② Evagrius Scholasticus, *The Ecclesiastical History of Evagrius Scholasticus*, IV. 3.
③ Procopius of Caesarea, *The Secret History*, IV. 8-12.
④ P. Allen, *Evagrius Scholasticus the Church Historian*, p. 3.

的历史舞台①。

元老和执政官这些罗马时代重要的官职在进入拜占廷时代,尤其是6世纪后部分或全部丧失了原有职能,开始向荣誉头衔转化。这是由罗马向拜占廷帝国转型过程中政治制度的重要变化之一。与此同时,罗马共和时代政治上重要的遗存——元老和执政官地位的衰落还可以表明,拜占廷皇权专制逐渐加强。

二 中央与地方行政官员

除了元老和执政官等荣誉头衔,拜占廷官僚系统另一个重要的组成部分是中央与地方的各级行政官员。由于拜占廷各级职官众多,难以一一尽数,笔者只就埃瓦格里乌斯、普罗柯比和吕底亚人约翰等重要史家作品中的官职做简要的分析。

首先需要提及的官员是大区长官(或译为大政区总督,Praefectus praetorio),这一官名最早起源于军职。《罗马民法大全》中明确写道:

> 根据某些文献的记载,在古时,设立大区长官是为了代替骑兵队队长……与骑兵队长相似,大区长官也由皇帝任命,并且皇帝赋予其在修改公共规章方面更广泛的权力。②

大区长官在君士坦丁大帝实行行政改革之后,职责与先前相比有了明显的变化。按照君士坦丁的意愿,帝国被划分为四个大区(Prefecture)和两个直辖市,其中每个大区下辖若干政区(Diocese),每政区下又包含许多省(Province)。各大区设大区长官一名,首都君士坦丁堡和旧都罗马为直辖市,行政长官为市长。四个大区分别为东方大区(下辖埃及、东方、本都、亚细亚和色雷斯五政区)、伊利里亚大区(下辖达吉亚和马其顿两政区)、意大利大区(下辖意大利、阿非利加、达尔马提亚、潘诺尼亚、诺里库姆和利底亚六政区)以及高卢大区(下辖不列颠、高卢、伊比利亚和毛里塔尼亚四政区)。东方大区长官(驻君士坦丁堡)和意大利大区长官是帝国最高阶的官员,高卢大区长官和伊利里亚大区长官(驻塞萨洛尼基)次之③。大区长官在4世纪时职能甚广,享有民政、司法和财政税收等多方面权力。

从官职名称看来,大区长官似乎应为帝国的封疆大吏。然而,随着4世纪末和5世纪初帝国东部和西部发生分裂,东方大区在帝国中的地位显著上

---

① 陈志强:《六世纪拜占庭职官考辩》,第33页。
② 斯奇巴尼选编:《民法大全选译·公法》,张洪礼译,北京:中国政法大学出版社,1999年,第97页。
③ G. Ostrogorsky, *History of the Byzantine State*, p.35.

升。同时,东方大区长官由于驻节于君士坦丁堡,加之拥有广泛的政治权力,实际上成了当时帝国内最为重要的中央官员。塞奥多西一世去世时,任命东方大区长官鲁菲努斯为其子东部皇帝阿尔卡迪乌斯的辅政大臣①。鲁菲努斯在一段时期内甚至成了帝国的实际统治者,权倾朝野。

埃瓦格里乌斯的《教会史》中多次出现了大区长官这一官名。前文提到的向塞奥多西二世提议,归还犹太教徒教产的东方大区长官即是塞奥多西皇后尤多西亚的叔叔。除此之外,埃瓦格里乌斯还提及了阿纳斯塔修斯一世进行税收改革的时候设置了一项黄金税(Chrysoteleia)。

> 有人说这项税收是当时帝国的最高官员叙利亚人马里努斯(Marinus)建议实行的。②

这里需要说明的是,埃瓦格里乌斯在此处用"最高官员"一词代替了大区长官这一称谓,这是一个很正常的表述,前文提到,东方大区长官就是帝国的最高阶官员。6世纪研究拜占廷官职的另一部重要史料,吕底亚人约翰的《职官录》也多次明确指出马里努斯是阿纳斯塔修斯信任的重臣,在阿纳斯塔修斯在位期间担任东方大区长官的职位,评价其是一位十分不受欢迎的官员③。现代学者阿伦也在其著作中说明,埃瓦格里乌斯此处所说的"最高官员"即是大区长官马里努斯④。埃瓦格里乌斯的这段记录从侧面印证了现代学者的研究成果,拜占廷早期,大区长官对帝国的财经决策有重大影响⑤。

在记录6世纪查士丁尼统治的历史时,埃瓦格里乌斯又一次提及了大区长官的名字。他写道:

> 他(查士丁尼)经常彻底地偏袒某一党派,即蓝党。他们甚至敢在光天化日之下在市中心杀人而不用担心受到惩罚……如果哪个官员胆敢阻拦他们的话,他就会发现自己的安全要难以保证了⑥。因为用鞭子惩罚了一些骚乱者,东部大区的大区长官就被用鞭子狠狠抽打,并被拖到市中心示众。⑦

---

① J. B. Bury, *History of the Later Roman Empire*, Vol.1, p.108.
② Evagrius Scholasticus, *The Ecclesiastical History of Evagrius Scholasticus*, III.42.
③ John Lydian, *On the Magistracies of the Roman Constitution*, III.36, 46, 49-51.
④ P. Allen, *Evagrius Scholasticus the Church Historian*, p.162.
⑤ 对这一问题,西方学界较为权威的研究成果可参见 A. H. M. Jones, *The Later Roman Empire 284-602*, pp.449-462. 我国学者研究成果可见徐家玲:《早期拜占庭和查士丁尼时代研究》,第69—70页。
⑥ 普罗柯比在《秘史》中用了一整卷的篇幅来记录查士丁尼对蓝党的偏袒和蓝党群众的暴行。参见 Procopius of Caesarea, *The Secret History*, VII.
⑦ Evagrius Scholasticus, *The Ecclesiastical History of Evagrius Scholasticus*, IV.32.

这段记录可以说明两个问题。首先,在 6 世纪中期,大区长官拥有司法方面的职责。然而,在日益增长的专制皇权面前,大区长官和其他帝国重要官员一样,不得不服从于皇帝的意志,否则就会遭到严厉的惩罚。

大区长官拥有的权力过多,对皇权构成了一定的威胁,因此拜占廷皇帝一直在想方设法削弱其权力,并且尽量任用亲信或亲族担任这一职务。同时,职权范围过广也不利于大区长官行使管理职能,因此这一官职在查士丁尼时代后地位逐渐下降,最终在 7 世纪上半期正式被皇帝取消①。在采用多种手段限制大区长官权力的过程中,拜占廷皇帝创立了一个新的官职——执事长官(或翻译为首相和总理大臣,Magister Officiorum)。这一官职设立于君士坦丁大帝时代,现代学者一般认为它最初带有军事性质②。

这一论断可以在埃瓦格里乌斯的《教会史》中找到依据,他在记载阿纳斯塔修斯统治时期的历史时曾经提到:

> 他(阿纳斯塔修斯)解除泽诺的兄弟朗格尼乌斯(Lognius)的职务并将他遣送回乡,这个人当时是帝国的执事长官,人们最早称呼这个职务为禁卫军指挥官。③

可见,该官职最初的职能是保护皇帝安全,属于皇帝的侧近之臣,并很可能因此得到了皇帝的充分信任。随后,执事长官陆续获得了安排所有宫廷仪式、接待外国使节、参与审理重大案件等权力,并在 4 世纪末开始从大区长官那里接管了帝国的邮驿系统④。

但是,执事长官最为独特的一个功能是侦缉与监视帝国其他官员的所作所为。正因为此,徐家玲教授曾经形象地将执事长官比作我国古代的御史⑤。执事长官之下管辖有众多的稽查密使(Agentes in Rebus),他们既可充当皇帝的信使,又肩负着随时向皇帝报告官员行踪和忠诚的任务,甚至大区长官也在监视范围之内。据现代学者估计,至 5 世纪中期,仅帝国东部执事长官下属的稽查密使就有 1200 人以上⑥。执事长官的这一职能对于加强中央集权和皇帝专制具有重要的作用,它的设立也体现了拜占廷帝国早期官僚系统日趋复杂和严密的特征。

---

① 陈志强:《六世纪拜占庭职官考辩》,第 34 页。
② A. E. R. Boak, *The Master of the Offices*, New York 1924, p. 23. 我国学者代表性的研究见徐家玲:《早期拜占庭和查士丁尼时代研究》,第 62—63 页。
③ Evagrius Scholasticus, *The Ecclesiastical History of Evagrius Scholasticus*, III. 29.
④ G. Ostrogorsky, *History of the Byzantine State*, p. 37.
⑤ 徐家玲:《早期拜占庭和查士丁尼时代研究》,第 64 页。
⑥ G. Ostrogorsky, *History of the Byzantine State*, p. 37.

正是因为肩负的职责极为关键，皇帝在选择执事长官的问题上也不得不十分慎重。关于执事长官选拔问题，现代学者认为他们大多来自于能力超群且忠于皇帝的帝国中下层寒门人士①。陈志强教授则通过对《秘史》的考证，认为在《秘史》中提到的担任执事长官的人名均非贵族出身②。

拜占廷皇帝设立执事长官这一职位本意在于监察百官，尤其是限制大区长官的权力。但是，在实际发展过程中，执事长官凭借其掌握的政治特权，自身权力也日益膨胀。加之在6世纪中期以后，大区长官的权力逐渐丧失，因此拜占廷皇帝转而开始对执事长官进行控制。现代学者一般认为，7世纪后，执事长官的权力被逐步剥夺，最终仅保留了官名，参加宫廷仪式而已③。

除了大区长官和执事长官，早期拜占廷帝国另一位重要的中央官员是司法大臣（Quaestor Sacri Palatii）。按照吕底亚人约翰的叙述，这一官职起源久远。司法官（Quaestor）诞生于罗马王政时代第三王图鲁斯（Tullus）统治时期，通过人民选举产生。他进一步考证认为，司法官这个名词的意思就是"进行调查的人"④。约翰的这种说法可能是参考了很多罗马时代古籍的结果，但目前只能为一家之言。作为拜占廷帝国的官职，现代学者普遍认为司法大臣由君士坦丁大帝设立，主要职能为主管司法事务、协助皇帝制定法律和在皇帝名下联署帝国法令⑤。

由这些职能可见，司法大臣最初类似于皇帝个人的法律顾问。随着拜占廷皇权的加强，司法大臣的地位也与日俱增，在具体职能上也超越了司法事务范畴。例如查士丁尼统治时期的司法大臣特里波尼安便权倾朝野，以至于在尼卡起义中成为了起义民众的主要针对对象。埃瓦格里乌斯在作品中也提到了一位司法大臣的名字，即查士丁尼时期的重臣普罗科洛（Proclus）。他写道：

> 波斯王卡瓦德（Cabades）希望能让他的小儿子科斯洛埃斯接替王位……他计划让小儿子成为罗马人皇帝的养子，这样他的王国就会是最安全的了。由于查士丁尼皇帝的司法大臣普罗科洛的建议，他们没能如愿以偿，这就更加深了他们对罗马人的仇恨。⑥

普罗柯比在他的《战史》中更为详细地记载了这件事情的始末，可为埃

---

① A. E. R. Boak, *The Master of the Offices*, p. 107.
② 陈志强：《六世纪拜占庭职官考辩》，第39页。
③ 同上。
④ John Lydian, *On the Magistracies of the Roman Constitution*, I. 24. 3; I. 25. 2
⑤ G. Ostrogorsky, *History of the Byzantine State*, p. 37.
⑥ Evagrius Scholasticus, *The Ecclesiastical History of Evagrius Scholasticus*, IV. 12.

瓦格里乌斯佐证①。由这段记录我们可以看出，在6世纪中期，某些深得皇帝信任的司法大臣除了法律职权之外，还能够参与如外交等非其本职工作的国家政务。

此外，该时期的历史作品还提到了拜占廷中央政府中的一些财政官员。早期拜占廷国家的财政事务由大区长官、圣库伯爵（Comes Sacrarum Lagitionum）和皇室私产长官（Comes Rerum Privatarum）共同负责。令人遗憾的是，古代历史学家的史料中普遍较少涉及经济问题，普罗柯比在《秘史》中出现了很多次上述官职的名称，但是并不能使人清楚了解拜占廷帝国的财政管理体系②。埃瓦格里乌斯的作品也存在相同的问题，类似"玛格努斯（Magnus）从前是首都一座钱庄的主人，后来被查士丁信任，从而成了皇产管理者"③这样的记载对研究拜占廷财政官员的职能帮助不大。因此关于这些官职作用的分析多是现代学者根据零散的史料进行的推断研究④。目前来看，学界较为一致的意见是大区长官负责支配地方税收，支付地方官员和军队的薪俸给养等事务，圣库伯爵主要负责国家矿藏和货币铸造、发行与回收等事务，皇室私产长官则负责国有土地的管理⑤。笔者不打算对此做更多赘述。不过从埃瓦格里乌斯的一处记载中，我们能够看到一项与上述职能划分略有不同的特例。他在谈论被阿纳斯塔修斯废除的洁净税时曾经写道：

> 每隔四年，那些负责在各地征收这项税款的人将这一邪恶可憎的收入交送给帝国的那位高级官员，并且有专门的圣库来保存这项收入。⑥

由此可见，洁净税虽然属于从地方征收的税收，但管理权是在圣库伯爵而非大区长官，这也从侧面印证了英国学者琼斯的判断⑦。

除了这些高级财政官员外，埃瓦格里乌斯作品中提到的一个基层财政官职名称也很有价值。他记载阿纳斯塔修斯在征税方式上进行了重大改革。

> 他将征税的职责从地方市政议员那里转交到了所谓的官派税吏（vindices）手中。⑧

---

① Procopius of Caesarea, *History of the Wars*, 1. XI. 1-30.
② 参见陈志强：《六世纪拜占庭职官考辩》，第42页。
③ Evagrius Scholasticus, *The Ecclesiastical History of Evagrius Scholasticus*, V. 10.
④ 最为代表性的研究成果参见 A. H. M. Jones, *The Later Roman Empire 284-602*, pp. 411-469。
⑤ 参见徐家玲：《早期拜占庭和查士丁尼时代研究》，第70页。陈志强：《六世纪拜占庭官职考辩》，第42—43页。
⑥ Evagrius Scholasticus, *The Ecclesiastical History of Evagrius Scholasticus*, III. 39.
⑦ A. H. M. Jones, *The Later Roman Empire 284-602*, p. 433.
⑧ Evagrius Scholasticus, *The Ecclesiastical History of Evagrius Scholasticus*, III. 42.

这项改革部分是因为在早期拜占廷时代,许多城市上层人士的破产,罗马时代在城市实行的市政议会(城市库里亚)成员包税制度难以为继,同时也是拜占廷皇帝加强中央集权的手段,以此加强对地方税收的控制。从此以后,市政议会征税的权力基本被转移到了中央政府。

最后,埃瓦格里乌斯的《教会史》中还提到了许多地方官职,这与很多以君士坦丁堡为中心的史料作品相比是一个特色,比较重要的一个地方官员是政区长官。如前文所述,政区在4世纪帝国建立时是大区下属的地方行政单位。其后,因为大区长官职能过多,不利于地方上的政务管理,政区长官在地方事务中的权力逐渐增强,成了帝国最为重要的一级地方官员。埃瓦格里乌斯在作品中多次提到了不同政区长官的名字,如:

> "被任命为埃及政区长官的帕加米乌斯(Pergamius)传达了首都的主教阿卡西乌建议出台的这份诏令"①;"在查士丁统治的第一年,塞维鲁就被逮捕了……当时管理东方政区并且驻节在安条克的长官爱任纽(Irenaeus)负责了这项任务"②;"但是上帝会拯救人类。他在灾祸之前就会计划好救难的方法,他用仁慈打造怒火之剑并且在人绝望的时刻展示他的同情心。埃弗兰(Ephrem)当时是东部政区的长官,他想尽一切办法(在地震后)保障城市的必需供给"③;"他(阿纳托里乌斯)被发现是一个可憎的人,是一个男巫,还是一个卷入无数野蛮行为的人,但是他贿赂了东方政区的长官,因此他自己和一起被捕的朋友获得了自由"④;"当阿斯特里乌斯担任东方政区长官的时候,他和(安条克主教)格里高利之间爆发了激烈的争论。整个城市的上层社会都支持阿斯特里乌斯,同时普通群众和那些商人也是他的支持者"⑤。

从埃瓦格里乌斯的这些记载来看,政区长官在5—6世纪其所辖区内拥有司法、宣政和救灾等广泛的行政职责。其所辖范围适宜,职能明确,因此在地方管理上比大区长官更为有效。

在帝国早期,地方行政与军事体系基本是二元制的,政区长官一般只担负行政职责。但是,由于帝国某些地区的战略地位十分重要,为了方便管理,从5世纪开始在这些地区已经出现了同时拥有军事与民政权力的官员,即总督。这一职位在一些拜占廷史料中有所涉及,如普罗柯比在《秘史》中提到:

---

① Evagrius Scholasticus, *The Ecclesiastical History of Evagrius Scholasticus*, III. 13.
② Ibid., IV. 4.
③ Ibid., IV. 6.
④ Ibid., V. 18.
⑤ Ibid., VI. 7.

>　　当时一个名叫罗顿（Rhodon）的腓尼基人正担任亚历山大里亚城的总督……①

在埃瓦格里乌斯的作品中，虽然没有明确提到这一名称，但是也多次出现了同时负担军事与民政事务地方官员的记载：

>　　"人们聚集在竞技场，恳求军事指挥官同时也是当时埃及政区行政长官的弗罗鲁斯（Florus），希望他恢复之前被剥夺的谷物补贴和因为局势混乱被关闭的公共浴室和各种表演。然后弗罗鲁斯在普里斯库的建议下答应了人民的要求，随之暴乱很快平息了。"②"接下来，皇帝提升阿森尼乌斯（Arsenius）为埃及的政务管理者和军事长官。"③

从这些记载来看，像埃及这样的重要地区确实在该时期出现了同时负责军事与民政事务的官员，这对于早期拜占廷帝国地方二元制的管理体系而言是一种很大的变化，同时为拜占廷帝国中期后实行地方军政合一的军区制体系奠定了实践基础。

在政区长官之下，埃瓦格里乌斯还在作品中多次提到了不同省区或城市的省区长官和市政长官，或称省长和市长。为避免拖沓，笔者在此不一一列明，只按照其职能做一简要归类。省长和市长在埃瓦格里乌斯《教会史》中最为明显的职能是维护地方治安和负责辖区司法工作，如聂斯托利在被放逐后由底比斯的市长监禁。

>　　"聂斯托利无法逃出上帝的视线，他会因为所持的异端而遭受惩罚，这些事情可以从他给底比斯市长所写的一些信中获悉。"④"菲利浦堡的市长逮捕了马西安，并且以杀人罪审讯他。"⑤"西里西亚省的省长卡利尼西乌斯（Callinicius）被（查士丁尼皇帝）钉死在了木桩上，只是因为他惩罚了两个西里西亚的刺客保罗和弗斯蒂努，这两个人试图攻击并且刺杀他，他为自己正确地维护法律付出了代价。"⑥

此外，省长和市长还要负责本辖区内的民政建设工作。如埃瓦格里乌斯对其最熟悉的安条克城有如下一段记述：

>　　在塞奥多西二世统治期间，虔诚的门农（Memnon）、佐里乌斯（Zoi-

---

①　Procopius of Caesarea, *The Secret History*, XXVII. 3.
②　Evagrius Scholasticus, *The Ecclesiastical History of Evagrius Scholasticus*, II. 5.
③　Ibid., III. 22.
④　Ibid., I. 7.
⑤　Ibid., II. 1.
⑥　Ibid., IV. 32.

lus)和卡里斯图斯(Callistus)被任命为安条克城的市长。门农留下了一个户外的庭院。佐里乌斯在南部修建了一座长方形的巴西里佳(Basilica)式的基督教堂,它被保存至今。卡里斯图斯则建造了一个宏伟和令人瞩目的建筑,我们的前人和我们自己都叫它卡里斯图斯柱廊,在前面树立着为公正而建的雕像。①

从埃瓦格里乌斯和普罗柯比等人留下的史料来看,除某些特殊地区外,拜占廷地方长官一般不负责军事事务,税收等权力也归属中央政府。地方官员职责主要集中于民政建设和司法治安等方面。中央和地方、军事与行政等职权较为分明,这体现出早期拜占廷帝国在实践中逐渐建立了较为成熟的行政管理体系。

三 宫廷官员

从早期拜占廷史料中来看,拜占廷帝国的皇宫中还有许多宫廷官员。这些宫廷官员起初只是负责皇帝的衣食起居等日常事务,在政治生活中的重要性远不能与各级朝官相提并论。但是,他们得天独厚的优势在于能够经常陪伴皇帝左右,也就成了皇帝的亲信之人。随着专制皇权的发展,这些深得皇帝信任的官员们肩负起越来越重的职责,开始参与帝国政事要务,甚至在某些情况下能够因近水楼台,得以左右帝国政局。拜占廷早期宫廷官员地位的急速上升是拜占廷专制皇权增强与发展带来的必然结果。

首先值得介绍的是皇宫侍从(Silentiary)。拜占廷皇帝阿纳斯塔修斯在登基前就曾经在泽诺皇帝统治末期担任这一职务。皇宫侍从在帝国多如牛毛的官员中并非引人注目的顶级官位,只是宫廷中一个较为重要的官职。拜占廷帝国早期在皇宫中设皇宫侍从30人,主要职能为主持皇宫内的一些庆典仪式,在皇帝召开重大会议时协助组织工作,并且在会议中侍立在侧听候皇帝吩咐或为皇帝传唤臣子②。虽然并非重臣,但皇宫侍从能够陪伴皇帝左右,借此经常接触皇室成员。阿纳斯塔修斯就是以其精明谨慎的性格得到了皇后阿里阿德涅的赏识。如前文所述,在泽诺皇帝去世后,阿里阿德涅出人意料地放弃了一些位高权重的皇位候选人,而选择了当时"还不是元老"的阿纳斯塔修斯为帝国的新皇帝③。

除了皇宫侍从外,宫廷侍卫长官(Curo Palatus)也是皇宫中的重要官职,

---

① Evagrius Scholasticus, *The Ecclesiastical History of Evagrius Scholasticus*, I. 18.
② J. R. Martindale, *The Prosopography of the Later Roman Empire II*, Cambridge, 1980, p. 362.
③ Evagrius Scholasticus, *The Ecclesiastical History of Evagrius Scholasticus*, III. 29.

职责为统领 300 人组成的宫廷侍卫队①。与禁卫军不同,宫廷侍卫基本不担负作战任务,主要职责就是保卫皇帝的人身安全,也不属于帝国的军队编制,因此笔者将其作为宫廷官员而非军队官员进行讨论。与皇宫侍从相似,宫廷侍卫长官也非帝国内的顶级官职。在 5 世纪时,宫廷侍卫长官在拜占廷史料中出现的频率并不高,埃瓦格里乌斯在《教会史》中只提到了一次:

> 泽诺皇帝为此(亚历山大里亚的宗教分裂)困扰,于是派出了他的一个宫廷侍卫哥斯马斯(Cosmas)去警告(亚历山大里亚主教)彼得,但是他苛刻的性格在那里引发了很大的分歧,在接见了那些被驱逐的隐居者后,哥斯马斯回到了首都。②

扎卡里亚在《教会史》中也记录了这一事件,他详细描绘了当地的隐修士们向哥斯马斯请愿的场景③。由此我们可以看出,在 5 世纪时,皇帝有时会授权身边的宫廷侍卫去处理或调查一些地方上的事务,这与我国历史中的"钦差"有相似之处。

从 6 世纪中后期查士丁二世继位后,宫廷侍卫长官开始变得极为重要。自此之后,这一职位非皇室成员或皇帝近臣不能担任④。查士丁二世之所以将宫廷侍卫长官看得如此重要与登基经过有关。按照埃瓦格里乌斯的记载,在他的舅父查士丁尼皇帝统治晚期,查士丁和另一位叫作查士丁的堂兄弟是继承皇位的热门人选,前者担任宫廷侍卫长官的职务,后者则是帝国北部多瑙河防线的军队司令官。在查士丁尼去世后,宫廷侍卫长官查士丁凭借近水楼台的有利地位封锁消息,并将一切安排妥当后"穿上了紫袍,直到他以皇帝身份出现后,亲信之外的人才知道查士丁尼已经去世的消息,他也就此成了新皇帝"。⑤ 为了避免兄弟查士丁谋反,查士丁二世将其召回,并"用各种罪行来诬陷他,随后将他的盾牌手、长矛手和卫兵都遣散了,还限制他只能待在家里。最后查士丁二世将他流放到亚历山大里亚城居住,并派人在一个黑夜残忍地杀死了他"。⑥

查士丁二世因为个人的登基经历,充分认识到了宫廷侍卫长官之职对于皇位安全的重要性,才会在之后如此重视这一官职,并慎重选择担任此官职

---

① 陈志强:《六世纪拜占庭职官考辩》,第 50 页。
② Evagrius Scholasticus, *The Ecclesiastical History of Evagrius Scholasticus*, III. 22.
③ Zachariah Rhetor, *The Syriac Chronicke Known as That of Zachariah of Mitylene*, VI. II.
④ M. Whitby, "On the Omission of a Ceremony in Mid-Sixth Century Constantinople: Candidati, Curopalatus, Silentiarii, Excubitores and Others", *Historia*, Vol.36(1987), p.470.
⑤ Evagrius Scholasticus, *The Ecclesiastical History of Evagrius Scholasticus*, V. 2.
⑥ Ibid., V. 3.

之人。例如前文提到的他的被保护人和皇位继任者提比略就曾长期担任宫廷侍卫长官一职。

最后,与我国古代宫廷一样,拜占廷的皇宫中也有大量宦官存在。宦官这一特殊群体是专制皇权统治下的畸形产物。他们虽然多出身低微,身体残疾,但是与皇帝朝夕相伴,因此易于得到皇帝的信赖,从而经常被委以重任。

宦官们最常担任的是宫廷总管(Praepositus Sacri Cubiculi)。这一职位设立于君士坦丁大帝统治时期,主要职责为安排皇帝寝宫、书房、服装室等,并制定觐见皇帝的时间表。尽管这一官职最先地位不高,但是作为皇帝的亲信,重要性与日俱增。到5世纪时,宫廷总管已经取得了和司法大臣等帝国重臣相当的地位①。

在4—6世纪,拜占廷宫廷总管多由宦官出任。许多宦官借此获得了显赫的政治地位。例如在4世纪末,阿尔卡迪乌斯皇帝宠信的总管宦官尤特罗皮乌斯(Eutropius)在皇帝的支持下取代了辅政大臣鲁菲努斯,成为帝国最有影响力的官员②。宦官们还经常参与宫廷斗争,甚至在某些时候干预皇位的继承。如埃瓦格里乌斯、普罗柯比、吕底亚人约翰和约翰·马拉拉斯等众多6世纪拜占廷史家都在作品中提到的阿曼提乌斯(Amantius),就是一个典型代表。

普罗柯比在《秘史》中写道:

> (查士丁一世)在杀害宫廷总管阿曼提乌斯和其他几个人之前,他的权势并不牢靠。③

众所周知,查士丁一世在阿纳斯塔修斯皇帝统治期间担任禁卫军统领,在皇帝去世后成为继任者,但是他为何如此忌惮这位宦官,个中原因普罗柯比在《秘史》中没有言明。埃瓦格里乌斯却在作品中给出了答案,据他记载:

> 负责皇帝寝宫的宫廷总管阿曼提乌斯是一个非常有权力的人。(在阿纳斯塔修斯一世去世后,皇位空缺)法律不允许宦官成为罗马人的皇帝,因此他希望拥立忠于他的塞奥克里图斯(Theocritus)为帝。他给了查士丁许多金钱,命令查士丁去散发给那些能够帮助塞奥克里图斯成为皇帝的人。查士丁用这些钱买通了那些人,同时还得到了皇帝卫队的支持,然后就杀死了阿曼提乌斯和塞奥克里图斯。④

---

① 陈志强:《六世纪拜占庭职官考辩》,第46页。
② J. B. Bury, *History of the Later Roman Empire*, Vol.1, p.115.
③ Procopius of Caesarea, *The Secret History*, VI.26.
④ Evagrius Scholasticus, *The Ecclesiastical History of Evagrius Scholasticus*, IV.2.

这件事在约翰·马拉拉斯的《编年史》中也有记录,约翰认为塞奥克里图斯是阿曼提乌斯的卫士。查士丁接受了阿曼提乌斯的金钱,并派发出去,但是军队和人民不接受塞奥克里图斯,反而拥立查士丁为帝①。

尽管阿曼提乌斯的企图最终没能成功,但是从这些记载中我们依然能够看出,作为宫廷总管的大宦官掌握了可观的资源,能够在某些特定时刻影响国家政局。阿曼提乌斯的失败恰恰证明,作为皇权的病态衍生物,拜占廷宦官的权力只能依附于皇权存在,一旦没有了皇帝的支持,宦官也就失去了赖以生存的根基。从拜占廷帝国历史发展来看,宦官势力的发展始终还是维持在皇权可控的限度内,并没有出现我国历史上如十常侍之乱这样严重的宦官之祸。

埃瓦格里乌斯在《教会史》中,还多次记录了拜占廷皇帝任命宦官处理国家军政要务的事件。例如塞奥多西二世宠信的宦官,宫廷总管克里沙菲乌斯(Chrysaphius)就曾经代表皇帝裁定宗教争端。在第二次以弗所宗教会议上,亚历山大里亚主教狄奥斯库鲁之所以能战胜广受教会尊敬的君士坦丁堡主教弗拉维安,很大程度是"因为他得到了当时宫廷的实际主人,宦官克里沙菲乌斯的支持"。② 此外,埃瓦格里乌斯还提到,克里沙菲乌斯曾经"向弗拉维安索要黄金,弗拉维安奉命送去圣器以羞辱他"。③ 塞奥法尼斯也在作品中记载了相同的事情,并且强调这一行为是在皇帝塞奥多西二世的支持下做出的④。得到皇帝充分支持的宦官,甚至可以让帝国最重要的宗教领袖蒙受如此羞辱,地位可见一斑。

此外,宦官有时还会作为皇帝的特使参与帝国的外交活动。在查士丁尼统治时期:

> 皇帝派去了一名叫作尤菲拉塔斯(Euphratas)的宦官到阿巴斯吉人那里,以阻止他们这个民族的人被剥夺生殖器……他们中的这些被阉割者大部分都在皇帝寝官服务,被叫作宦官。⑤

从这段记载中我们不难看到,当时皇宫中的宦官还包括了一些非帝国属民的异族之人。

最后,拜占廷的某些宦官还成了帝国著名的军事将领,代表人物就包括查士丁尼时期与贝利撒留齐名的名将纳尔西斯(Narses)。在查士丁尼统治

---

① John Malalas, *The Chronicle of John Malalas*, 17.2.
② Evagrius Scholasticus, *The Ecclesiastical History of Evagrius Scholasticus*, I.10.
③ Ibid., II.2.
④ Theophanes Confessor, *The Chronicle of Theophanes Confessor*, AM.5940.
⑤ Evagrius Scholasticus, *The Ecclesiastical History of Evagrius Scholasticus*, IV.22.

晚期，皇帝不满贝利撒留在意大利对哥特人作战不利，甚至开始怀疑他的忠心，因此"派遣了纳尔西斯到意大利去，纳尔西斯战胜了（哥特国王）托提拉（Totila）和其继任者泰阿斯（Teias），并且第五次占领了罗马"。纳尔西斯比贝利撒留更为幸运，他在哥特战争后继续得到了皇帝的信任，在此之后又"战胜了布赛里努斯（Buselinus）和西恩多阿罗德（Sindoald），并且占领了直到大海的大片领土"。①

拜占廷皇帝信任宦官，让其掌握兵权并不难理解，与其他将领相比，宦官身份类似于皇帝的私奴。同时，他们因为生理上的缺陷不能拥有亲子继承人，在皇帝心目中谋反的概率也减小了许多。对宦官委以军事重任的例子在我国历史中也比比皆是，可以说是封建帝国专制皇权统治下的一个常见现象。

综上所述，拜占廷帝国宫廷官员在5—6世纪地位的快速上升是与拜占廷皇帝的意志密切相关的。同时，皇帝利用内廷官员参与朝政，制衡朝中行政官员的做法也对增强皇帝专权起到了一定的作用。

四 军事官员

作为拜占廷专制国家机器的重要支柱，军队在帝国中具有不言而喻的关键地位。与荣誉官员、行政官员和宫廷官员相比，军官是拜占廷庞大官僚体系的重要组成部分，同时也是拜占廷军队的直接领导者。4—6世纪的历史作品中保留了大量军事官职的名称。虽然这些官职大多被简称为"司令官"或"将军"，但是，实则却有明显的区别，不可混为一谈。

在君士坦丁大帝建立拜占廷帝国初期，军队的最高将领是总司令官（Magistri Militum），共有两人，分别掌管帝国的步兵和骑兵部队。然而，这种简单的划分显然不符合战争的规律，步兵和骑兵在战斗中不可避免地面临协同作战的问题。为此，君士坦丁对总司令这一官职做出了调整。他在首都君士坦丁堡与旧都罗马各设一位总司令（Magister Equitum et Peditum Praesentalis），除此之外，又在东方政区、色雷斯政区和伊利里亚大区各设一名司令官，管辖辖区内的野战军（comitatensis）和边防军（limitanei）。这样，帝国的主要军事力量被一分为五，分别由这五位司令官统辖。他们之间互不统属，各自直接对皇帝负责，皇帝拥有最高的军事权力②。这样一种划分无疑有利于皇帝控制全国的军队，同时可以避免军事力量过度集中在某位将领手中而

---

① Ibid., IV. 24. 纳尔西斯在意大利的战争最为详细的记载是普罗柯比的《战史》。参见 Procopius of Caesarea, *History of the Wars*, 8. XXVI, XXVIII-XXXV.

② G. Ostrogorsky, *History of the Byzantine State*, p.42.

增加对皇权的威胁。

左西莫斯在《新历史》中记载了君士坦丁的这一改革：

> 他还彻底将古代流传下来的官制搞得一片混乱。先前有两位总司令官共同执掌军队，他们不但能够指挥宫廷卫队，并且能够掌控守卫城市和边疆的军队。总司令官被认为拥有一人之下、万人之上的地位……
>
> 君士坦丁颠覆了这个声名赫赫的制度，将总司令官一分为四①。……上述改革无论在和平还是战争时期都给国家造成了巨大的损害……
>
> ……简而言之，帝国现在衰败如此，君士坦丁是始作俑者。②

左西莫斯陈述了君士坦丁军事改革的事实，但是却并没有正确地评估作用与影响。事实上，君士坦丁所采取的军事改革是加强皇权、稳固统治的重要措施。在罗马帝国中后期，手握重兵的军官们或操控朝政，或干脆取皇帝而代之，给帝国政坛造成了极大的混乱。君士坦丁的司令官制度改革无疑有利于皇帝控制全国的军队，同时可以避免军事力量过度集中在某位将领手中而增加对皇权的威胁，这显然是对先前军事制度中弊端的有效纠正。

左西莫斯的这种态度并不难理解，他所处的时代在今日被我们看作拜占廷帝国形成与奠基的时期，然而在他看来，却是罗马国家的衰落时代。纵观左西莫斯的《新历史》，这样一种厚古薄今的态度贯穿始终。在政治制度上，他尤其怀念罗马共和时代的光荣，对君主政治持有一种反感的态度。他在记载屋大维的胜利之后曾经用一段很长的文字阐明自己的政治观点：

> 他们选举屋大维成为唯一的统治者，将整个政府交付他一人决断……如同掷骰子一样将所有人的希望，以及这样一个广袤的伟大帝国置于统治者个人心血来潮的念头和权力之下……如果他不顾君主政治的约束变成了一位暴君，将政府置于混乱，忽视世间的罪行，任意出卖公正并将他的臣民视作奴仆——除了极个别皇帝，其余大多数皆如此——那么单一统治者不受约束的权力势必会造成全世界的灾难……③

显然，在左西莫斯看来，君士坦丁也是"大多数皆如此"暴君中的一个。他不顾罗马贵族共和的传统，肆意按照自己意愿统治国家的行为是不可接受的，并且加速了罗马国家的衰落。在这样一种情绪的支配下，左西莫斯很难

---

① 此处应为左西莫斯的误记，现代学者如上一注释的奥斯特洛格尔斯基一般都持一分为五的观点。

② Zosimus, *New History*, II. 32-34.

③ Zosimus, *New History*, I. 5. (2)-(3).

公正评判君士坦丁的政策。出于偏见,左西莫斯无视君士坦丁这项改革的成效。事实上,即使他能认识到这项举措有利于皇权的稳固,也不会视为优点。就其本心来说,他所追求的理想政治制度是作品中反复提到的贵族共和政体。按照罗马的政治传统,奥古斯都的统治权理论上来自罗马人民,由军队、元老院和人民推举。如果他变得不称职或不受欢迎,那么就会被选举他的人推翻。积极加强皇权专制的君士坦丁显然与这一传统背道而驰,因此在左西莫斯作品中他成为这种"理想"政体对立面的"暴君"也就不足为奇了。但我们不能据此否定君士坦丁这一军事改革具有的积极意义。

君士坦丁设立的这五位司令官在名义上地位平等,实际起到的作用却不尽相同。拜占廷帝国早期最主要的军事威胁是东方的波斯人,因此在诸多军事将领中,驻节在叙利亚首府安条克城的东方战区司令官担负的职责最为重大,掌握的精锐部队也比其他几位司令官更多。东方战区司令官的重要性从该时期很多拜占廷史料,如在普罗柯比的《秘史》这一名称出现的频率中可见一斑。而在以帝国东部,尤其是叙利亚为主要视角的埃瓦格里乌斯笔下,东方战区司令官这一名称先后出现了约 10 次之多,占其作品中所涉及军事将领名称的半数左右,如:

> "泽诺不得不任命伊卢斯(Illus)为东方战区的司令官,因为他力求避免被皇帝控制……随后他就来到了东方战区。"①"莫里斯先任命色雷斯人约翰担任东方战区的司令官。他在任内经历了一些失败,也获得了一些荣誉。"②以及"这之后普里斯库接任了东方战区的司令官。他不是一个容易接近的人……他试图通过恐惧的办法让士兵更加服从他的命令"。③

作为当时帝国最重要的军事将领之一,东方战区司令官的主要职责是应对与波斯人的战事。这一点在 6 世纪表现得尤为明显。在该时期,拜占廷帝国与萨珊波斯进行着旷日持久的战争,多位拜占廷东方战区司令官在战斗中成长为帝国的一代名将。其中最著名的是查士丁尼从普通士兵中一手提拔起来的贝利撒留。529 年,年仅 24 岁的贝利撒留被查士丁尼任命为东方战区司令官,次年他便在前文提到的达拉战役中大败波斯精锐部队,从此名扬天下④。

---

① Evagrius Scholasticus, *The Ecclesiastical History of Evagrius Scholasticus*, III. 27.
② Ibid., VI. 3.
③ Ibid., VI. 4.
④ Evagrius Scholasticus, *The Ecclesiastical History of Evagrius Scholasticus*, IV. 12. 更为详细的记载是普罗柯比的《战史》。参见 Procopius of Caesarea, *History of the Wars*, 1. XI. 1-30。

除了贝利撒留外,在波斯战争中获胜而青史留名的东方战区司令官还有多人。如提比略时代的查士丁尼将军(查士丁二世的亲属)和莫里斯将军(即后来的莫里斯皇帝),前者在 576 年:

> 率领全军攻入波斯境内,在那里度过了整个冬季,没有谁能给他们制造任何麻烦。然后他们在夏至的时候撤军了,全军几乎没有受到任何损失,带着大量财富和光荣在前线度过了夏天。①

后者在 578 年后取得的战果更为辉煌:

> 莫里斯将军占领了许多波斯人最具有战略意义的堡垒,并且收获甚多。他俘获的奴隶充满了岛屿和城市,那些被抛弃和不能耕作的土地,现在都有了收获。军队可以从当地征召充足的兵员,然后以足够的勇气和精神去对抗其他国家。即使是奴仆的需求也足以得到满足,因为奴隶是如此便宜,以至于每一个灶台都可以有充足的奴仆看管。②

莫里斯统治时期的名将,东方战区司令官菲利皮库斯的战功(Philippicus)也毫不逊色:

> 上任伊始他就率兵越过边境,沿途抢掠一切,夺取了肥沃的土地,俘虏了许多出身高贵,祖籍在尼西比斯和底格里斯河对岸其他地区的人。他与波斯人进行了一场激烈的战斗,在战斗中许多波斯名将都阵亡了,他还俘虏了许多战俘……作为一名将军,他还取得了其他一些成就,他限制了军队过多的奢侈行为,并且在部队中建立了良好的纪律和服从观念。③

除了东方战区司令官之外,埃瓦格里乌斯还在作品中提到了西部军队司令官这一官职:

> 塞鲁斯(Cyrus)是(塞奥多西二世时期)著名的诗人,还取得过很高的官位,我们的先祖称其宫廷长官。此外在汪达尔人占领迦太基以及盖塞里克出任蛮族首领的时候,他是西部军队的司令官。④

这一官职名称比较古怪,是否为驻节在罗马的帝国总司令官尚有疑问。

---

① Ibid., V. 14. 更为详细的记载是塞奥菲拉克特的《历史》。参见 Theophylact, *The History of Theophylact Simocatta: An English Translation with Introduction*, iii. 15. 1-2。
② Ibid., V. 20. 关于莫里斯的军事成就,米南德的《历史》中也有记载。参见 Menander Protector, *The History of Menander the Guardsman*, 23. 2。
③ Evagrius Scholasticus, *The Ecclesiastical History of Evagrius Scholasticus*, VI. 3.
④ Ibid., I. 19.

不过现代学者根据考证更倾向于，此处是埃瓦格里乌斯的笔误，塞鲁斯应与同时期担任过君士坦丁堡市长和东方大区长官的塞鲁斯为同一人，可能还担任过东方战区司令官①。

在东方战区司令官之下，《教会史》中还提到了一些地区或城市军队的司令官，或可称之为城防司令。阿纳斯塔修斯一世命令"黎巴嫩腓尼基地区军队的司令官亚西亚提库斯（Asiaticus）将反对（安条克主教）塞维鲁的人驱逐出他们的教区"。②"有一个叫作西塔斯（Sittas）的人，他是殉道士城（Martyropolis）城的下级军官。因为他仇恨当地的司令官，所以他在当地的士兵离去后，选择了背叛"③等。这样的军官在帝国军事生活中重要性略逊，其功能也一目了然，因此笔者在此不占用过多篇幅加以赘述。

除了有固定防区的战区司令官外，拜占廷皇帝还经常在战争期间任命远征军司令官，后者也是该时期帝国常见的军职。前文提到的贝利撒留和纳尔西斯在查士丁尼收复帝国西部领土的漫长战事中，都先后担任过帝国的远征军司令官。在《教会史》中，这一官名多有出现，如：

"利奥皇帝妻子的弟弟瓦西里斯库被任命为攻打盖塞里克的司令官，他受命指挥一支集结完毕、装备精良的军队。"④"色雷斯人维塔里安发动了对阿纳斯塔修斯的叛乱，他率兵洗劫了色雷斯……然后和大批匈奴的游牧部落一起向首都推进。皇帝派遣了西帕提乌斯（Hypatius）为司令官，率众迎敌。西帕提乌斯被自己的手下背叛，并且做了俘虏，之后被皇帝花了一大笔钱赎了回来。西里尔接替了他。"⑤"提比略皇帝为（与波斯的）战争做着准备，他聚集了如此庞大并且英勇无比的军队……这支军队由强大的骑兵组成，总数超过15万人……司令官是查士丁尼。"⑥

从这些描述不难看出，远征军司令官所指挥的军队一般为驻扎在首都附近的中央野战部队或皇帝临时征募的军队，出征时统兵数量也不固定，多依战事具体情况而定。另外需要说明的是，远征军司令官与战区司令官不同，这是一个临时性的职务，只在某次战事中有效。

最后需要注意的一类拜占廷军职是禁卫军军官。拜占廷禁卫军

---

① 参见 Evagrius Scholasticus, *The Ecclesiastical History of Evagrius Scholasticus*, I. 19, 怀特比页下注释169；以及 J. R. Martindale, *The Prosopography of the Later Roman Empire II*, pp.336-339。
② Evagrius Scholasticus, *The Ecclesiastical History of Evagrius Scholasticus*, III. 34.
③ Ibid., VI. 14.
④ Ibid., III. 16.
⑤ Ibid., III. 43.
⑥ Ibid., V. 14.

(Scholae)的创设者也是君士坦丁大帝。与前文提到的宫廷侍卫不同,禁卫军属于拜占廷军队正式编制,是与野战军和边防军平行存在的帝国三大部队之一。禁卫军的人数在帝国早期随着时间的发展略有变化,但是在4—5世纪时大体维持在3500人左右①。在埃瓦格里乌斯的作品中出现过两个不同的禁卫军官职名称。其一是上文提到的查士丁一世,他在阿纳斯塔修斯一世统治期间担任过卫队统领(Comes Excubitorum)。其二是埃瓦格里乌斯提到的,在莫里斯皇帝统治时期发生了一次兵变,皇帝"派遣御林军指挥官(Comes Domesticorum)安德鲁(Anderw)去劝说那些军队"②。由于肩负着皇室安全的重任,禁卫军军官多由皇帝亲信担任,同时这也是军官发迹的一条重要途径。除查士丁一世借卫队统领之职登上皇位外,贝利撒留也是由一名禁卫军军官逐渐成长为帝国的一代名将。

从史料中我们能够发现,5—6世纪拜占廷的军事官员发生了一个值得注意的变化。从担任高级军官的人员来看,皇亲国戚与皇帝亲信的比例显著上升,而蛮族将领则逐渐失势。在3世纪时,以哥特人为代表的"蛮族"大规模地进入帝国境内,其中很多青壮年后来被编入了帝国的军队。在4世纪时,君士坦丁大帝的军队中大约有4万名哥特士兵,他们在君士坦丁与李锡尼等人进行的统一战争中发挥了重要作用。此外朱利安皇帝的军队也有专门的哥特兵团③。至塞奥多西一世统治时期,哥特人在帝国军队的地位更加重要,他将哥特士兵作为同盟者军团(Foederati)编入了帝国军队④。随着哥特士兵数量的增加,帝国军队的哥特高级军官也逐渐增多。在阿尔卡迪乌斯统治时期,像盖纳斯(Gainas)这样出身哥特贵族的将军甚至开始试图控制帝国的政局,皇帝被迫依靠他的政敌——另一位哥特将军弗拉维塔(Fravitta)的支持才将盖纳斯驱逐⑤。

至5世纪中期,蛮族将领的权力达到了顶峰。埃瓦格里乌斯和普里斯库笔下的阿兰人阿斯帕甚至先后两次将自己的部将,马西安和利奥推上了帝国的皇位。在利奥一世统治时期,阿斯帕不但掌握了帝国的兵权,甚至强迫皇帝将次女嫁给自己的儿子帕特里修斯(Patricius),并任命后者为恺撒,实际上是为儿子取得了帝国继承人的身份。与此同时,利奥一世再次采用了"以夷制夷"的战略,他将长女阿里阿德涅嫁给伊苏里亚部族的将领泽诺,并任

---

① W. Treadgold, *Byzantium and Its Army*, *284-1081*, p.50.
② Evagrius Scholasticus, *The Ecclesiastical History of Evagrius Scholasticus*, VI.10.
③ A. A. Vasiliev, *History of the Byzantine Empire*, Vol.1, p.84.
④ G. Ostrogorsky, *History of the Byzantine State*, p.52.
⑤ A. A. Vasiliev, *History of the Byzantine Empire*, Vol.1, p.91.

命他先后担任了色雷斯战区和东方战区司令官①。随后,在泽诺的协助下,利奥"通过背信弃义的手段战胜了阿斯帕,这种行为仿佛就是对他自己飞黄腾达的一种回报,他杀死了那个使他获得统治者地位的人,同时还杀死了对方的儿子帕特里修斯"。②

在5世纪末期,拜占廷皇权进一步沉重打击了蛮族将领的势力。阿纳斯塔修斯继位初期,泽诺信任的伊苏里亚高级军官们发动了叛乱。"泽诺的兄弟朗格尼乌斯回到他的家乡之后,公开反叛皇帝……战争最后的结果是伊苏里亚叛军被彻底击溃,他们的头目朗格尼乌斯和塞奥多利(Theodore)的首级被带到了首都……另一支叛军的首领(另一个)朗格尼乌斯和安德斯(Indes)一起被绰号"驼背"的约翰活捉并且押送到阿纳斯塔修斯面前。这使得皇帝和拜占廷人都极其开心,他们将朗格尼乌斯和安德斯的脖子与双手上套上铁链,沿着首都的道路示众,最终将他们带到赛车竞技场以庆祝胜利。"③从此之后,虽然依然有一些蛮族将领在帝国军队中服务,但是他们在帝国军队中的影响被显著削弱了。

作为蛮族将领的替代者,自5世纪中后期后,皇帝开始大规模地任命亲族担任军队高官。前文提到的远征军司令官瓦西里斯库(利奥一世的内弟)、西帕提乌斯(阿纳斯塔修斯一世的侄子)和查士丁尼(查士丁二世的表弟)以及东方战区司令官菲利皮库斯(莫里斯皇帝的妹夫)和莫里斯(提比略皇帝的女婿)等均是皇亲国戚。即使是比较唯才是举、不看重出身的查士丁尼皇帝,其最为倚重的两位军事将领贝利撒留和纳尔西斯,也是他从普通农民或宦官中一手提拔起来的亲信。与蛮族将领相比,任用亲族或亲信担任军事将领有利于拜占廷皇帝更好地控制军队,也是皇权专制发展的表现。在一些危急时刻,由亲族或亲信掌握的军队是保卫皇权最有力的工具。例如,在查士丁尼统治初期,声势浩大的尼卡起义险些推翻了他的政权,多亏大将贝利撒留率领东方军队回援,才将起义镇压,大约有3万名起义者被杀害④。任人唯亲也会带来负面的影响,并非皇帝所有的亲族或亲信都有莫里斯和贝利撒留那样的军事才能,诸如西帕提乌斯和瓦西里斯库这样的庸才毫无统驭军队的能力,在战争中给帝国带来了惨痛的损失。

综上所述,在4—6世纪,统治东地中海世界的拜占廷帝国的官僚系统逐渐完善,形成了以荣誉官职、行政官职、宫廷官职和军队官职等为代表,由中

---

① Evagrius Scholasticus, *The Ecclesiastical History of Evagrius Scholasticus*, II. 15.
② Ibid., II. 16.
③ Ibid., III. 35.
④ Procopius of Caesarea, *History of the Wars*, 1. XXIV.

央至地方分工明确的完整体系。这一体系被居于最高统治地位的拜占廷皇帝操纵控制,成为逐渐完善中的拜占廷国家机器的重要组成部分。这种政治体系与该地区罗马时代的行省管理以及城市议会自治的传统大相径庭,成为中古时代帝国统治的鲜明特征。

第三章 君士坦丁堡地位的确立
——东地中海世界中心的转变

4—6世纪的地中海世界还明显地表现出了中心向东转移的倾向。这与3世纪后西地中海世界的加速衰落密切相关。罗马统治者中的有识之士认识到了东地中海世界的重要作用，逐渐将帝国的中心迁移到东地中海地区。在拜占廷帝国建立之后，君士坦丁和查士丁尼等皇帝加强了东部地区的建设，进一步巩固了这一地区的重要地位。

与此同时，君士坦丁大帝独具慧眼地选择了古城拜占廷遗址作为营造新都的地点。公元330年，君士坦丁堡城建城，凭借独特的地理位置和皇帝政策的支持，这座城市迅速成为东地中海世界新的政治、经济、文化和宗教中心，并一直保持这种地位直至帝国灭亡。可以说，中心的转变与宗教信仰和统治模式的变迁一样，构成了4—6世纪东地中海世界最显著的变化，同时也是拜占廷帝国形成与奠基的基本要素。

第一节 地中海世界中心的东移

一 西地中海世界的衰落

从历史发展的进程来看，尽管东地中海世界在4—6世纪面临着一些困难，但是依然处于向前发展的阶段。西地中海世界的命运则截然不同，统治者西罗马帝国在经历了5世纪的磨难后最终走向灭亡，该地区也陷入了长时间政治、经济与社会的混乱局面。西地中海世界的衰落并非是一朝一夕，而是经历了一个长期的历史过程。

罗马帝国在经历了从公元96至161年涅尔瓦（Nerva）、图拉真（Trojan）、哈德良（Hadrian）和安东尼·庇护（Antonius Pius）皇帝统治的"黄金时代"后，从马库斯·奥理略（Marcus Aurelius，161—180年在位）统治时期开始出现了总危机的苗头①。到了3世纪的时候,帝国面临的形势更为严峻,所谓的"3世纪危机"给国家造成了极为严重的消极影响。"3世纪危机"是罗马帝国晚期遭受的一系列严重的社会危机的总称。危机表现为农业萎缩、商业萧条、城市衰落、财政枯竭、政治混乱以及贫民奴隶不断起义和大批蛮族趁机入侵。罗马帝国陷入了风雨飘摇、岌岌可危的境地。这场全面而深刻的危机根源于奴隶制的衰落和奴隶制社会矛盾激化。

这样一种混乱的局面波及了包括西地中海世界在内的帝国全境。一位3世纪的希腊历史学家在著作《献君王词》中不无伤感地写道,"外省许多城市都荒无人烟,大片土地任其荒废,许多人都死掉了"。② 一些先前比较繁荣的地区,如希腊等地也遭到了严重的破坏。"在希腊有许多城市完全消灭;别的城市也人烟稀少。爱琴海上的岛屿大部分变成一片荒凉的山岩。阿加狄亚几乎回到了自然状态。"③在西地中海世界,尤其是意大利本土,衰落的表现更是随处可见。意大利半岛的农业和手工业生产大大衰退,社会的财富也急剧减少,最终导致意大利地区逐渐失去了在帝国内经济和文化等方面的中心地位④。

与此同时,蛮族的入侵也日益成为罗马人需要面对的难题。在3世纪,逐渐强大起来的哥特人开始频繁渡过帝国的多瑙河边境,向南方入侵。此时,衰落中的帝国难以应对这一危机,在与哥特人作战时,曾经骁勇善战的罗马军团屡遭败绩。在251年的一场战役中,皇帝德修斯(Decius,249—251年在位)甚至兵败阵亡,危机的局面直到269年后才暂时有所好转,马可·奥理略·克劳狄皇帝(Marcus Aurelius Claudius,268—270年在位)在该年击败了哥特人,延缓了后者入侵的进程。

在此之后,284年戴克里先(Diocletian,284—305年在位)即位后,通过一系列对政府机构和管理体制的变革与改良措施,暂时稳定了帝国的形势,但是没有根本改变帝国的颓势。君士坦丁重新统一帝国后,更是进行了广泛的行政、财政和军事改革。尽管很多拜占廷与晚期罗马史学者都认为戴克里先和君士坦丁的改革只是恢复了政府管理机构并强化了国家的权力,广大民

---

① 〔苏联〕科瓦略夫:《古代罗马史》,王以铸译,北京:生活·读书·新知三联书店,1957年,第777页。
② 〔美〕罗斯托夫采夫:《罗马帝国社会经济史》下册,马雍、厉以宁译,北京:商务印书馆,1985年,第625页。
③ 〔美〕汤普逊:《中世纪经济社会史》上册,耿淡如译,北京:商务印书馆,1961年,第20—21页。
④ H. W. Haussig, *A History of Byzantine Civilization*, trans. by J. M. Hussey, New York, 1971, p. 27.

众的生活境况并未有过多改善①。但是客观来看,在整个4世纪,帝国东部和西部的政治形势都有所改观,领土安全较之3世纪也更有保障,帝国得到了短暂的喘息之机。

然而,君士坦丁王朝结束之后,在东部帝国继续向前发展的同时,西部帝国加速走向了衰亡。从拜占廷的史料中我们很容易发现,5世纪的西部帝国面临着诸多严峻的问题,首当其冲的便是周边蛮族的入侵。塞奥多西一世去世后,他在西部的继任者霍诺留懦弱无能,哥特人趁机再度作乱,并在领袖阿拉里克(Alaric)的带领下于410年攻陷了罗马城②。所幸的是,阿拉里克不久后的暴亡让西部帝国得以侥幸残存下去,但西南高卢和西班牙地区均被哥特人所占领。

从50年代起,匈奴人和汪达尔人继哥特人之后继续不断打击垂死的西部帝国:

> 斯基泰人之王阿提拉经常发动战争,他与帝国东部和西部的军团战斗,摧毁城市并掠夺了许多人口。③

在蹂躏了东西部帝国的许多地区后,阿提拉在452年更是挥师进入意大利,迫使罗马人签订了城下之盟,但是与阿拉里克一样,他在453年的暴卒让西部帝国逃过一劫。然而西罗马人的幸运很快就在汪达尔人的入侵中消失了。关于汪达尔人早期的历史,目前学界尚有争议。据普罗柯比在《战史》中所言,汪达尔人与哥特人同源,外貌也很相似,均为白肤浅发、高大英俊。他们最早生活在多瑙河上游,使用哥特语,遵守与哥特人相近的律法,后信奉阿里乌派基督教④。这一记载与很多现代学者的认识并不完全相同。目前学界比较认同汪达尔人起源于斯堪的纳维亚半岛,后多次辗转,最终从北俄地区向西南迁入西班牙。429年汪达尔人在国王盖塞里克(Geiseric)的率领下入侵北非,最终将罗马人的势力排挤出去,以迦太基为首都建立了汪达尔王国⑤。汪达尔人在占领了北非地区后觊觎意大利半岛,最终于455年6月2日攻陷了罗马城。埃瓦格里乌斯描绘了当时的场景:

> 罗马沦陷了,盖塞里克是一个难于控制并且反复无常的野蛮人,他在烧杀抢掠之后带着尤多西亚(西部帝国皇帝瓦伦提年三世的皇后)和

---

① G. Ostrogorsky, *History of the Byzantine State*, p.40.
② Sozomen, *Ecclesiastical History of Sozomen*, IX. IX.
③ Evagrius Scholasticus, *The Ecclesiastical History of Evagrius Scholasticus*, I.17.
④ Procopius of Caesarea, *History of the Wars*, 3.II.
⑤ R. Browning, *The Byzantine Empire*, New York, 1980, p.17.

她的两个女儿一起踏上了回乡之路。①

汪达尔人对罗马城的破坏是如此之大,以至于日后在欧洲出现了一个毁灭文化的专用名词——"汪达尔主义"。

西地中海世界在5世纪屡次被蛮族入侵并非偶然现象,除了先前几个世纪的积弱积贫,还与帝国中心的东移密不可分。以君士坦丁堡为中心的东地中海世界尽管在4世纪并未完全取代意大利等西地中海世界的政治地位,但是在经济和社会层面,国家的人力和物力资源却已经源源不断地向东方输送。新建的君士坦丁堡的城市规模远远大于帝国的故都罗马城,城市中的设施更是有过之而无不及。帝国各个地区的赋税和给养不停地向新都转移。除了大量获得财富之外,拜占廷皇帝还采取了一系列的措施提高君士坦丁堡的地位。君士坦丁一世为了鼓励原罗马城骑士以上的贵族迁居新都,特意批准这些贵族免费迁入君士坦丁堡的贵族住宅②。这些措施导致君士坦丁堡人口激增,到6世纪查士丁尼统治时期,该城人口达到了50万之多③,成为当时欧洲名副其实的第一大都市。

在源源不断的物力与人力的资源支持下,东部帝国的军力也急剧上升。据拜占廷军事史专家特雷德戈尔德考证,至395年,帝国东部地区的皇帝御林军、野战军和驻防军总人数已经达到了惊人的303,000人,其中超过四成是骑兵,10余万野战军是帝国的主力部队④。此时西部帝国的军事实力却显然要薄弱很多,据左西莫斯记载,当阿拉里克率领哥特军队主力挥兵西进的时候,西部帝国的辅政大臣斯提里科(Stilicho)只能拼凑起3万的罗马人军队和少数哥特与阿兰人的附属部队向东迎敌⑤。到了451年阿提拉兵临城下时,西部皇帝手中已经近乎无可用之兵⑥。

与西部地区相比,东部在军事和经济上的双重优势使得东部皇帝在应对蛮族问题时更为游刃有余。他们经常可以通过武力抵御和金钱收买这两种手段应付危局,甚至会起到"祸水西引"的效果。例如前文提到的410年阿拉里克领导的哥特人入侵,首先针对的是帝国东部的君士坦丁堡。东部皇帝阿尔卡迪乌斯除了调集大军抵御侵略外,更是用大量金钱贿赂哥特人,最终诱使其向意大利进军。之后,当441年匈奴大军兵临君士坦丁堡城下时,塞

---

① Evagrius Scholasticus, *The Ecclesiastical History of Evagrius Scholasticus*, II.7.
② 陈志强:《拜占廷帝国史》,第96页。
③ R. Browning, *Justinian and Theodora*, London, 1987, p.32.
④ W. Treadgold, *Byzantium and Its Army, 284-1081*, pp.50-52.
⑤ Zosimus, *New History*, V.26.
⑥ S. Dill, *Roman Society in the Last Century of the Western Empire*, p.290.

奥多西二世如法炮制，在战败后，帝国以每年交纳15.12万索里德（Solidus，拜占廷金币单位）和一次性43.2万索里德的战争赔款为代价化解了这场危机①。之后，匈奴人在领袖阿提拉的带领下开始了对西部的征服。然而，经济凋敝、兵力相对薄弱的西部帝国却无法用同样的办法应对这些入侵，不得不接受领土不断丧失的命运。

除了面临蛮族的入侵外，5世纪西部帝国内部的政局非常混乱，围绕皇帝位置进行的宫廷斗争极为尖锐，以至于从455年到其灭亡的476年这短短的20余年间，帝国最高统治者更迭了9人之多，其中没有一个人能够统治5年以上，并且每个皇帝都是以被政变推翻的方式结束任期②。

西部帝国的皇帝在5世纪下半期几乎已经沦为权臣任意操弄的傀儡，像里西莫这样握有兵权的将军可以随心所欲地废立帝国名义上的统治者。更有甚者，在这种无序的政治斗争中，统治集团中的某些人为了争夺权力，不惜笼络周边蛮族为外援。在454年，西部帝国权臣、执政官和罗马市长马克西姆斯策划兵变杀死了皇帝瓦伦提年三世，并取而代之。为了报复，瓦伦提年的皇后尤多西亚立即"派人携带厚礼来到利比亚地区，她劝说盖塞里克出其不意地攻打罗马人的领地，并且许诺为他提供内应"③。然而，当汪达尔军队最终将罗马城洗劫一空后，尤多西亚和她的女儿们一起都被盖塞里克劫掠到了迦太基。

西部帝国在5世纪的内忧外患之中逐渐丧失了4世纪的政治地位，尤其是5世纪中后期，西部皇帝的政治地位愈益衰微。西部皇帝由于自身无力应对内忧外患，不得不主动向东部皇帝示好，以求得到援助。正是因为在生存上对东部帝国的依赖，西部皇帝也不得不同时接受君士坦丁堡君主对内部政局的干涉。与4世纪时瓦伦提年任命其弟瓦伦斯、格拉提安任命其部将塞奥多西为东部皇帝不同，在5世纪中后期，东部皇帝可以按照自己的意愿任命其代理人为罗马的君主，并对后者的合法性进行裁定。这种做法最早产生于利奥一世皇帝统治时期。在瓦伦提年三世遇害后，西部帝国诸位继任皇帝的正统性一直没有得到君士坦丁堡的承认，利奥皇帝即位后随即派遣西部帝国驻君士坦丁堡的使者、东部前任皇帝马西安的女婿安塞米乌斯回到意大利，并使其在467年成为了西部的皇帝④。

此后，这样一种政治秩序已经为西部帝国的统治阶层所接受，君士坦丁

---

① W. Treadgold, *A History of the Byzantine State and Society*, p. 94.
② 科瓦略夫：《古代罗马史》，第983页。
③ Evagrius Scholasticus, *The Ecclesiastical History of Evagrius Scholasticus*, II. 7.
④ Ibid., II. 16.

堡皇帝的权威地位即使在西部帝国灭亡后依然如故。蛮族军官奥多亚克（Odoacer）于476年废黜了最后一位西罗马皇帝罗慕路斯并终结了西部帝国后，并未自称"皇帝"，而只是采用了"王"的头衔，并用谦恭的语言承认了泽诺的宗主权①。仅仅17年后，因为对其表现不满，东部皇帝在5世纪下半期第三次用武力更换了西部帝国的统治者，东哥特人领袖、东部帝国的前任执政官塞奥多里克（Theoderic Amal）接受了泽诺的命令挥师西进，杀死奥多亚克后成为意大利的主宰②。此后虽然哥特人在意大利的王国表现出越来越强的独立性，但是拜占廷皇帝依然是其名义上的宗主。这一局面一直保持到查士丁尼统治时期灭亡哥特人的政权，重新将该地区置于罗马人的直接管辖下为止。

受经济、政治、军事和社会等一系列问题的影响，以罗马为中心的西地中海世界在该时期加速走向了衰落。从5世纪开始，不但在政治领域，帝国的经济和社会中心也开始加速向东方转移，西地中海世界对东地中海世界的从属性表现得愈加明显。至476年后，君士坦丁堡已经无可争议地成为罗马人国家中唯一的中心。在这之后的一千年间，纵然西部领土在某些时期重新被纳入拜占廷帝国的直接统治，东地中海世界的核心区域，尤其是君士坦丁堡的中心地位也丝毫没有动摇，直到1453年帝国灭亡。

二 拜占廷皇帝对东地中海世界的建设

随着地中海世界中心的东移，拜占廷统治者对该地区的建设活动也同步进行。

首先，拜占廷皇帝从4世纪开始在东地中海世界，尤其是首都君士坦丁堡周边兴建了大量的军事设施，这些军事设施不但可以确保统治的安全，也有利于城市的繁荣和稳定。君士坦丁堡最早的防卫工事是在君士坦丁大帝建设新都的过程中同步建立起来的。君士坦丁选择的新都具有得天独厚的地理优势。城市三面临海，只有城市的西部需要防范来自陆地的威胁。在新都的建设中，君士坦丁彻底改造了城市的防卫系统，修筑了君士坦丁城墙。

但是因为大量人口的迁入和城市的发展，到了5世纪初，许多新建的城市设施已经位于君士坦丁城墙之外。410年阿拉里克攻陷罗马城让拜占廷统治者意识到自己也同样面临着匈奴人的威胁。为了应对这一问题，在塞奥多西二世统治时期，拜占廷人对君士坦丁堡进行了第二次大规模的城防建设。起初，塞奥多西二世的摄政大臣安塞米乌斯（Anthemius）于413年在君

---

① Evagrius Scholasticus, *The Ecclesiastical History of Evagrius Scholasticus*, II. 16.
② Ibid., III. 27.

士坦丁城墙以西修建了一段新的城墙,从马尔马拉海一直到城北的黄金角。然而非常可惜的是,这段新的城墙在一场地震中被摧毁。从埃瓦格里乌斯的描述中我们能够看到,这是一座"拥有很多防卫塔"的坚固城防设施①。在这场地震之后,拜占廷人很快就在君士坦丁城墙以西又修建了一条同样带有很多防卫塔的新城墙——塞奥多西城墙,并且挖掘了一条护城河,将绝大部分城市设施都置于城防的保护之内,同时在城内其他方向的海岸上也修筑了一些城防设施②。至此,在最易受到威胁的城市西侧,拜占廷人已经自西向东拥有了塞奥多西城墙、君士坦丁城墙和皇城城墙三道固若金汤的城防工事。

数十年之后,拜占廷皇帝阿纳斯塔修斯第三次针对首都的安全进行了大规模的城防建设。阿纳斯塔修斯的建设成果就是被后世称为"长城"(The Long Wall)的一道防御工事。按照埃瓦格里乌斯的描述,这一叹为观止的城墙:

> 坐落于色雷斯,距离君士坦丁堡大约 280 斯达第(stade,长度单位,1斯达第约和 200 米),并且连接了两个海(马尔马拉海和黑海),跨度超过了 420 斯达第。它使得这座城市更像一个岛屿而不是半岛,提供了一条十分安全的通道。③

怀特比在本节的注释中考证,埃瓦格里乌斯给出的数字并不准确,阿纳斯塔修斯修建的"长城"应位于首都以西 65 公里处(325 斯达第),长度大约为 45 公里(225 斯达第)。然而,阿伦则提出,埃瓦格里乌斯的这段记载应该是源自目击者的转述,因此具有一定的可靠性④。由于"长城"最终毁于地震,未能保存至今,这一问题只得暂且存疑。需要承认的是,这一惊人的工程日后对拜占廷人抵御来自西北方向越过多瑙河边境入侵的蛮族起到了很大的作用。

在日后的历史中,君士坦丁堡坚固的城防工事极大地保证了君士坦丁堡的安全,让其成为地中海世界最难以攻陷的堡垒之一,从而进一步巩固了在帝国中的核心地位。

除了首都的军事设施外,拜占廷统治者还非常注意东地中海其他地区的防务。对于东部的一些重要城市,如安条克和耶路撒冷等,国家经常耗费巨资加固其城防。"塞奥多西二世扩大了安条克城的面积,将城墙一直延伸至

---

① Evagrius Scholasticus, *The Ecclesiastical History of Evagrius Scholasticus*, I.17.
② A. A. Vasiliev, *History of the Byzantine Empire*, Vol.1, p.103.
③ Evagrius Scholasticus, *The Ecclesiastical History of Evagrius Scholasticus*, III.38.
④ P. Allen, *Evagrius Scholasticus the Church Historian*, p.143.

达芙涅的郊区"①,"她(塞奥多西二世的皇后)重修了耶路撒冷的城墙"②等等。然而,与这些举措相比,拜占廷皇帝在东部边境地区不断建立新兴要塞城市以建立稳固防线的行为则更为引人瞩目。

在帝国的政治中心稳固地确定在东地中海世界后,拜占廷统治者就投入了极大的精力在东部边境的战略要地修筑了大量的军事要塞。在这些要塞中,最著名的是阿纳斯塔修斯于505年一场与波斯人的激战后建造的达拉(Dara)城。埃瓦格里乌斯写道:

> 它位于美索布达米亚地区,坐落在波斯和拜占廷帝国的边境上。阿纳斯塔修斯从平地上建起了这座城市。他建造了坚固的城墙来保卫它,同时还修建了许多著名的建筑——不仅有神圣的教堂,同时还有柱廊、公共浴室以及其他一些城市应有的设施。③

从这段记载不难看出,拜占廷人建立的军事要塞并非只为应急,而是要将其作为长期驻守的战略据点,因此才会配备适合军民两用的设施。除了驻军之外,还有一些平民居住在新建的军事要塞中,为士兵们提供必要的服务,进而带动了新兴城市的繁荣与发展。

到了6世纪,拜占廷人与波斯人的战争日益频繁,因此拜占廷统治者和一些军事将领加速了边防要塞的建设。这些要塞一般都依托有利地形建造,其中一些距离波斯的边境很近,拜占廷军队驻扎其中和对面的波斯军队形成对峙的局面。在莫里斯皇帝统治时期,东方战区司令官菲利皮库斯(Philippicus)就在距离波斯边境城市仅7斯达第的地方"建立了一座新城市,那座城市靠着山,十分安全,这样他们(拜占廷军队)就能准备反击了,并在那里度过了夏天"。④

这些军事要塞屡屡在激烈的战事中保卫了帝国东部边境的安全。例如在6世纪与波斯人的战斗中,拜占廷人依托新建立的堡垒城市多次重创波斯敌军。查士丁尼时期拜占廷最伟大的军事家贝利撒留就在这样的一场战斗中一举成名。普罗柯比在《战史》中详细地描绘了这一场景。530年波斯名将珀罗泽斯(Perozes)等人率领大军所向披靡地攻入拜占廷境内,最终在达拉城下与贝利撒留的拜占廷军队遭遇。贝利撒留力排众议,坚持以达拉要塞为依托正面迎敌。最终,在他的精妙指挥下,拜占廷军队凭借有利地势重创

---

① Evagrius Scholasticus, *The Ecclesiastical History of Evagrius Scholasticus*, I. 20.
② Ibid., I. 21.
③ Ibid., III. 37.
④ Ibid., VI. 14.

波斯军队,歼灭波斯兵将近万人,取得了达拉保卫战的胜利①。

随着历史的发展,当拜占廷帝国的国力在7—8世纪逐渐下降,不复查士丁尼"黄金时代"的盛世时,星罗棋布在东部边境地区各险峻之地的军事要塞则对帝国的存续起到了更为重要的作用,它们甚至在一段时间内改变了拜占廷军队的作战策略。在8世纪中期,面对强大的阿拉伯帝国每年的进攻,拜占廷军民利用这些要塞制定了行之有效的应对策略。当阿拉伯军队逼近小亚细亚边境时,附近地区所有军民均放弃乡村的田产,携带细软和给养就近躲入附近的要塞中,凭借坚固的堡垒抵抗阿拉伯人的进攻。在阿拉伯人最终无力攻陷城池,只得劫掠乡村后退兵的时候,拜占廷军队尾随其后果断出击,给其造成一定的杀伤②。这种局面维持了数十年,直到两个帝国达成和平协议。

拜占廷皇帝在5—6世纪对首都君士坦丁堡和东部边境其他地区的军事建设体现了东部地区成为帝国的政治中心后,拜占廷统治者对其安全的重视。这些军事设施反之也进一步巩固了东部地区,尤其是色雷斯和小亚细亚核心区域的地位。在之后的拜占廷历史中,该地区成为了帝国最为重要和安全的部分,对日后拜占廷帝国在危难时刻的生存起到了难以估量的作用。

除了军事建设外,拜占廷皇帝还在东部地区的城市建造了大量的民用建筑。柱廊、浴室和教堂这样的公共设施是重点的建设项目。埃瓦格里乌斯在作品中细致地勾勒了大量的工作。由于常年生活在安条克城,他对这里的一草一木都十分熟悉,在他的笔下,历代皇帝对安条克的修缮记录都清晰在册。例如在第一卷中,他就用整整一节的篇幅绘声绘色地描绘了塞奥多西二世统治时期安条克一些新建的教堂、柱廊和庭院③。此外他还着重记录了皇后尤多西亚对安条克公共浴室的重建,重建工作耗资高达200磅黄金④,这笔巨款相当于14400拜占廷索里德(Solidus),拜占廷统治者对城市建设的投入由此可见一斑。这种建设的成果是显而易见的,按照埃瓦格里乌斯所言,到了5世纪60年代利奥皇帝统治时期,安条克已经"人口非常稠密,几乎没有多余的空地,历代皇帝出于攀比之心修筑的建筑比比皆是"⑤了。

拜占廷皇帝们的城市建设直接促进了东部地区人口的增长和城市的发

---

① Procopius of Caesarea, *History of the Wars*, 1. XIV.
② W. Treadgold, *The Byzantine Revival*, Stanford, 1988, p.34.
③ Evagrius Scholasticus, *The Ecclesiastical History of Evagrius Scholasticus*, I.18.
④ Ibid., I.20.
⑤ Ibid., II.12.

展。据美国拜占廷学者特雷德戈尔德考证,至5世纪中期,帝国东部地区已有三座人口超过10万人的大都市,分别是首都君士坦丁堡、亚历山大里亚和安条克。此外人口数目超过1万的城市约有30余座①,这种密集程度在当时的欧洲地区堪称首屈一指。其他一些学者的研究成果表明,在6世纪查士丁尼统治下帝国的"黄金时期",首都君士坦丁堡的人口已经超过了50万②,埃瓦格里乌斯生活的安条克城人口也达到了30万左右③,均为当时世界上一流的大城市。

经过几个世纪拜占廷皇帝们对东部地区持续不断的建设,拜占廷东部边境和重点城市的安全形势大大改观。生活的安定加上城市内大量民生设施的建立,使得该地区的人口稳步增长。这些因素都进一步促使帝国将统治的中心牢牢地固定于东地中海地区,尤其是首都君士坦丁堡,并将这一传统保持到帝国灭亡之时。

第二节 君士坦丁堡成为东地中海世界的中心

一 史料中关于建都君士坦丁堡的争议

尽管今日的历史学家基本都对君士坦丁建设"新罗马"持称赞的态度,但是他的这一行为在拜占廷早期的历史学界还是留下了一些明显的争论。例如左西莫斯在《新历史》中直截了当地批评君士坦丁:

> 毫无必要地把国家的收入浪费在不值得的事以及无用之人上……因为他把挥霍等同于慷慨。④

当看到这样的文字时,我们很容易联想到皇帝个人的骄奢淫逸。然而,从左西莫斯的作品和同时代的历史文献中,我们却并没有发现更多类似的记载。综观左西莫斯作品涉及君士坦丁的部分,最能体现他所说的"浪费"之事便是君士坦丁修建了一座以自己名字命名的城市——君士坦丁堡。

左西莫斯在记录君士坦丁修建新都的动机时并没有过多探讨政治、经济和军事等因素,而归咎于君士坦丁的个人原因:

---

① W. Treadgold, *A History of the Byzantine State and Society*, p.138.
② R. Browning, *Justinian and Theodora*, p.32.
③ G. Downey, "The Size of the Population of Antioch", *Transactions and Proceedings of the American Philological Association*, Vol.89(1958), p.90.
④ Zosimus, *New History*, II.38.(1).

> 由于无法忍受几乎每个人对他的诅咒,君士坦丁开始寻找一个可以媲美罗马的城市,他不得不在那里给自己修建宫殿……他来到了拜占廷,对这座城市的位置很满意,于是便开始尽力扩建,使其能成为符合皇帝身份的驻地。①

显然,按照左西莫斯的看法,修建君士坦丁堡是因为君士坦丁在罗马不受欢迎,才不得不另觅新都。因此这座城市从诞生之初就是多余的,耗费巨资扩建它显然是一种浪费。如果君士坦丁能够遵循罗马传统的宗教和政治制度,那么他本来是可以继续选择"符合皇帝身份"的罗马作为都城的。

在这样的基调下,左西莫斯之后谈到君士坦丁堡的扩建工程时延续了这种负面的描述:

> 公共财富被用在那些最没有用处的建筑上。同时他刚刚修建的一些建筑很快就被推倒,因为仓促的建设使那些房子变得极其不安全。②

在迁都君士坦丁堡后,君士坦丁给城里的居民建立了食物配给制度。因为对君士坦丁及其新都的偏见,这一本来颇为符合罗马传统的举措在左西莫斯眼里也变成了一种挥霍:

> 当和平降临之后,他便沉迷于享乐之中。他免费给拜占廷城的居民每日发放谷物,如此的举措一直延续至今。③

最后,当君士坦丁堡成为帝国第一大城市之后,在谈到他所在的新都现状时,左西莫斯也把本来是建筑密集、人口众多的繁荣景象描绘成令人厌恶的情景:

> 世界各地的大量没有必要的人都被吸引到了这座城市……建筑之间彼此挨得过近,居民无论是在家中还是街道上都因为空间狭小而感到拥挤。因为有太多的人和野兽,在城市中徒步行走也是非常危险的……④

显然,如果单纯依靠左西莫斯作品的话,我们很容易得出君士坦丁出于一己之私肆意挥霍帝国财富,修建了一座并不必要,同时难以令人满意的新都城这一结论。

然而,《新历史》中"挥霍者"形象的君士坦丁到了基督徒的笔下却变成

---

① Zosimus, *New History*, II. 30. (1)-(2).
② Ibid., II. 32. (1).
③ Ibid., II. 32. (1).
④ Ibid., II. 35. (1)-(2).

了一位伟大的建设者。在他们的作品中,君士坦丁的建设成果比比皆是①,尤其是谈到新罗马——君士坦丁堡时,更是充满了溢美之词。对于5—6世纪的基督教史家来说,在他们所处的时代基督教已经成为帝国的国教,而君士坦丁堡便是这个基督教帝国的都城。正像埃瓦格里乌斯所言:

> 君士坦丁建立了以他名字命名的城市,并将它献给了基督。②

这种由宗教感情引发的赞颂对于基督教学者来说是非常自然的。

例如,在建城的动机问题上,基督教史家不承认君士坦丁是因为在罗马受到诅咒而被迫兴建新都。同时在新都的选址问题上,他们认为这是上帝指引的结果,与左西莫斯描绘的心血来潮改变主意的君士坦丁截然不同:

> 当他开始工程(特洛伊)后,在夜里,上帝出现在了他的梦中,并且命令他寻找一个新的地点。在上帝的带领下,他来到了色雷斯的拜占廷,这里与比提尼亚的卡尔西顿隔海相望……为了遵守上帝的命令,他开始扩建这座之前被称为拜占廷的城市。③

此外,在基督徒的笔下,这座以君士坦丁大帝命名的城市绝非如左西莫斯所言到处都是"不安全的房子"和"没有必要的人",并因"空间狭小"而让人不快,相反,他们描绘的是一座建筑雄伟,人口众多的繁华大都市:

> "(君士坦丁)用高耸的城墙环绕它,用大量的建筑装点它。"④"他意识到原来的居民对于这么一座伟大的城市来说实在太少了,于是他在南边建立了很多富丽堂皇的住宅,让那些来自旧罗马和世界各地有身份的人迁居于此……他为城市的居民供应食物,并尽力给城市提供一切的必需品。"⑤

与前文提到的君士坦丁杀妻杀子的争论相似,基督教史学家和多神教史学家再一次对同一历史事件给出了截然相反的描述。对于左西莫斯这样的多神教徒来说,抛弃祖先建立的宗教和政治中心——罗马,这是一个难以接受的选择,即使新都城更加壮丽辉煌,也只会加重他伤感的情怀。反之对于基督徒来说,一座坐落于他们世代生活的东地中海地区的基督教都城是完美无缺的选择,为此他们也可以对左西莫斯作品中描绘的那些缺点视而不见。

---

① 例如索卓门在其《教会史》中专门用一章详细列举君士坦丁登基后修建教堂的事迹。Sozomen, *Ecclesiastical History of Sozomen*, I. VIII.
② Evagrius Scholasticus, *The Ecclesiastical History of Evagrius Scholasticus*, III. 41.
③ Sozomen, *Ecclesiastical History of Sozomen*, II. III.
④ Socrates Scholasticus, *The Ecclesiastical History of Socrates Scholasticus*, I. XVI.
⑤ Sozomen, *Ecclesiastical History of Sozomen*, II. III.

作为处于中立立场的现代学者,我们自然没有左西莫斯这样的"遗民"心态,同时也不会相信君士坦丁建立新都真的是神指引的结果。显然,如何在这一问题上给予君士坦丁恰如其分的评价,关键在于在当时的历史背景下是否有必要建立一座新的都城,以及这座新的都城是否在后来历史的发展中发挥了正面的作用。当这两个问题得以解答后,君士坦丁究竟是"挥霍者"还是伟大的"建设者"也就不言而明了。

如前文所述,在君士坦丁继位之前,西部帝国已经处于不可挽回的持续衰落中,罗马的实际地位也日益下降,帝国中具有远见的统治者已经意识到了东地中海的重要性,并长年驻扎于此。

君士坦丁统一帝国之后,与长期居住在小亚细亚尼科米底亚的戴克里先一样,他在选择自己驻节地时也将目光投向了东地中海地区。在特洛伊、尼科米底亚、萨尔迪卡和塞萨洛尼基等候选都城中,君士坦丁独具慧眼选中的拜占廷城具有极其重要的战略地位和地理优势。城市三面环水,东临博斯普鲁斯海峡,南靠马尔马拉海,北依黑海,只有城市的西部能够受到来自陆地方向的威胁。与此同时,它位于欧亚大陆的交汇之处,控制着黑海到爱琴海进入地中海的水上交通要道,四通八达的交通线路让其成为了古代众多重要贸易商路的中转站。此外,君士坦丁堡北部被称作"黄金角"的海湾是一个条件极佳的良港,进一步方便了世界各地的商人在这里进行贸易活动,这一得天独厚的条件也让城市的繁荣具备了重要的条件。

在新都的建设中,君士坦丁如基督教历史学家描绘的那样首先关注城防建设。他将拜占廷古城的旧城墙改建为高大的皇城城墙,并且重新在新城市的最西侧修建了长约3000米的君士坦丁城墙。加上上文提及的塞奥多西城墙的修建,将绝大部分城市设施都置于城防的保护之内。至此,在最易受到威胁的城市西侧,拜占廷人已经自西向东拥有了塞奥多西城墙、君士坦丁城墙和皇城城墙三道固若金汤的城防工事。

在日后的历史中,君士坦丁堡坚固的城防工事屡屡挽救帝国于危难,让时常与战火相伴的拜占廷人的统治即使处在风雨飘摇之中也能得以延续。在冷兵器时代,君士坦丁堡高大的城墙多次阻挡了阿瓦尔人、波斯人、阿拉伯人、保加利亚人、罗斯人和塞尔维亚人等敌军精兵强将的进攻,让他们只得望城兴叹。如9世纪保加利亚汗王科鲁姆这样的一代枭雄尽管实现了"把我的矛插在君士坦丁堡的黄金门上"[①]这一梦想,但是终其一生也未能再向前挺进一步。可以说,君士坦丁建立的这座新都城以其完善的城防设施,保证了

[①] Theophanes Confessor, *The Chronicle of Theophanes Confessor*, Oxford: Clarendon Press, 1997, AM 6305.

帝国统治的安全。

除了军事建设外,如上文所述,君士坦丁还在新都建造了大量的民用建筑,如柱廊、浴室和教堂这样的公共设施是重点的建设项目。这些建设直接促进了新都人口的增长和城市的发展。根据现代学者普遍承认的估算,至苏格拉底、索卓门和左西莫斯等人生活的 5 世纪中期,君士坦丁堡人口已经远远超过了 10 万[1]。在埃瓦格里乌斯所处的查士丁尼统治下帝国的"黄金时期",首都君士坦丁堡的人口一度超过了 50 万[2],可谓当时世界上首屈一指的大都市。至此,拜占廷人的命运和君士坦丁堡牢牢联系在了一起,直到 1453 年 5 月 29 日奥斯曼土耳其人攻陷这座都城。

由此看来,君士坦丁大帝选择拜占廷古城作为帝国新的首都,并不惜耗费巨资,体现了他卓越的战略眼光。即使在建设动机上如左西莫斯所言部分出于私心,同时在建城过程中有他描绘的"浪费"现象,但是这些都无法掩盖这一选择的正确性。从君士坦丁堡在拜占廷帝国之后历史进程中发挥的作用来看,这座城市的创建者——君士坦丁,无愧于一个伟大的建设者形象。

二 作为政治、经济、文化中心的君士坦丁堡

公元 325 年,君士坦丁大帝开始兴建新都君士坦丁堡——"新罗马"。他不但亲自圈定了城市的范围,还事无巨细地指导着新都的建设。他下令调集帝国各地的奇珍异宝和古代著名的遗迹,充实到新都之中。今天我们在伊斯坦布尔的大赛车场遗址还能够看到来自于埃及的方尖碑和德尔菲的蛇形雕像。同时,出产自黑海沿岸的优质原木、爱琴海岛屿的彩色大理石等珍稀建筑材料也被用于首都的建设工作。

公元 330 年,经过日以继夜的辛勤劳作,一座规模巨大的"新罗马"城拔地而起。这座富丽堂皇的都城最终成为拜占廷帝国和东地中海世界的政治、经济和文化中心。

君士坦丁堡中心地位的获得与皇帝的支持是分不开的。君士坦丁鼓励和命令原罗马城骑士以上的贵族全部迁居新都,为他们免费提供新居,并且给予了他们荣耀的头衔。与此同时,皇帝也为移居到君士坦丁堡的平民提供了免费的面包供应等福利,满足他们在此的基本生活需求。在建城之后,东地中海世界各主要粮食产区的资源接连不断被运往首都,仅埃及就为当年的

---

[1] W. Treadgold, *A History of the Byzantine State and Society*, Stanford: Stanford University Press, 1997, p. 138.

[2] R. Browning, *Justinian and Theodora*, London: Thames & Hudson, 1987, p. 32.

君士坦丁堡无偿提供了足够 24 万人食用的谷物①。此外,为了解决首都缺乏饮用和洗浴用水的难题,君士坦丁及其后人还完成了一项耗资巨大的引水工程,将水源从首都以西的河流中引入城市,并且在城市中修建了大量的开放或封闭式的储水设施,以查士丁尼的地下水宫最为著名。这座让人惊叹的公共设施至今依然是伊斯坦布尔最吸引游人的景点之一。

尽管君士坦丁大帝极力提高新都的地位,但是君士坦丁堡成为帝国的政治中心还需要一段时间的过渡。受传统的影响,罗马和米兰等西部重镇依然在国家的政治生活中扮演着重要的角色。4 世纪大部分的拜占廷皇帝们并未一直驻节于君士坦丁堡。君士坦丁大帝就曾多次长时间地在帝国西部处理政务,并且政府班子的绝大多数成员也与皇帝一起行动②,塞奥多西一世更是经常在米兰治理国务。与此同时,一些皇帝还继承了戴克里先"帝国分治"的传统,将帝国分给自己的继承人们,或选择共治者共同管理。值得注意的是,虽然此时帝国的首都位于东部地区,但是驻节于西部的君主的地位却往往更高。君士坦丁大帝去世后将帝国分给三个儿子,其中受封于不列颠和高卢等西部领土的是最为年长的君士坦丁二世(Constantine II, 337—340 年在位)。364 年成为帝国皇帝的瓦伦提年一世(Valentinian I, 364—375 年在位)则自己选择了帝国西部地区,而任命其弟瓦伦斯为东部的皇帝。378 年瓦伦斯兵败身亡后,当时的西部皇帝、瓦伦提年一世之子格拉提安(Gratian, 375—383 年在位),任命部将塞奥多西为东部皇帝,自己依然在罗马进行统治。显然,在一些皇帝的心目中,西部地区作为帝国传统的政治中心依然占有更为重要的地位。

这种局面在 4 世纪末期发生了根本性的转变。塞奥多西一世在位期间重新统一了帝国,他在临终划分领土时,命长子阿尔卡迪乌斯统治东部,而将西部留给了次子霍诺留。同时,在行政区域划分上,原属于帝国西部的达吉亚和马其顿地区也被划归东部帝国管辖。以奥斯特洛格尔斯基为代表的一些现代拜占廷史学家认为,这样一种安排与先前的皇帝截然不同,体现了塞奥多西对东地中海世界重要性的清醒认识③。至此,帝国将统治的中心牢牢地固定于东地中海地区,尤其是首都君士坦丁堡。在之后一千年的历史中,除了几次特殊的情况外,君士坦丁堡的皇帝再也没有离开过首都前往西部地区,君士坦丁堡的政治中心地位最终确立。

如前文所述,君士坦丁堡本身具有得天独厚便于商业活动的地理条件。

---

① W. Treadgold, *A History of the Byzantine State and Society*, p. 45.
② Ibid., p. 39.
③ G. Ostrogorsky, *History of the Byzantine State*, p. 44.

在建城之后，它很快也成为东地中海世界的经济中心。城区中心规模庞大的商业区汇集着来自于世界各地的商品和奇珍异宝。繁荣的商业活动让君士坦丁堡繁荣富庶的名声传遍四海，甚至远在古代中国也留下了"大秦宝众"的美名。

拜占廷早期的统治者们还通过各项改革措施进一步激发了首都的经济活力，促进商业繁荣。例如，君士坦丁大帝统治时期，为了扩大税源，曾经向城市中从事贸易和工商业的人士征收一种以黄金缴纳的重税——洁净税（或译为金银税，Chrysargyron/collation lustralis）。这项税收让帝国的大城市的民众，尤其是商贸活动最为繁荣的君士坦丁堡民众苦不堪言。到了5世纪，拜占廷皇帝阿纳斯塔修斯面对元老贵族的反对，巧施妙计废除了这种税收，一定程度上减轻了首都工商业者的沉重负担，进一步促进了东地中海世界的商业复兴。

> 阿纳斯塔修斯皇帝还做了一件伟大和极好的事情，他废除了洁净税，这件事是一定要记载的……他用最匹配皇帝身份的行为废除了它。这是强加在许多通过提供服务而谋生的人身上的枷锁……每隔四年，那些负责在各地征收这项税款的人将这项邪恶可憎的收入交送给最高级的官员……而且有专门的"财库"（Scrinia）来保存这项收入……
>
> 当阿纳斯塔修斯发现这项弊政后，他就将其提交到元老院，正确地宣布这是一项可耻的税收，命令立即、永远加以废除，之后将这项税收的记录文件投入火中焚毁。因为他希望能将这种行为全部奉献给上帝，以免让后人再次重拾这项不虔诚的税收，他就假装很烦恼并且责备自己的考虑不周和愚蠢：他说在这项变革进行后，发现自己忽略了国家的利益，掉以轻心地并且不周全地中止了这么可观的一笔收入……在隐藏了所有内心想法后，他宣布希望能够恢复这项税收。然后，他召集了那些负责征收这项税款的官员，宣布非常后悔，但是却没有什么办法来解决或改正他的错误，因为那些记录了这项税款的文件都已经被烧毁了。这些官员们也都为这项行动而痛心疾首，他们这样做是发自肺腑而非伪装的，因为这让他们损失了大笔非法收入。阿纳斯塔修斯随即承认他也遭受了相近的损失，然后鼓励官员尽力去调查以找出是否还能从各个城市的文件中汇集出完整的税收记录。之后阿纳斯塔修斯给他们提供了资金以让每个人都去按照指示去搜寻与此有关的每一份文件，而他命令无论在哪里发现这样的文件，都要立即呈送，这样整个文件就能以最仔细和精心的方式重新编纂起来。
>
> 这样，过了一段时间，派出去的人陆续归来，阿纳斯塔修斯变成了一

个幸福的人并且表现得十分开心,但是这回他的开心是出于真心的,因为他完成了目标。他询问了整个过程,包括他们是如何并且和谁一起发现这些文件的,以及是否还有相近的文件没有被交送给他。当他们保证已经尽力搜寻了这些文件并且发誓全国内已经没有其他相关文件之后,阿纳斯塔修斯再次将这些文件烧毁,并且用水冲走了灰烬,以抹去所有痕迹,这样关于这项税收就再也没有任何灰烬和踪迹留下了,因为它们已经全部被烧毁了。[1]

此外,一个稳固可靠的货币体系的建立也对东地中海世界的商业活动提供了可靠的保障。作为这一地区的商业中心,君士坦丁堡无疑是货币改革最大的受益者。3世纪后,罗马帝国的货币体系彻底崩溃。这不仅导致了物价暴涨,并且使经济发展严重倒退,甚至在帝国内很多地区出现了物物交换的行为。为了应对这一问题,君士坦丁大帝创造了一个地中海世界前所未有长时间稳定的通货体系。他将4.48克足金定为1索里德(Solidus),以72索里德为1镑。同时规定1索里德的价值等于24枚2.24克的银币(Seliqua)[2]。拜占廷的金币体系从此长期保持稳定,一直延续到11世纪。

然而,索里德的金币体系在实际商业活动中也有一些弊病。它的币值虽然极为稳定,但是价值过高,在普通商业交换中使用并不方便。帝国当时的辅币体系并不完善,市面上流通的铜币不但数量稀少,并且质量低劣,非常不受民众欢迎。到了5世纪末,阿纳斯塔修斯皇帝针对这一问题于498年再次进行了货币改革,发行了一种汇率适当浮动,与金币价值挂钩的优质铜币弗利(Follis)。他在东地中海世界设立了三个铸币厂铸造弗利,其中最重要的一个就是位于首都君士坦丁堡[3]。大量发行的优质铜币深受拜占廷民众的喜爱,很快进入了商业流通领域,进一步保障了首都和其他大都市经贸活动的进行。到了5—6世纪时,发达的手工业和商业使君士坦丁堡的经济地位进一步提高,无可争议地成为全国的经济中心。

与此同时,君士坦丁堡的文化发展也进步神速,新都逐渐成为帝国和东地中海世界最重要的文化中心。安全舒适的环境、繁荣昌盛的城市生活以及强大的政治吸引力促使整个帝国各地的精英学者纷纷涌入新都。拜占廷统治者聘请了许多著名学者整理注释古希腊罗马时代的重要文献。哲学、文法学和修辞学等古典时代的热门学科依然是帝国的显学,像《荷马史诗》这样的古代著作成为了学者教授修辞学的优良教材。诸如希罗多德、修昔底德和

---

[1] Evagrius Scholasticus, *The Ecclesiastical History of Evagrius Scholasticus*, III. 39.
[2] G. Ostrogorsky, *History of the Byzantine State*, p. 41.
[3] A. A. Vasiliev, *History of the Byzantine Empire*, Vol. 1, p. 113.

波里比阿等古典作家也让拜占廷的史学家仰慕不已。本书重要史料来源的作者普罗柯比和埃瓦格里乌斯都多次在自己的著作中表示出对他们的尊崇。

随着政治中心地位的确立,君士坦丁堡也很快成为帝国的法学研究重镇之一。当时东地中海世界的法律教育的中心主要在首都君士坦丁堡、亚历山大里亚、贝鲁特。到了6世纪,亚历山大里亚开始被拜占廷和波斯人的战争波及,并于7世纪上半叶被阿拉伯人永久占领。贝鲁特则在551年遭遇地震后很长时间都没能恢复,君士坦丁堡逐渐成为帝国法学研究的唯一中心①。政府开办法律学校,培训大量急需的司法人才。《教会史》的作者埃瓦格里乌斯就曾经在查士丁尼统治时期,从叙利亚来到了君士坦丁堡接受法学培训②,学业期满后很快受到了安条克宗主教的器重,成为其私人法学顾问,晋身显贵阶层。在588年10月,他举行婚礼迎娶第二位妻子,安条克人甚至都把这场婚礼当成节日并举行了公共庆典以示庆祝③,体现了他在城市中的影响力。

君士坦丁堡良好的文化环境和首都的身份还使它成为地中海世界各地贵族子弟心驰神往的求学之地,他们一同在君士坦丁堡各所学校中接受教育,使首都教育中心的地位日益凸显,逐渐取代了地中海世界原有教育重镇的地位。公元5世纪之前,雅典一直是东地中海世界古典文化教育的中心。来自地中海各地的修辞学者和雄辩家们云集于此,他们享受着帝国和城市提供的优厚报酬。随着4世纪末基督教成为帝国国教,以及西哥特人入侵的影响,雅典的教育遭受了重大破坏④。

对雅典地位的另一重大打击来自首都君士坦丁堡。425年,塞奥多西二世皇帝下令组建君士坦丁堡高等学校⑤。皇帝从地中海各个地区,比如阿非利加、叙利亚等地区,高薪聘请顶尖学者前来任教。这所新学校拥有独立的教学建筑,里面有宽敞舒适的教室。授课的学者们拥有终身职位,不但收入极高,并且享有崇高的地位。学校开办之初就有31位教授在此讲授文法、修辞、法学和哲学等。值得注意的是,在这31名学者中,除了一位哲学家和两位法学家,其余28名文法修辞学者中有15人用希腊语任教,超过了用拉丁

---

① 关于早期拜占廷帝国法律培训的扩展知识可参见 A. H. M. Jones, *The Later Roman Empire 284-602*, pp. 511-513。
② P. Allen, *Evagrius Scholasticus the Church Historian*, p. 2.
③ Evagrius Scholasticus, *The Ecclesiastical History of Evagrius Scholasticus*, VI. 8.
④ A. A. Vasiliev, *History of the Byzantine Empire*, Vol.1, p. 100.
⑤ 很多英文著作直接将其翻译成"大学"(University),为了避免和中世纪晚期后具有现代意义的"大学"概念混淆,本书在此用"高等学校"这一名称称呼这所拜占廷最高学府。

语任教的学者数量①。这说明尽管此时拉丁语还是帝国的官方语言,但是希腊语已经变得越来越受到重视,这也为6世纪末期希腊语取代拉丁语官方语言的地位埋下了伏笔。在这一此消彼长的过程中,君士坦丁堡高等学校有力地挑战了雅典学院在教育领域的地位。随着查士丁尼时期后者被皇帝关闭,君士坦丁堡在6世纪彻底成为东地中海世界教育的中心。

三 作为宗教中心的君士坦丁堡

君士坦丁堡成为帝国政治、经济和文化中心与其首都的地位密不可分,它成为帝国宗教中心的过程则相对更为曲折。与我们较为熟悉的罗马教会相比,目前国内对于君士坦丁堡教会的关注尚显薄弱,尤其对于其在4—6世纪地位初步形成的过程更缺乏系统性的研究。笔者认为,对该问题加以分析探讨,有助于我们完善早期基督教会史和拜占廷史的研究体系。同时,研究当今基督教世界内与罗马教会(天主教)具有同等重要地位的君士坦丁堡教会(东正教),对我们认识基督教现状具有较大的现实意义。因此笔者专辟一节,对君士坦丁堡成为东地中海世界宗教中心的过程简要加以介绍。

与政治中心一样,拜占廷帝国的宗教中心在帝国建立之初也是位于西部地区。罗马凭借使徒教区的身份和悠久的传统在基督教世界获得了首屈一指的地位。它不但能够直接领导东至塞萨洛尼基在内的、广大帝国西部地区的诸教会,同时和东部的亚历山大里亚教区也有传统的联盟关系,并可借此对东部诸教区施加影响。

相反,君士坦丁大帝刚刚迁都君士坦丁堡时,后者只是色雷斯地区赫拉克里亚(Heraclea)都主教治下的一个小教区,影响力十分有限。然而,随着首都地位的确立,它在基督教会中的地位也节节高升。在公元381年的第二次基督教大公会议通过的第3条教规宣布:

> 君士坦丁堡教区的地位仅次于罗马,君士坦丁堡就是新罗马。②

这一决定标志着君士坦丁堡教区走向争夺基督教世界领导权的道路。

显而易见,君士坦丁堡教区地位飞速的攀升是对罗马教区的一大挑战。因此,为了维护和巩固自身地位,4世纪末到5世纪初的一段时间内,罗马主教一直试图和东部盟友亚历山大里亚主教联手遏制君士坦丁堡教区的发展。例如,在君士坦丁堡主教获得仅次于罗马主教地位的同年,罗马主教达马苏斯(Damasus)就指使治下的塞萨洛尼基主教阿斯科里乌斯(Ascholius)联合

---

① A. A. Vasiliev, *History of the Byzantine Empire*, Vol.1, pp.100-101.
② H. R. Percival, ed., *The Seven Ecumenical Councils*, NPNF2-14, p.250.

亚历山大里亚主教提摩太(Timothy)攻击德高望重的君士坦丁堡主教纳西益的格里高利(Gregory of Nazianzus)，最终迫使其辞职①。此后他们又多次攻击君士坦丁堡教区。公元404年塞奥菲鲁斯(Theophilus)利用君士坦丁堡主教"圣金口"约翰与皇后的矛盾使他先后两次被皇帝放逐②，直至客死他乡。公元431年在以弗所大公会议上，足智多谋的亚历山大里亚主教西里尔在罗马主教凯莱斯廷(Celestine)的协助下联合盟友以弗所主教门农(Memnon)，罢免了君士坦丁堡主教聂斯托利③，罗马和亚历山大里亚的联盟一再取得胜利。这一事实表明，直到埃瓦格里乌斯作品开端的5世纪30年代，尽管首都君士坦丁堡的宗教地位不断提高，但是罗马主教依然是众主教中最有影响力的主导者。

然而，出人意料的是，在以弗所大公会议结束之后，东部诸教区中率先对罗马教区进行挑战的并非君士坦丁堡，而是罗马的传统盟友亚历山大里亚教区。在罢免了聂斯托利后，君士坦丁堡教区和罗马教区的关系在其后的20余年间波澜不惊，没有进一步的冲突。东部的另一大宗主教安条克主教只是希望确保自己在叙利亚和巴勒斯坦地区的地位，对于争夺基督教会的最高领导权没有表现出浓厚的兴趣。反而是罗马和亚历山大里亚教区密切的关系随着政治利益的变化最终改变，尤其是亚历山大里亚教区密切的关系444年去世后，继任者狄奥斯库鲁志大才疏，一心追求基督教会的最高领导权，这使罗马主教产生了不满，开始调整对亚历山大里亚教区的态度。双方逐渐积累起来的矛盾最终在基督一性论争端中爆发。

如前文所述，当尤提克斯发展西里尔的神学思想，提出"基督一性论"的观点后，狄奥斯库鲁立即支持，罗马主教利奥却严加反对，并暗中支持君士坦丁堡主教弗拉维安于公元448年召开宗教会议遣责尤提克斯。诚然，这种决定可能有宗教信仰的原因，但是罗马教区和亚历山大里亚教区如此明显的冲突在之前非常罕见。从政治角度分析，这是罗马对狄奥斯库鲁的警告。然而狄奥斯库鲁对此视而不见，在一年后的第二次以弗所基督教会议上，他依仗皇帝塞奥多西二世的支持，拒绝宣读罗马主教利奥提交的信件，更将得到罗马支持的弗拉维安放逐后迫害致死④。这样，长久以来的罗马和亚历山大里亚的联盟正式破裂，相反，罗马和君士坦丁堡教区在反对基督一性论的斗争

---

① J. H. W. G. Liebschuets, *Barbarians and Bishops: Army, Church and State in the Age of Arcadius and Chrysotom*, Oxford, 1991, p. 161.
② Ibid., pp. 204-207.
③ Evagrius Scholasticus, *The Ecclesiastical History of Evagrius Scholasticus*, I. 5.
④ Ibid., II. 2.

中逐渐拥有了共同利益。在451年召开的卡尔西顿大公会议上,罗马主教利奥的特使和君士坦丁堡主教一起与亚历山大里亚主教狄奥斯库鲁进行了激烈的斗争。埃瓦格里乌斯在作品中记录了利奥的特使宣读的一篇针对狄奥斯库鲁的檄文,从中我们可以看出二者之间的矛盾已然不可调和:

> 恶贯满盈的亚历山大里亚主教狄奥斯库鲁……我们不谈其他事情,而来看看他的罪行,他凭借自己的权力公然对抗教规,并且和尤提克斯走到了一起……这些人应该对最神圣的利奥主教和神圣的大公会议保持恭顺,这样他们就可以被我们看作信仰上的同伴,但是这个家伙固执己见,甚至犯下了应该令他痛心疾首并且跪在地上请求饶恕的恶行。此外,他甚至拒绝宣读受主祝福的罗马主教利奥写给被看作圣徒的弗拉维安的信,之前他已经被那些送信人再三劝告,要求他宣读这封信……但是,尽管他犯下了这么多恶行,我们还是可以宽恕他之前不虔诚的行为,因为连其他那些权力不如他大的主教们都是上帝所钟爱的,但是他又犯下了更大的罪行,居然胆敢宣布罢免最神圣的罗马主教利奥……同时,他屡次践踏教规,最终自食其果。最神圣和受到祝福的伟大的罗马主教利奥通过我们和现在的这次会议,与被多次祝福和盛名远扬并且是正统信仰基石的彼得教区一起剥夺他主教的职位以及所有作为教士活动的资格。因而,现在这个神圣和伟大的会议对狄奥斯库鲁施行了与教规相符的制裁。①

通过这段记录,我们不难看出,罗马主教真正的不满并非是狄奥斯库鲁接受了尤提克斯的神学理论以及迫害君士坦丁堡主教弗拉维安,而是在于他拒绝服从利奥的命令,甚至胆敢挑战利奥现有的地位。因此,在卡尔西顿大公会议上爆发的罗马与亚历山大里亚的冲突也绝非仅仅因为教义上的异见,而是一次争夺基督教区领导权的政治斗争。最终,在君士坦丁堡主教的协助下,利奥的意见得到了皇帝马西安的支持,狄奥斯库鲁和尤提克斯都被放逐。卡尔西顿会议的决议也意味着亚历山大里亚教区标志性的失败。从塞奥菲鲁斯开始,亚历山大里亚的主教们就一直试图成为帝国东部地区基督教会的最高首领。然而,卡尔西顿会议后,他们的这一理想彻底破灭,亚历山大里亚再也无法获得宗教领域的领袖地位②。

但是,罗马和君士坦丁堡教区在对亚历山大里亚教会的斗争中形成的短暂合作关系却未能保持长久。亚历山大里亚教区的失败使得拜占廷基督教

---

① Evagrius Scholasticus, *The Ecclesiastical History of Evagrius Scholasticus*, II. 4.
② J. B. Bury, *History of the Later Roman Empire*, Vol. 1, p. 358.

会内部的政治关系由三足鼎立演变为两强对峙。争夺基督教会最高领导权的教区仅剩君士坦丁堡和罗马。与此同时,在卡尔西顿会议上通过的第28条教规给予了君士坦丁堡教区与罗马平等的地位①,这让罗马主教利奥极为不满。他严辞表明这一决定是"与教父们确定的教规相矛盾的,是对抗圣灵的地位和古典时代传统的表现"②。由此双方走向了新的冲突。

尽管此时君士坦丁堡教会在皇帝的扶植下已经在名义上获得了和罗马教会平等的地位,但是与后者相比,依然有一些明显的劣势阻碍其成为帝国的宗教中心。首先,从宗教传统来看,罗马教区相传由圣彼得和圣保罗建立,它是高贵的使徒教区。如前文所述,君士坦丁堡教区没有这种背景,这在一定程度上影响其在教会中的号召力。正如452年罗马主教利奥一世在给君士坦丁堡主教阿纳托里乌斯(Anatolius)的信中表示的那样:

> 君士坦丁堡甚至不具备都主教的资格,即使它是皇帝所在的城市,也不能使其成为使徒教区。③

其次,从4世纪末到5世纪上半叶各宗主教区的势力范围来看,罗马教区是整个西部基督教世界的领袖,同时东部部分教区,如塞萨洛尼基教会也归其管辖,在所辖区域内,罗马主教在宗教问题上有绝对的权威。反观君士坦丁堡教区,虽然其不断壮大,但此时也仅对色雷斯、黑海地区和小亚细亚地区大部具有管辖权。在东部其他地区,除罗马的下属外,亚历山大里亚等宗主教区,乃至以弗所这样的都主教区都不同程度地保持着独立性。因此在这一时期的宗教会议上,如前文提到的第二次以弗所宗教会议,经常出现君士坦丁堡教会被其他一些教区孤立的情形。

尽管有这两点劣势,但是君士坦丁堡教区却也有罗马教区不能比拟的一大优势,即绝大多数拜占廷皇帝的强力支持。尤其是5世纪之后,当帝国的政治中心逐渐稳定地确定在君士坦丁堡之后,除了少数时期,皇帝越来越难以控制远在意大利的罗马主教。相反,皇帝对卧榻之侧的君士坦丁堡教区的人事和组织的管理则要容易许多。当罗马教区的独立性日趋明显时,为了维护基督教作为帝国精神统治工具的作用,拜占廷君主们迫切需要扶持一个便于控制的宗教领袖,君士坦丁堡主教就是最好的选择。因此,君士坦丁堡教区每一次地位提升都与皇帝的意志有密切关系,直至在卡尔西顿会议上取得了与罗马教区名义上平起平坐的地位。

---

① H. R. Percival, ed., *The Seven Ecumenical Councils*, *NPNF2-14*, p. 384.
② W. H. C. Frend, *The Rise of the Monophysite Movement*, p. 146.
③ Ibid.

凭借皇帝的支持,君士坦丁堡教区逐渐从多方面加强自身的地位。这一趋势在埃瓦格里乌斯的作品中体现得十分明显。首先,卡尔西顿会议后,君士坦丁堡教会开始改善同东部其他教区,尤其是亚历山大里亚教区的关系,同时极力维护自身在东部教会中的领导地位。亚历山大里亚教区在卡尔西顿会议之后,地位迅速下降,至少一段时间内不可能构成对君士坦丁堡教区的实质威胁。这样,二者因为争夺东部基督教世界领导权所造成的尖锐矛盾暂时得以缓解。从主教阿卡西乌(Acacius,471—489年在位)任内开始,君士坦丁堡教区逐渐调整了对亚历山大里亚教区的敌对态度,并在皇帝的支持下有计划地改善了双方的关系。改善的标志是482年颁布的《联合诏令》。这一诏令是阿卡西乌促使泽诺皇帝颁布的,有利于实现与亚历山大里亚和解的宗教政策。其旨在调和支持《卡尔西顿信经》的基督徒(君士坦丁堡教会支持这一信经)与支持基督一性论的宗教势力(主要为亚历山大里亚教会)之间的矛盾。它回避了基督性质这一焦点争论,着重谴责了聂斯托利异端和尤提克斯的神学思想,这在一定程度上缓解了君士坦丁堡与亚历山大里亚教会之间紧张的对立局面。阿卡西乌对诏令的颁布起到了重要作用,除了向泽诺皇帝提出建议外,按照埃瓦格里乌斯的记载,他还专程派特使赴亚历山大里亚与刚刚上任的主教彼得·蒙古斯(Peter Mongus)和谈,最终使后者接受并对全亚历山大里亚教徒宣读了这一诏令①。尽管亚历山大里亚教会并没有因为这一诏令而放弃自己的一性论信仰,但是在此后很长一段时间内,君士坦丁堡和亚历山大里亚教会没有发生如第二次以弗所宗教会议上那样的剧烈冲突。

除了对亚历山大里亚教会的缓和政策,君士坦丁堡主教还极力维护对所辖教区的控制和管理权。笔者曾经在前文提到,君士坦丁堡主教阿卡西乌因为与小亚细亚地区的一些主教发生分歧,强令后者书面道歉认错。在卡尔西顿会议后,君士坦丁堡主教越发坚决反对罗马教区干涉东部教会事务,为此不惜与其发生正面冲突。

当拜占廷皇帝瓦西里斯库一度做出对罗马教会有利的决定,给予罗马宗主教干预东部教会主教任免的权力时,君士坦丁堡宗主教阿卡西乌敢于正面驳斥皇帝:

> 那些被光荣的首都掌控的省份应该交还给虔诚的和最神圣的宗主教阿卡西乌。当然,那些现在还是最为上帝所钟爱的主教们可以保住位

---

① Evagrius, *The Ecclesiastical History of Evagrius Scholasticus*, III. 13.

置……不允许有任何挑战光荣无污的首都任命主教的权力的事情发生。①

双方在《联合诏令》颁布后爆发的激烈对抗将冲突推向极致。罗马主教菲利克斯(Felix)在得知诏令的内容之后勃然大怒,在其眼中,这一诏令实质是对罗马教区主导的《卡尔西顿信经》的背离。埃瓦格里乌斯记载道:

> 菲利克斯给阿卡西乌写了一封信,在信中宣布因为与彼得联合的问题而罢黜阿卡西乌。阿卡西乌对此并不接受,他认为这种行为不符合教规……之后,菲利克斯要求泽诺皇帝确保卡尔西顿会议的决定依然是官方信仰,并且要求(以异端的罪名)罢免亚历山大里亚主教彼得。同时阿卡西乌应该被送到菲利克斯那里,以为自己辩白。②

泽诺皇帝拒绝接受菲利克斯的要求,菲利克斯发表了如下宣言:

> 罗马教会不接受异端信仰者彼得,他在很久之前就已经被神圣的教区谴责、开除并且诅咒了。即使这里没有另外的反对者,这也将是足够的。彼得是由异端信仰者拥立为主教的,所以他将不能作为正统教会的领袖。这件事情表明君士坦丁堡的阿卡西乌应该受到严厉的惩罚……③

罗马和君士坦丁堡教区的这次冲突在基督教会史中被称作"阿卡西乌分裂"。这是东西部教会历史上第一次重大分歧。尽管直到1054年,罗马天主教会和希腊东正教会方才正式分裂,但是"阿卡西乌分裂"事件后,"普世的"罗马教会和"正统的"君士坦丁堡教会之间的隔膜逐渐加深。

罗马教会内部对《联合诏令》是如此愤恨,以至于在498年新主教的选举过程中,倾向部分接受这一诏令的候选人尽管得到了皇帝阿纳斯塔修斯的强力支持,还是被坚决拒绝妥协的西马库斯(Symmachus)击败④。罗马教会此后与拜占廷东部教会渐行渐远。至553年查士丁尼召开第五次基督教大公会议时,罗马教会并没有起到先前四次,尤其是卡尔西顿会议中主导性的作用。不但罗马主教本人拒绝出席会议,而且意大利等西部地区的主教出席会议的人数也很少。会议最后通过的谴责上个世纪3位聂斯托利派主教的

---

① Evagrius, *The Ecclesiastical History of Evagrius Scholasticus*, Ⅲ.7.
② Ibid., Ⅲ.18.
③ Ibid., Ⅲ.21.
④ W. T. Townsend, "The Henotikon Schism and the Roman Church", *Journal of Religion*, Vol. 16(1936), pp.84-85.

决定,更是与罗马主教的意图南辕北辙①。罗马教区自此逐渐倾向于脱离拜占廷政权的控制,最终走上了一条独立发展的道路,对西欧中世纪的历史产生了巨大的影响。

与此同时,君士坦丁堡教区也无力干涉西部教会事务,只是在皇帝的协助下取得了某些原属罗马所辖教区,如塞萨洛尼基的控制权。在罗马逐渐远离了拜占廷教会体系的同时,君士坦丁堡主教顺理成章地成了帝国内最有权力的宗教领袖。

最后,皇帝还在首都建造了许多重要的宗教设施,这也为保证君士坦丁堡教区的宗教中心地位奠定了坚实的物质基础,其中最具代表性的就是壮丽的圣索菲亚教堂。这座教堂是查士丁尼皇帝在尼卡起义后,在毁于战火的同名教堂的原址上重建起来的。工程从537年动工,一直到查士丁尼统治末期的562年最终完工,历时25年之久。普罗柯比在作品《建筑》中对这一伟大的建筑艺术品做了详细的描绘。埃瓦格里乌斯也在《教会史》中用了整节的篇幅赞颂自己亲眼所见的这一奇迹:

> 在君士坦丁堡,查士丁尼也为上帝和圣徒修建了许多美丽的圣所,那里有一个伟大和无可比拟的建筑,这个建筑是前所未闻的一座大教堂。它的威望已经超出了语言所能形容的极限……教堂的穹顶由四个拱门支撑,高度是如此之高,以至于站在地面的人不能看见穹顶的边界,而站在上面的人即使有很大的勇气尽力向下看,也不能看清地面。四个拱门清晰地直达屋顶,左右两边的圆柱都是由色萨利的大理石装饰的,这两个圆柱支撑了长廊。这些长廊是为了参观下面的宗教仪式而准备的。从那里,皇后塞奥多拉在节日来到教堂的时候可以观看神圣的庆典。对着太阳升起的那个拱门是打开的,这样就不妨碍无数的群众来到这里。在上面提到的长廊下面是一些柱廊,它们和一些圆柱以及小拱门一起环绕着这座伟大的建筑。②

圣索菲亚教堂从落成时起就成为了拜占廷民众心目中的圣殿。它不但是君士坦丁堡主教的驻节地,还是帝国举行大部分宗教活动的场所。每当举办重要的宗教活动时,帝国各地的基督徒都会蜂拥而至,与皇室一起聚集在教堂,分享主教主持的圣事,而每年像埃瓦格里乌斯这样到此参观的外乡人更是不可胜数。圣索菲亚教堂对于拜占廷人来说是如此得神圣,以至于直到帝国灭亡的那一刻,城中幸存的民众还是选择躲避到这里,乞求上帝显圣。

---

① Evagrius, *The Ecclesiastical History of Evagrius Scholasticus*, IV. 29.
② Ibid., IV. 31.

除了圣索菲亚教堂之外,普罗柯比在《建筑》中记载,仅查士丁尼皇帝就在君士坦丁堡修建或重建了33座教堂,其中就包括规模仅略逊于圣索菲亚教堂的圣使徒大教堂。历代拜占廷皇帝和君士坦丁堡主教的陵寝都安放在这座教堂之中[①]。

在5—6世纪,凭借拜占廷皇帝的支持,君士坦丁堡教会的地位与日俱增,通过在教义和组织等多方面与罗马教会的竞争,最终取得了与后者平起平坐的地位,成为东地中海世界的宗教中心。

---

① Procopius of Caesarea, *Buidings*, 1. IV. 9-18.

第四章 前进中的危机
——东地中海世界转变过程中产生的问题

在分析了4—6世纪东地中海世界转变过程中表现出的三大特点后,笔者将在本章中着重探讨该时期出现的问题。这些问题出现在宗教、政治、军事、经济等诸多方面,并酿成若干危机,给东地中海地区和拜占廷帝国的发展造成了严重的影响。这些问题与该地区此时的重大变化密切相关,然而总体来看,这些危机虽然是转变过程中产生的副产品,但是与转变带来的积极因素相比仍是矛盾的次要方面。

第一节 由宗教分歧引发的社会冲突
——以基督一性论为例

本书第一章第二节论述基督教正统教义的演进时,笔者曾经详细地叙述了基督教正统教义产生过程中引发的诸多宗教争论,因此在本节中不再赘述。值得注意的是,4—6世纪东地中海地区的若干次重大神学争论最终都超出了信仰的范畴,上升为激烈的社会冲突。造成这种局面的原因比较复杂,与4—6世纪变化中的帝国内部的诸多政治、经济和文化等矛盾密切相关。例如,当拜占廷皇帝获得了对教会的"至尊权"之后,他相应地必须承担保护正统信仰的义务,于是不可避免地要参与到神学斗争之中。这样,信仰领域的分歧就非常容易上升为政治上的争斗,进而扩大其影响。

在4—6世纪的几场宗教冲突中,尤其以基督一性论冲突存在时间最长,影响范围最广,破坏性远远超过了阿里乌和聂斯托利等宗教争端。因此笔者将这一神学冲突作为个例,进行重点分析。

一 基督一性论宗教争端引发社会分裂的背景

从5世纪初开始,基督教会内部围绕着基督论问题产生了两次重大的神学争论,即聂斯托利宗教争端和基督一性论宗教争端,尤以后者最为激烈。为了维护教会的统一,451年拜占廷皇帝马西安召开了卡尔西顿基督教大公会议,在会议上一性论被裁定为异端。这一举措招致东地中海地区大量民众与教会人士的反对。一性论的支持者不仅拒绝承认帝国政府认定的正统信仰,而且还通过暴力的方式反抗官方的宗教政策。482年泽诺皇帝颁布调解冲突的《联合诏令》(Henotikon)①后,形势一度有所缓和。然而进入6世纪后,矛盾再次激化,并在该地区出现了严重的离心倾向。最终一性论问题在阿拉伯人征服后方告平息。这一宗教争端引起的长时间社会冲突对该时期拜占廷帝国及之后的历史发展产生了深远影响。

这些争论本来只是东地中海世界神学家神学思辨的产物。从4世纪开始,基督教在拜占廷帝国的发展速度是惊人的。现代学者估计,在3世纪末基督教信徒在帝国东部大约只为1/10,在帝国西部仅为1/15②,这种情况在《米兰敕令》颁布后发生了显著的变化。在基督教成为帝国的国教后,更有大量的民众改宗,帝国内绝大部分的居民逐渐都变成了基督徒。但是在另一面,基督徒数量的快速增加恰恰可能导致教义的争论。不同民族、阶级和文化传统的信徒加入基督教后,对具体教义的理解势必也不尽相同。出身于不同背景的基督教思想家对同一神学问题往往给出截然不同的论断。东方的神学家和信众乐于对教义进行思辨和革新,并根据当地文化传统对信仰进行解释。例如基督一性论否定基督人性的理论,实际上就是根源于亚历山大里亚教会一个传统的观念,即"只有神才能施行拯救,耶稣人性方面的优点无法战胜死亡和罪恶的力量"。③

然而,这样一种观念与以罗马和君士坦丁堡教区为代表的教会中所谓的正统派别格格不入,尤其是以罗马为代表的帝国西部教会在教义问题上一直持保守态度。比起东方的神学家,西部的神学家大多不热衷于神学思想的创新。罗马教会更是一直扮演着正统教义捍卫者的角色。对于任何教义方面的革新,罗马教会几乎都会反对,在一性论问题上也不例外。教会中的这些正统派坚持基督具有完全的神人两性,对于其人性被神性融合的观念根本无法接受。与此同时,东方的神学家和信众则认为,基督具有完全神人两性的观念是聂斯托利异端的残余,必须加以革新。因此两派之间在神学思想上出现了一道难以弥合的鸿沟。正如埃瓦格里乌斯所言:

> 两派互相知道对方的观点,对大多数人来说,另一方的观点和自己

---

① 《联合诏令》是拜占廷帝国早期最为重要的宗教诏令之一。
② J. Burckhardt, *The Age of Constantine the Great*, p. 124.
③ J. Meyendorff, *Christ in Eastern Christian Thought*, New York, 1975, p. 18.

是完全相反的,因此两派相互排斥……人们把这两个问题考虑得是如此截然对立,一方面是涉及赞颂上帝的不同习俗和方式,或者是一种先入为主的判断……①

然而,这些看似只局限于宗教领域神学争端最后引发了广泛的社会冲突,研究这一问题不能仅仅局限于宗教因素。如果是这样,我们便不能理解为何这场冲突超出了宗教争论的范畴,最终以一场激烈的政治和社会动荡的形式爆发。为了解释这一问题,我们必须进一步分析宗教因素背后更深层的原因。

笔者认为,基督一性论冲突还是转型时期东地中海世界内深刻的政治与经济矛盾的结果。在政治方面,它体现了东地中海各民族对罗马人长期的政治压迫心怀不满②。埃及和叙利亚等东方民族具有悠久的历史和灿烂的文明,然而被罗马帝国征服后,罗马人利用行省制度对他们加以统治。进入拜占廷时代后,统治阶层依然延续着对该地区人民的压迫。以埃及为例,本地的科普特土著居民承担着繁重的劳动,统治民族却"占有着一个侨寓的、做官的上层地位,横加在埃及社会之上"。③ 在一性论盛行的其他地区也有同样的问题,双方在政治上长期以来的不平等地位为矛盾播下了种子。

除此之外,当基督教成为帝国国教之后,东地中海世界的宗教问题就自然上升为了帝国重要的政治问题。拜占廷统治者不得不直接参与宗教上的争端,很难像君士坦丁大帝那样扮演一个超然各宗教之上的保护者。他们的宗教政策稍有不慎就会进一步激化本已存在的冲突。

例如,在基督一性论争端刚刚出现时,拜占廷皇帝并没有意识到这次宗教争端的严重性,也没有采取有针对性的措施将问题及早控制。在争端出现激化的苗头时,马西安皇帝选择以往对待宗教争论的方式——召开宗教会议,并在其后将一性论派草率地判定为异端加以镇压。这一举措虽然暂时压制了宗教争论,但是却激发了背后的复杂矛盾,反而将冲突从神学领域蔓延到整个社会层面,点燃了东方民众反对中央政府的情绪。虽然482年泽诺皇帝颁布《联合诏令》后,形式一度稍有缓解,但是拜占廷统治者依然没有从根本上解决问题,只是着眼于调解神学争论这一层面,收效不大。更为严重的是,6世纪之后,拜占廷的皇帝们或因为个人信仰,或因为政治需要而频繁变化自己的宗教政策,对一性论信众采取了时而拉拢,时而残酷打击的政策。

---

① Evagrius Scholasticus, *The Ecclesiastical History of Evagrius Scholasticus*, II. 5.
② 陈志强:《拜占廷学研究》,第167页。
③ 汤普逊:《中世纪经济社会史》上册,第205页。

在阿纳斯塔修斯统治末期，皇帝偏向一性论派信徒，为此甚至在首都引起了卡尔西顿信徒的暴乱。仅仅数年，当查士丁皇帝继位后，他马上改变了前任的政策，用严酷的刑罚迫害基督一性论神学家。前安条克主教、著名的一性论派领袖塞维鲁就因为公开反对卡尔西顿会议，被查士丁下令逮捕，并割去舌头以示惩罚①。

6 世纪基督一性论宗教政策摇摆不定的典型代表是查士丁尼皇帝。郭云艳博士曾经将查士丁尼对待基督一性论的政策分为四个时期：奉命迫害时期（518—527 年）、绥靖求全时期（529—536 年）、再次迫害时期（536—548 年）和拉拢求和时期（548 年后）②。笔者认为这一划分基本反映了查士丁尼宗教政策的走向。在统治初期，查士丁尼继承叔父查士丁的政策，继续迫害一性论信徒。前言中提到的以弗所主教约翰所著的《东方圣徒传记》记载了 58 位遭官方迫害的一性论信徒的事迹，其中很多人都是在查士丁尼统治初期遇害。到其统治末期，即拉拢求和时期，皇帝又主动向一性论派信徒靠拢，以至于在对待基督一性论问题上态度比较温和的埃瓦格里乌斯都斥责查士丁尼在其统治的末期"放弃了拥护正确教义的道路，走上了使徒和教父们不曾走过的小路，陷入了一片荆棘之中"。③

查士丁尼这种多变的宗教政策不仅没有缓和双方的矛盾，反而进一步激化了二者之间的对立情绪。这带来的另一恶果是帝国的最高统治者彻底丧失了公正仲裁者的形象，加深了东方一性论信众对帝国的不信任感。加之原来就存在的深刻社会矛盾，进而使一性论信众和中央政权之间形成了难以弥合的鸿沟，二者的矛盾最终发展到了不可调和的地步。

更严重的是，在某些时刻，拜占廷帝国的军队和政府因一些错误和极端的举措，进一步加剧了基督一性论信徒和中央政府之间的矛盾。例如，当卡尔西顿会议的决议传到埃及时，在当地民众中引起了广泛的不满，甚至引发了一些骚动。

> 马西安皇帝立即派出一支 2000 人的部队……军队在第 6 天就到达了亚历山大里亚，但是，士兵们奸淫亚历山大里亚人民的妻女，局势变得更加恶化……与此同时（埃及政区长官）剥夺了当地民众的谷物补贴并关闭了公共浴室，还取消了各种演出活动。④

---

① Evagrius Scholasticus, *The Ecclesiastical History of Evagrius Scholasticus*, IV. 4. Zacharias Rhetor, *The Syriac Chronicke Known as That of Zachariah of Mitylene*, VIII. II.
② 郭云艳：《查士丁尼宗教政策失败原因初探》，第 35 页。
③ Evagrius Scholasticus, *The Ecclesiastical History of Evagrius Scholasticus*, II. 5.
④ Ibid., IV. 39.

这些蛮横的举措让当地民众更加愤怒,进而成为之后残杀普罗特里乌斯主教的暴动的导火索。

除了政治矛盾之外,统治与被统治民族之间还存在着更为尖锐的经济矛盾。埃及、叙利亚和巴勒斯坦自古以来就是农业高度发达的地区,城市发展水平也比帝国其他地区更高。5 世纪中期帝国内人口超过 1 万的城市只有 30 余座,这一地区就有 16 座之多①。拜占廷统治者面对这些富庶的领土,却采用了竭泽而渔的方式加紧盘剥。以埃及为例,在建都君士坦丁堡后不久的 332 年,由于大量人口迁入,君士坦丁大帝制定了固定的面包配给机制,粮食的主要来源就是埃及地区②。特雷德戈尔德估计,仅在当年埃及就为君士坦丁堡无偿提供了足够 24 万人食用的谷物,而首都人口当时尚不足这个数目的一半,许多来自埃及的粮食又被用作了再出口③。到了一性论冲突较为激烈的 5 世纪末期,埃及每年要为君士坦丁堡提供 17.52 万吨小麦④。以当时的人口估计,这一数字可以满足首都绝大多数居民的口粮供应。除此之外,埃及还要向帝国缴纳酒、肉和糖等副食。叙利亚和巴勒斯坦地区也要向君士坦丁堡输送当地的特产品,以保障日常给养供应。

在财政方面,帝国政府对东方各省份更是巧立名目,尤其是对埃及地区征收重税。为了更加直观地说明这一问题,笔者将选用晚期罗马史专家琼斯、拜占廷经济史专家亨迪、埃及史专家巴格诺以及晚期古代经济史学者金斯利和戴克作品中四组相对比较权威的统计数字,用列表比较的方式来考察该时期埃及地区的税负。

	琼斯⑤	亨迪⑥	巴格诺⑦	金斯利和戴克⑧
数据的时间范围	查士丁尼时期	5 世纪末到查士丁尼时期	查士丁尼时期	古代晚期

---

① W. Treadgold, *A History of the Byzantine State and Society*, p.138.
② C. Mango, ed., *The Oxford History of Byzantium*, Oxford, 2002, p.24.
③ W. Treadgold, *A History of the Byzantine State and Society*, p.45.
④ M. Grant, *From Rome to Byzantium: The Fifth Century AD*, p.15.
⑤ A. H. M. Jones, *The Decline of the Ancient World*, pp.178-179.
⑥ M. F. Hendy, *Studies in the Byzantine Monetary Economy: c. 300-1450*, Cambridge, 1985, pp.117, 620.
⑦ R. S. Bagnall, *Later Roman Egypt: Society, Religion, Economy and Administration*, Ashgate, 2003, XVII, p.305.
⑧ S. Kingsley and M. Decker, ed., *Economy and Exchange in the East Mediterranean during Late Antiquity*, Oxford, 2001, p.4.

续 表

	琼斯	亨迪	巴格诺	金斯利和戴克
埃及上缴国库的税款（单位：索里德/年）	谷物税（embole）80万，总计约150万	无具体数字，但是引用奥斯曼帝国初期数据认为埃及上交的税收约200万	谷物税80万、公粮税（annona）36.7万、货币税45.2万，共162万，加上其他总计数字可达200万	250万
国家财政总收入（单位：索里德/年）	320万	500—600万	无具体数字	无具体数字
埃及在帝国财政收入中所占份额	约15/32（约47%）	3/8（37.5%）	无具体数字	35%

　　从以上表格不难看出，四位学者研究成果涉及的时间范围大体相同，具备了一定的可比性。总体看来，琼斯的数据与其他三组数字有较大差异，这主要是因为琼斯依据的是普罗柯比的记载。琼斯也认为普罗柯比没有计算到所有的收入，因此得出的数据相对偏低①。其他三组学者的数据相差不多，埃及每年交纳的赋税总额大体在200—250万索里德之间，至少约占帝国财政总收入的35%左右，这一税负水平是比较高的。

　　在如此沉重的负担下，埃及地区一直以来就存在的对拜占廷中央政府不满的情绪，以基督一性论争端的形式爆发。埃及、叙利亚和巴勒斯坦等地的民众利用一切机会与政府作对，宗教也是武器之一。4世纪以来，基督教会内的众多异端都能在这一地区找到拥护者。民众利用异端来对抗中央政府支持的信仰，基督一性论只不过是一次更为激烈的新表现。对于东方地区的很多民众来说，他们支持基督教会中的异端，这是他们表达对压迫不满的手段。由此可见，基督一性论不仅仅是简单的教义争端，而是当时拜占廷帝国内政治和经济矛盾的集中表现。

　　综上所述，基督一性论这场困扰拜占廷帝国长达两个世纪的宗教冲突不仅仅是简单的教义争端，更是当时东地中海世界基督教化进程大背景下，不同地区、民族和阶级之间文化、政治和经济矛盾集中作用的结果。

---

① A. H. M. Jones, *The Decline of the Ancient World*, p.179.

二 基督一性论宗教争端引发社会分裂的表现

5—6世纪,东地中海世界产生的基督一性论宗教思想引发社会内部的激烈冲突不同于一般意义上的宗教争论,远非先前的阿里乌和聂斯托利神学争端可比。这场宗教冲突具有参与人群广泛、过程暴力极端以及持续时间漫长的鲜明特点。

首先,这一冲突具有参与者广泛的特点。参与这场争论的不仅只有基督教会的个别神学家,而且包含了社会各阶层。这场冲突在帝国内具有极其广泛的民众基础。东地中海世界自古便是文化繁荣之地,加之受基督教影响较深,这里的民众经常以极大的热情参与到教义争论之中,这种争论甚至在某些时候贯穿了他们的日常生活。4世纪晚期著名的神学家尼萨的格里高利就曾经生动地记载了塞奥多西一世继位前东部帝国信众狂热地参与阿里乌争端的情景。他写道:

> 在街道、市场、广场和十字路口到处都是讨论晦涩问题的人们。我问他们应该付多少奥布利(obli,古货币名),却被告知他们在讨论圣子是"受生"的还是"被造"的。我想知道面包的价格时,却被回答"圣父高于圣子"。当我问到洗浴间是否已经准备好时,得到的回答是"圣子在万有产生之前被造"。①

在基督一性论出现之后,帝国东部的基督徒更加积极地参与基督有两性还是一性的争论,卡尔西顿会议则使这一争论愈演愈烈。据叙利亚主教米哈伊尔的《编年史》记载道,当6世纪基督一性论争论在东部地区弥漫时,叙利亚普通民众因为信仰不同而相互区分,即使是家庭和朋友也不例外。在贝鲁特的法律学校中,原先关系友好的同学,现在经常为信仰问题争论不休。不同派别的亲友在街头相遇也时常沉默不语,更不用说相互致意②。更为严重的是,每个派别的人都认为自己的观点是深思熟虑的结果,"教父们的观点与我们同在"成了人们的格言,分裂就这样爆发了③。

当民众之间的争论已经如此激烈时,基督教会内部的分裂状况更是可想而知。帝国内上到各教区主教,下至普通的教士,许多人都被卷入了这场纷争。埃瓦格里乌斯在《教会史》中生动地描绘了这一状况:

> 每个教士都按照自己的信仰行事。某些人十分坚定地信仰(卡尔

---

① A. A. Vasiliev, *History of the Byzantine Empire*, Vol.1, pp.79-80.
② Michael the Syrian, *Chronique de Michel le Syrien*, VIII. XI. LXI-LXIII.
③ 转引自 W. H. C. Frend, *The Rise of the Monophysite Movement*, pp.150-151.

西顿)会议规定的任何只言片语,他们甚至不承认哪怕一个字母的改动……另外还有一些人支持泽诺的《联合诏令》,尽管如此,他们之间也互相为一性还是两性的问题争论不休,有些人被文件的措词欺骗,同时另一些人只是想要更平静的生活。结果,教会分裂了……在东部、西部以及利比亚地区产生了许多不同的宗教派别,东部主教与西部及利比亚地区主教的观点都大相径庭,形势变得更加荒谬。以至于东部地区的教士们彼此之间也拒绝交流,欧洲和利比亚地区亦是如此,那就更不用说外人了。①

这段记载应为帝国内当时宗教冲突的真实写照。这也印证了一些现代学者对当时民众与教士信仰状况的分析。基督一性论问题专家弗兰德的研究成果表明,在卡尔西顿会议之后,首都君士坦丁堡地区有很少一部分人认为尤提克斯的理论是正统思想,另有一部分人是卡尔西顿派信徒,更多的人则是对基督一性论和卡尔西顿会议(尤其是罗马主教利奥的观点)都持反对态度。在埃及地区,绝大多数民众都坚决地反对卡尔西顿会议的决定,其中有一部分人,尤其是修道士们是基督一性论的坚定支持者。此外另有极少数人是卡尔西顿派信众,在叙利亚地区的东部反对卡尔西顿会议的民众较多,而西部尤其是沿海地区有很多人拥护卡尔西顿会议。在宗教管辖权隶属于罗马教区的伊利里亚地区,人们对卡尔西顿会议的接受程度较高,小亚细亚等地区则相对较低②。此时帝国内宗教信仰的混乱程度可见一斑。

然而,这场论争的参与者还不仅仅包括普通民众和教会中人,拜占廷皇帝们对待基督一性论也是态度迥异。如马西安、利奥一世和查士丁一世皇帝明确反对并严厉批判该思想,查士丁尼、查士丁二世等人的态度时常发生变化,塞奥多西二世与阿纳斯塔修斯一世则倾向于支持基督一性论,瓦西里斯库皇帝更是公开发表了著名的《瓦西里斯库通谕》。在通谕中,他谴责了卡尔西顿会议。这份通谕得到了帝国内亚历山大里亚、安条克和耶路撒冷主教在内的约500名主教的签名赞同③。

甚至在皇帝家庭内部,有时也会出现各持己见的情况。如在查士丁尼皇帝统治前期:

> 查士丁尼皇帝是支持卡尔西顿派的。但是他的配偶塞奥多拉却支持基督一性论派……所以他支持那些说我们的上帝基督有两性的人,而

---

① Evagrius Scholasticus, *The Ecclesiastical History of Evagrius Scholasticus*, III. 30.
② W. H. C. Frend, *The Rise of the Monophysite Movement*, pp. 144-145, 166.
③ Evagrius Scholasticus, *The Ecclesiastical History of Evagrius Scholasticus*, III. 4-5.

她支持那些拥护一性的人。至少,他们彼此之间都没有任何让步:他最热诚地支持卡尔西顿派的观点,同时她与那些反对派站在一起,支持那些持一性观点的人。她照顾那些民众,并且因为提供了可观的金钱而颇受他们的欢迎。她还劝服查士丁尼召回了(一性论派主教)塞维鲁。①

由此可见,基督一性论的争论已经广泛地在包括最高统治者在内的帝国各地和各阶层人士中展开。

此外,这场冲突还表现出暴力性。在宗教争论中,极端的暴力行为层出不穷,在埃及、叙利亚和巴勒斯坦地区更为明显。除了普通民众外,本来标榜出世修行的修道士也成了暴力活动最积极的参与者。暴力冲突中的直接受害者则往往是教会中的主教和教士,他们经常会成为一些极端宗教异见者的攻击对象。埃瓦格里乌斯记录了很多他所熟悉的叙利亚地区的宗教冲突。泽诺统治期间的安条克主教斯蒂芬就因为对待基督一性论的态度,被安条克的民众们用削得像长矛一样锋利的芦苇杀死②。不久之后,安条克城又发生了一次更为血腥的冲突。一些基督一性论派的叙利亚修道士来到首府安条克。

> 他们强迫(安条克主教)弗拉维安诅咒卡尔西顿会议和利奥大卷。当弗拉维安表示抗议的时候,这些修道士们就激烈地威胁他。安条克的人民愤然而起,他们对那些修道士进行了一场大屠杀。结果,许多修道士被抛尸在奥轮特斯河中,尸体被波涛吞没……③

事后,阿纳斯塔修斯皇帝追究冲突的责任,罢免了弗拉维安的主教职位。

在基督一性论思想产生的源头和大本营——埃及地区,暴力行为更是比比皆是,其中最为著名的是"普罗特里乌斯之死"事件。普罗特里乌斯是卡尔西顿大公会议之后,皇帝马西安任命的亚历山大里亚宗主教。他是坚定的卡尔西顿派信徒,很不受埃及民众欢迎。在马西安去世的消息传来后,当地民众在一些一性论派教士和修道士的带领下:

> 攻击并且杀死普罗特里乌斯,他们在他逃到神圣的洗礼堂后,用一把剑刺穿了他的内脏。他们还用一根绳子悬挂起他的尸体向所有人展示。他们嘲笑并且向他的尸体喊叫。这之后,他们拖着尸体绕城而走,然后将其投入火中,甚至像野兽一样吃了他的内脏。④

---

① Evagrius Scholasticus, *The Ecclesiastical History of Evagrius Scholasticus*, IV.10.
② Ibid., III.10.
③ Ibid., III.32.
④ Ibid., II.8.

从这段记载来看,这种暴力行为甚至比一般意义上的仇杀更为残忍和血腥。然而,即使如此,一些一性论派的史学家,如叙利亚的扎卡里亚在作品中记录此事的时候还显得意犹未尽,他认为:

> 普罗特里乌斯悲惨的下场完全是他对亚历山大里亚人作恶罪有应得的结果……所以他才应该受此报应。①

宗教争论双方的仇恨由此可见一斑。

对于拜占廷帝国来说更为严重的是,这种暴力行为甚至在一些情况下开始与反抗国家统治联系在一起。卡尔西顿大公会议的决定传到东部各地区之后,更是将当地的这一情绪推向极致。埃瓦格里乌斯援引普里斯库的作品,记载了当时亚历山大里亚民众反对卡尔西顿会议的暴动:

> "他(普里斯库)看见人们群起围攻大小官员,当一支军队希望阻止暴乱的时候,人们用石块投向他们,并将他们围困在先前的萨拉皮斯神庙,而后放火将他们活活烧死。"②此后,动荡的局面不但没有随着时间的推移而平息,反而愈演愈烈。一位教士曾经极为尖刻但形象地记录了当时的情况:"亚历山大里亚以及全埃及人民都陷入一种离奇的疯狂之中,大人物和小人物,奴隶和自由人,僧侣和教士,以及反对卡尔西顿会议的本地人,全都失去了说话和理解事物的能力,一律只能像狗一样狂吠,用自己的牙齿撕咬手上和胳膊上的鲜肉。"③

与此同时,类似的动乱在东部各地区都不同程度地爆发了。在耶路撒冷发生了一性论信徒放逐卡尔西顿派主教后自行任命新主教,并抵抗皇帝命令的事件。

> 一些出席卡尔西顿会议的修道士不满会议的决定,并且带着相反的观点回到巴勒斯坦。因为信仰被背叛而感到愤恨,他们希望重新点燃和唤醒修道院团体的光荣。然后,主教朱维诺回到自己的教区后,他被那些疯狂的人强迫反对并且谴责自己的观点。他只能逃到君士坦丁堡寻求庇护。然后那些我提到的反对卡尔西顿会议的人,聚集在基督复活教堂,选举塞奥多西为主教……这个人随后任命了许多巴勒斯坦城市的主教……当马西安获悉这个消息后,他马上命人将塞奥多西带到宫廷来,并且派遣朱维诺去整顿当地局势,他还要求罢免那些塞奥多西任命的

---

① Zacharias Rhetor, *The Syriac Chronicke Known as That of Zachariah of Mitylene*, IV. II.
② Evagrius, *The Ecclesiastical History of Evagrius Scholasticus*, II. 5.
③ 爱德华·吉本:《罗马帝国衰亡史》下册,第272—273页。

主教。①

然而,按照塞奥法尼斯的记载,塞奥多西还是在当地一性论信徒的强烈支持下抵抗了20个月之久②。

由基督一性论争端引发的暴力冲突是如此激烈和频繁,以至于泽诺皇帝在《联合诏令》中曾经感慨地写道:

> 在这段时间里,一些人被剥夺了获得新生洗礼的权利,另一些人直到生命的尽头也没能够再领受圣餐,无数的谋杀在这期间发生,过多的杀戮不仅让大地淌满鲜血,而且使空气里也弥漫着血腥的气味。③

这些暴力行为让这场争论远远超出了宗教的范畴,成为拜占廷统治者必须要小心应对的政治与社会问题。

最后,基督一性论引发的冲突还显而易见地具有持久性。在此之前,拜占廷帝国两次较大的宗教争端持续时间并不长。4世纪初出现的阿里乌教义在325年的尼西亚大公会议上被定为异端后,大约在半个世纪后完全退出了帝国宗教生活的舞台,而聂斯托利教义从428年正式提出到431年被确定为异端仅用时3年。在此之后,聂斯托利教派的势力基本被逐出拜占廷帝国,开始向波斯等东方地区传播。与它们相比,基督一性论所引发的长达200余年的动荡可谓空前。若非阿拉伯人征服这一外力因素的介入,冲突恐怕还会一直持续很长时间。这从根本上来说是因为基督一性论是当时帝国诸多社会、政治和经济矛盾综合作用下的产物,在宗教争论背后的矛盾没有得到解决前,很难自行消解。

三 基督一性论宗教争端引发社会分裂的影响

基督一性论宗教争端引发了一系列的后果,并非全是负面的影响。例如对于基督教教义的发展来说,通过基督一性论和先前的聂斯托利神学争论这两次发生在5世纪的基督论争端,基督教教义在基督神人两性结合的问题上得到了明确和发展。为解决基督论争端出台的《卡尔西顿信经》,既承认了耶稣基督具有两性,同时又极力强调这两性是不可"混淆、改变、分割和离散"地统一在一个位格之中;既肯定了圣子具有和圣父本质相同的神性,也认定其具有与人类本质相同的人性。这一崭新的神学理论在宗教纷争之中制定了教义新的规范,迄今仍然得到东正教会和天主教会的尊崇,并且大多

---

① Evagrius Scholasticus, *The Ecclesiastical History of Evagrius Scholasticus*, II. 5.
② Theophanes Confessor, *The Chronicle of Theophanes Confessor*, AM. 5945.
③ Evagrius Scholasticus, *The Ecclesiastical History of Evagrius Scholasticus*, III. 14.

数主要的新教教派也都接受它的精神。这一教义的发展稳定了基督教最关键的救赎理论的根基,促进了基督教教义的完善,对基督教的进一步传播具有关键的作用。

但是,对于东地中海世界的普通民众和拜占廷国家来说来说,基督一性论引发的社会冲突带来的则主要是负面的后果。最为明显的就是造成社会动荡不安的局面,前文提到的诸多暴力行为就是这一后果的直接表现。比这些地方动乱更为严重的是,一性论派信众还通过支持叛乱的形式来反对中央政权,泽诺统治时期发生的瓦西里斯库叛乱就是例证。瓦西里斯库是利奥一世皇帝的内弟,在泽诺登基后不久,他就于475年1月联合反对皇帝的势力将其逐出都城,而一性论派信众则是这一反对力量的重要组成部分。瓦西里斯库继位之后,作为回报,他以皇帝的身份颁布通谕否定了卡尔西顿会议,并且明确申明:

> 那些试图在卡尔西顿对信仰进行变革的人……要对在上帝神圣的教会和所有臣民中造成的迷惑和混乱负责。①

虽然泽诺皇帝最终夺回了政权,但是从其之后的所作所为来看,他不得不调整宗教政策,向一性论派信众妥协,从而颁布了和解性质的《联合诏令》,以稳定混乱的政治局势。

此外,东地中海地区一性论信众对拜占廷中央政权离心情绪的加强是基督一性论冲突给帝国带来的另一严重恶果。对于这些一性论信徒来说,长时间的冲突与对抗,让他们将基督一性论争端和拜占廷中央政府对他们的政治压迫、经济剥削与宗教迫害联系在一起。基督一性论在卡尔西顿会议上被拜占廷中央政府定为异端后,以埃及为代表的东方教会开始走向独立发展的进程。埃及的一性论信徒在451年后正式停止用希腊语礼拜,从而产生了拜占廷帝国统治下的东方民族中第一个民族化的教会②。在其后的历史中,叙利亚部分地区和亚美尼亚都将基督一性论作为自己教会的官方信仰,拜占廷帝国统治下东方持一性论信仰的教区也由此和拜占廷官方的基督教会分离,走上了截然不同的道路。时至今日,信奉基督一性论的埃及科普特教会和亚美尼亚教会依然是基督教世界中独特的组成部分,他们的信仰和基督教三大支派天主教、东正教和基督新教都有所不同,成为特点鲜明的一枝奇葩。

在基督教会内部分裂的同时,东方的一性论信众对拜占廷政府的仇恨也与日俱增。对于当地的民众来说,拜占廷人的统治对他们来说在政治上是外

---

① Evagrius Scholasticus, *The Ecclesiastical History of Evagrius Scholasticus*, III. 4.
② 徐家玲:《早期拜占庭和查士丁尼时代研究》,第131页。

人的压迫,在经济上是外人的剥削。他们支持自己所谓的异端,这是他们表达独立愿望的工具。至5世纪末期,以埃及为代表的一性论信区已经开始出现了明显的分裂倾向。为此泽诺皇帝不得不在《联合诏令》中用大量的篇幅安抚埃及民众,希望能够平息这一情绪。他恳请埃及的民众:

> 回归精神之源的教会吧,一起在其中享受和朕同样的圣餐吧,和上文提到的由318名教父解释的独一正确的信仰保持一致吧!神圣的教会像慈母对待亲生孩子一样在等着拥抱你们,并渴望听到你们甜美和长久令她期待的声音。因此加快你们的步伐吧,这样做你们既可以博得我们的主上帝和救世主耶稣基督的欣赏,也会得到朕的赞扬。当你们读到这篇诏令,你们所有人都和神圣普世并由使徒建立的教会团结在一起了。①

然而,仅仅靠皇帝的几句美言是难以弥合这种分裂的。造成冲突的种种矛盾未能从根本上得到解决,这种仇恨不但没有随着时间的推移而减弱,反而在逐步加深。最为明显的例证是,当7世纪阿拉伯人的大军兵临埃及和叙利亚等一性论地区时,大部分城市未作任何抵抗就主动向征服者投降。阿拉伯人惊奇地发现,当地原先的拜占廷臣民们在热情地欢迎新的统治者。阿拉伯将军们所宣扬的"如果神愿意,他就会让人们组成一个信仰团体。神不会强迫任何人改变,因为他是宽宏大量的"②等宽容的宗教政策赢得了当地民众的普遍欢迎。埃及和叙利亚地区保存下来的一性论派作家的作品都反映了这一状况。亚历山大里亚的学者塞奥菲卢斯就热情地称颂作为征服者的阿拉伯人是"一个强有力的民族,他们能够保护我们基督的教会"。而在谈及旧主拜占廷帝国时,他们完全就是另外一个语气。艾德萨的历史学家马太厌恶地形容拜占廷人"只会监视臣民是否信仰异端,在大敌当前的时候,他们只会带来麻烦和争端"。③ 这种强烈的离心情绪导致埃及、叙利亚和巴勒斯坦等地区最终与拜占廷人控制的东地中海世界其他地区相互区隔。最终在阿拉伯人征服之后,东地中海世界陷入了长时间的分裂状态。

第二节　东地中海世界的安全危机

自建国时起,由于独特的地理位置和复杂的国际环境,安全一直是拜占

---

① Evagrius Scholasticus, *The Ecclesiastical History of Evagrius Scholasticus*, III. 14.
② A. A. Vasiliev, *History of the Byzantine Empire*, Vol. 1, p. 208.
③ 转引自 W. H. C. Frend, *The Rise of the Monophysite Movement*, pp. 354-355.

廷帝国统治下的东地中海世界面临最严峻的问题。帝国的兴衰往往直接和军事上的胜败密切相关。4世纪时,在君士坦丁和塞奥多西一世皇帝的努力下,帝国抵挡住了哥特人等蛮族部落入侵的浪潮,稳固了帝国的边境形势。然而,5世纪后,拜占廷帝国面临匈奴人等新的入侵者,同时和波斯人进行着时断时续的持久战争,国防危机成为了对拜占廷帝国生存和发展最直接和致命的威胁。这一潜在的危机在7世纪后全面爆发,使拜占廷帝国在之后的两个世纪里险些遭遇亡国灭种之灾。

一 四面受敌的拜占廷帝国

拜占廷帝国的安全问题首先是与其地理位置密切相关的。众所周知,帝国早期的领土疆域横跨欧、亚、非三大洲,东靠幼发拉底河、西至大西洋、南临尼罗河第二瀑布、北抵多瑙河。5世纪后,随着西部领土逐渐丧失,帝国的实际控制范围大约包括今日的巴尔干半岛、黑海南岸、小亚细亚、叙利亚、巴勒斯坦和埃及地区①,基本位于欧亚大陆的中心地带。

拜占廷帝国的地理位置对于帝国来说有正反两方面的影响。一方面,四通八达的交通线路让帝国,尤其是君士坦丁堡和安条克等大城市成为古代众多重要贸易商路的中转站,这一得天独厚的条件繁荣了帝国的商业,增加了帝国的收入。同时,与周边民族的交往也大大促进了帝国文化事业的发展。

然而,从国防角度来说,便利通达的交通也意味着一种潜在的威胁。一旦发生战争,敌人可以从各个方向向帝国腹地展开攻击,使国家面临四面受敌的危险境地。在拜占廷的历史中,这样的情况屡见不鲜。东方战线上,波斯人、阿拉伯人和突厥人先后在越过幼发拉底河,并突破阿纳托利亚高原的防线后,多次进入小亚细亚腹地,并直接将兵锋指向君士坦丁堡。在西部防线,诺曼人和十字军等敌对势力在占领亚得里亚海沿岸重镇第拉修姆(今地拉那)后,也可长驱直入,一路东进,第四次十字军更是一度攻陷了君士坦丁堡,灭亡了拜占廷帝国。在北方,多瑙河这一天然屏障并不足以阻挡北方游牧民族一次次南下的浪潮。最后,帝国南部的埃及和爱琴海诸岛在沦陷于阿拉伯人之手后,强大的阿拉伯海军以此为基地,可以通过海洋直接威胁帝国的核心地区。可以说,从地缘环境上来看,拜占廷帝国处在难于防守的四面用武之地,国防问题的严重性亦不言而喻。

拜占廷帝国早期,面临的安全威胁主要来自西、北、东三个方向。通过普

---

① 陈志强:《拜占廷帝国史》,第15页。

里斯库和大量引述他作品的埃瓦格里乌斯,我们能够了解一些西部帝国遭受蛮族入侵的重大事件。如笔者在前文中提到的 5 世纪 50 年代初匈奴王阿提拉对西部帝国的进攻①,以及 455 年汪达尔人攻陷罗马城②等。其中,现代学者对汪达尔人进攻意大利时马西安皇帝置身事外的行为颇有微词,也可从侧面反映出拜占廷皇帝此时对西地中海地区的控制已经鞭长莫及。

例如汤普森提出:

> 我们认为一些东罗马人不认同马西安在盖塞里克对罗马的攻击时置身事外的政策。③

再如卡拉扬诺布鲁斯也对马西安的汪达尔政策提出了批评:

> 马西安放任盖塞里克对不设防的意大利和西西里发动进攻。后者在之后的几年中,一到春季来临之时,就进攻意大利和西西里的海岸,掳掠奴隶并进行洗劫。④

相比西部帝国,东地中海世界在北向和东向同样面对着巨大的军事威胁。需要说明的是,本节中提到的北方战线是一个相对宽泛的地理概念,主要指帝国北疆的多瑙河防线。在这条防线上,拜占廷军队面对的主要敌人是来自多瑙河北岸的诸多罗马人所谓的蛮族部落。我们可以从普里斯库、埃瓦格里乌斯和普罗柯比等人的史料中勾勒出了 5—6 世纪帝国在多瑙河防线面临入侵的全景。

在 5 世纪上半叶,帝国北疆外最危险的敌人是西侵的匈奴人。尤其是阿提拉成为匈奴人的领袖后,彪悍的匈奴骑兵一再突破帝国北部防线,甚至多次深入首都君士坦丁堡附近的色雷斯地区,帝国许多重要城市都被毁为废墟⑤。面对阿提拉的入侵,拜占廷军队屡遭败绩,只能通过纳贡求和的方法维持短暂的和平。公元 441 年,匈奴人大败拜占廷帝国军队,为了求得和平,帝国被迫每年向其交纳 15.12 万索里德金币,此外还要一次性付清 43.2 万索里德的战争赔款⑥。此后匈奴人多次撕毁协议,并迫使帝国不断赔款求和⑦。埃瓦格里乌斯在《教会史》中曾经援引普里斯库的作品:

---

① Evagrius Scholasticus, *The Ecclesiastical History of Evagrius Scholasticus*, I.17.
② Ibid., II.7.
③ E. A. Thompson, "The Foreign Policies of Theodosius II and Marcian", pp. 68-69.
④ I.E.Καραγιαννόπουλος, *Ιστορία Βυζαντινού Κρατούς*,Τόμος A , p. 282.
⑤ Evagrius Scholasticus, *The Ecclesiastical History of Evagrius Scholasticus*, I.17.
⑥ W. Treadgold, *A History of the Byzantine State and Society*, p. 94.
⑦ 参见陈志强:《巴尔干古代史》,第 137—139 页。

> 西徐亚人之王阿提拉经常发动战争……他与帝国东部和西部军团战斗,摧毁城市并掠夺人口。①

马西安皇帝继位时,他中止了向阿提拉缴纳贡金,这一举措得到了拜占廷史家的好评,布瑞在作品中称赞马西安的这一举措改变了塞奥多西因为缴纳过多贡金而让国库空虚的局面②。

然而,现代学者对马西安这一举措有不同的解释,他们虽然承认中止纳贡是正确的选择,但是这并不是因为此时的拜占廷帝国有了应对匈奴人入侵的手段,而是阿提拉做出了有利于拜占廷人的战略抉择。例如特雷德尔戈尔德指出:

> 放弃这种绥靖的政策并不完全是莽撞之举,因为阿提拉已经宣布了向西部帝国进军的意图。③

这种观点是可以从史料中找到依据的。现存普里斯库《历史》的残篇就记载阿提拉同时向东西部帝国派出了使者,但是都没有得到满意的答复。

> 东罗马人说他们不同意继续支付塞奥多西时期的贡金。如果他(阿提拉)能够保持和平的话,他们可以赠送给他礼物……阿提拉还没有明确选择该先进攻哪一方,但是看上去首先向西部进军显然是最佳选择。④

约达尼斯的《哥特史》也有类似的记载:

> 汪达尔国王盖塞(瑟)里克得知阿提拉正在致力于征服全世界,于是派人给他送去了许多礼物,并催促他对西哥特人发动战争……因为受了盖塞(瑟)里克的贿赂,阿提拉决定发动这场策划已久的战争。⑤

就这样,阿提拉在450年左右突然率部西侵意大利,从而使东地中海地区暂时得到了安宁。

阿提拉暴亡之后,强悍一时的匈奴帝国随之瓦解。虽然匈奴人此后依然不断骚扰帝国边境,但是并未给帝国带来严重的影响,反而是一度臣服的东哥特人再次成为帝国北疆最大的威胁。4世纪末期,哥特人已经成为帝国的

---

① Evagrius Scholasticus, *The Ecclesiastical History of Evagrius Scholasticus*, I.17.
② J. B. Bury, *History of the Later Roman Empire*, Vol.1, p.236.
③ W. Treadgold, *A History of the Byzantine State and Society*, Stanford: Stanford University Press, 1997, p.98.
④ R. C. Blockley, ed., *The Fragmentary Classicising Historians of the Later Roman Empire: Eunapius, Olympiodorus, Priscus, and Malchus*, p.307.
⑤ 〔拜占廷〕约达尼斯:《哥特史》,罗三洋译注,北京:商务印书馆,2012年,第116页。

同盟者,并向多瑙河南岸迁居,很多哥特将军更是成为拜占廷军队中的高官。但是,5世纪后,出于稳固统治的考虑,拜占廷皇帝和重臣先后多次排挤哥特权臣,引起了一些哥特人领袖的不满。同时,帝国地方官吏对哥特百姓的巧取豪夺也让民族矛盾逐渐激化。至5世纪后期,一些在帝国担任官职的哥特将领开始召集多瑙河两岸的本族将士发动叛乱。在泽诺统治时期,两位同名的哥特人领袖塞奥多里克率领的哥特叛军已经深入巴尔干腹地,成为帝国安全的心腹之患。埃瓦格里乌斯记载了反叛的经过:

> 西徐亚人塞奥多里克(Theoderic Strabo)起兵反抗泽诺(481年),在聚集了私人武装后,他与泽诺在色雷斯大战。他沿途洗劫乡村并且一直进兵到黑海海口,几乎攻占了首都。但是……一天为了锻炼一下身体,他命令人牵来一匹马……这匹马是未被驯化并且不受管束的……塞奥多里克十分激烈地挣扎……因为四处急转,他猛地撞上了矛尖,长矛刺伤了他的胁腹。之后他被放到了床上,过了几天之后就因为这个伤口死去了。①

在塞奥多里克意外去世后不久,泽诺皇帝又通过"祸水西引"的政策解决了另一位塞奥多里克(Theoderic Amal)的叛乱。泽诺任命他为帝国的司令官和执政官,并且在488年说服他西进意大利,攻击灭亡了西罗马帝国的奥多亚克。最终"在战胜奥多亚克后,塞奥多里克使自己成了罗马的主人并且宣布自己为王"。② 至此以后,大部分哥特人开始在西部地区如意大利定居,哥特人的王国也成为拜占廷帝国名义上的附属政权。

东哥特人叛乱平息之后,帝国多瑙河边境享有了一段难得的平静时期。然而在6世纪后,一场更猛烈的风暴袭来——斯拉夫人和阿瓦尔人的联手入侵。斯拉夫人的起源问题目前在学界还有很大争议,一些学者认为他们源于古代的斯基泰(西徐亚)人,另一种意见则认为他们是安特人(Antes)的后裔③。6世纪初,斯拉夫人开始进入巴尔干半岛,他们频繁的抢掠行为引起了一些拜占廷史家的关注。如普罗柯比就记载道:

> 自查士丁尼接管罗马帝国以来,伊利里亚和整个色雷斯,即从爱奥尼亚湾到君士坦丁堡的郊区包括希腊及加里波利半岛,几乎每年都遭受匈奴人、斯克拉文尼人(Sclavini)和安特人的蹂躏,他们对那里的居民犯下了难以容忍的罪行。在每一次这样的劫掠中,我敢说有超过20万的

---

① Evagrius Scholasticus, *The Ecclesiastical History of Evagrius Scholasticus*, III. 25.
② Ibid., III. 27.
③ 陈志强:《巴尔干古代史》,第144—145页。

罗马人遭到了杀戮和奴役,以至于所有这些地区都成了如同西徐亚一样的荒漠。①

此后,斯拉夫人南下入侵的行为越来越频繁,甚至在558年兵临君士坦丁堡城下,幸运的是最终被帝国名将贝利撒留击败。在入侵过程中,一些斯拉夫人也逐渐在巴尔干半岛定居。

与斯拉夫人相伴而来是阿瓦尔人,这是一支来自中亚地区的游牧民族。由于受到突厥人的压迫,他们被迫西迁,最终在6世纪中期与拜占廷人发生接触。558年,阿瓦尔人的使者来到君士坦丁堡,觐见查士丁尼皇帝。埃瓦格里乌斯记载了这一史实,同时也谈到阿瓦尔人的起源,体现了当时拜占廷学者的认识。

> 阿瓦尔人是西徐亚人的一支,他们是从高加索地区来到平原的,居住在马车里的民族。因为邻居突厥人的压迫,他们全体迁徙到博斯普鲁斯海峡。在离开了所谓的尤克星海(Euxine Sea,即黑海)之后,他们继续前行,沿途与所有蛮族作战,直到来到了多瑙河沿岸并且向查士丁尼派遣了使节。②

拜占廷人最早希望利用强悍的阿瓦尔人来对付斯拉夫人的入侵,给予其隆重的接待,并确立了盟友关系。但是60年代后,阿瓦尔人撕毁协议,开始越过多瑙河向色雷斯地区入侵。查士丁尼皇帝看到这一危险,随即加强了多瑙河防线的军事力量,并且任命亲信将领防守这条北部防线。埃瓦格里乌斯提到,查士丁尼的一名拥有很高名望并富于军事经验的叫作查士丁的亲戚,就被安排驻防在多瑙河一线以防备阿瓦尔人的入侵③。

在开始南侵的同时,阿瓦尔人也凭借强大的军事实力控制了斯拉夫人,并开始与斯拉夫人一起向拜占廷帝国发动进攻。现代学者大多认为,该时期的许多拜占廷史料在提及这些入侵时并不能总是将阿瓦尔人和斯拉夫人区分开,经常会混为一谈④。埃瓦格里乌斯即在作品中只使用了阿瓦尔人这一个名词。在查士丁尼皇帝去世之后,阿瓦尔人和斯拉夫人南侵的进程不断加速。尤其是在查士丁二世时期,拜占廷人与波斯人之间爆发了激烈的战争,帝国主力部队被调往东方前线,北方防线比较空虚,给予阿瓦尔人可乘之机。尽管查士丁二世也曾试图一劳永逸地通过战争手段解决北方问题,但是他所

---

① Procopius of Caesarea, *The Secret History*, XVIII. 21.
② Evagrius Scholasticus, *The Ecclesiastical History of Evagrius Scholasticus*, V. 1.
③ Ibid.
④ D. Obolensky, *The Byzantine Commonwealth*, *Eastern Europe 500-1453*, New York, 1974, p. 51.

派遣的亲信提比略指挥的拜占廷军队在 570/1 年被阿瓦尔人击溃。埃瓦格里乌斯描写道：

> "(拜占廷的)士兵甚至不能忍受蛮族的目光,所以导致提比略险些被俘。"① 此后北方战线的局势不断恶化。581/2 年,多瑙河防线上最重要的要塞之一,"西尔缪姆城(Sirmium)被阿瓦尔人占领"。②

随后,阿瓦尔人和斯拉夫人协同作战,于 586 年深入巴尔干半岛腹地的色雷斯和希腊地区。"帝国大多数军队都在东部作战,阿瓦尔人先后两次渗透到了(色雷斯地区的)'长城'那里,他们通过围困攻占了辛吉都努姆(Singidunum)和安基亚卢斯(Anchialus),并且占领了整个希腊和其他一些城市与要塞,摧毁了一切。"③

上述这些内容是埃瓦格里乌斯在《教会史》中对阿瓦尔人和北方战事的最后记录。在之后几年中,拜占廷皇帝莫里斯组织了几次卓有成效的反击,重创了阿瓦尔和斯拉夫入侵者,稳定了帝国北疆的局势④。但是,阿瓦尔和斯拉夫人的威胁并没有最终解除。7 世纪上半叶,当拜占廷人与波斯人进行殊死搏斗时,北方的阿瓦尔人与波斯人结盟,率领多瑙河北岸的诸多民族南侵,给拜占廷人带来了致命的威胁。斯拉夫人更是就此定居在巴尔干半岛,成为这一地区大部分领土真正的主人。之后的两个多世纪中,拜占廷人几乎失去了对这一帝国核心地区的实际控制权。

最后,在帝国的东方边境外,还有一个更为强大的对手——萨珊波斯帝国。拜占廷帝国自从建立以来,就展开了和萨珊波斯帝国数百年的争霸战争。在 4 世纪,双方在几次战争中各有胜负,朱利安皇帝当权时曾经亲自领兵大败波斯军队,并围困其首都泰西封。朱利安意外去世后,拜占廷人被迫撤军并与波斯人签订和约,归还了夺占的波斯领土。5 世纪后,拜占廷和波斯帝国之间维持了一段长时间的和平局面。在塞奥多西二世统治时期,波斯国王"派遣使者表达了和平的愿望,塞奥多西答应了他们的请求,这种和平局面一直保持到阿纳斯塔修斯统治的第 12 年(502 年)"。⑤ 在此期间,尽管双方还是爆发过小规模的边境冲突,但是大体上都遵守了和平条约。

从 6 世纪初开始,和北方防线一样,拜占廷人的东方边境也受到了更为剧烈的冲击。《教会史》记载了 502 年波斯人的入侵:

---

① Evagrius Scholasticus, *The Ecclesiastical History of Evagrius Scholasticus*, V.11.
② Ibid., V.12.
③ Ibid., VI.10.
④ 陈志强:《巴尔干古代史》,第 166—168 页。
⑤ Evagrius Scholasticus, *The Ecclesiastical History of Evagrius Scholasticus*, I.19.

波斯国王卡瓦德撕毁了条约并且从自己的领土上对拜占廷帝国发起进攻。他们首先入侵了亚美尼亚,并且在占领了一个叫作塞奥多西堡的镇子后,来到了美索不达米亚地区的一个重要城市阿密达(Amida),经过长期围困后占领了这个城市。①

拜占廷皇帝阿纳斯塔修斯随即派兵还击,并在双方边境上修建了如达拉这样的重要防御要塞。这标志着双方和平条约的破裂,两个当时世界上的超级强国进入了新一轮的战争之中。

6世纪的拜占廷波斯战争大体可以分为两个阶段。在6世纪中前期,战争的态势是拜占廷人以防御反击为主。530年在波斯国王科斯洛埃斯统治时期,波斯大军攻入拜占廷境内,拜占廷军队则在贝利撒留的精妙指挥下,凭借有利地势重创波斯军队,取得了达拉保卫战的胜利。在获胜后,贝利撒留率领拜占廷军队立刻投入反击,试图歼灭撤退的波斯军队。但是在幼发拉底河畔的卡林尼库(Callinicum),"由于罗马人的军队没有听从贝利撒留的建议,全军覆没"。② 虽然拜占廷人和波斯人各自取得了达拉战役和卡林尼库战役的胜利,但是双方均伤亡惨重,无力继续再战。因此在卡林尼库战役结束后不久,双方就缔结了所谓的永久和平条约(Endless Peace)③。然而,就在查士丁尼将帝国的主力部队调往西部地区,试图重新收复北非和意大利等旧有领土时,波斯人于540年撕毁协议,再次入侵美索不达米亚和叙利亚地区,并攻克了安条克、阿帕米亚和塞尔吉奥堡等拜占廷重要城市④。查士丁尼被迫召回贝利撒留,阻挡波斯军队的入侵,最终经过一番苦战,双方于545年再度签署停战协定。6世纪拜占廷波斯战争的第一阶段就此结束。

至6世纪下半叶,当查士丁二世成为拜占廷皇帝后,双方的战事进入第二阶段,该阶段是以拜占廷人主动发动进攻开始的。战争的导火索是:

> 受到波斯帝国控制的亚美尼亚地区的基督徒因为信仰问题受到了波斯人恶劣的对待。他们秘密派遣使节到查士丁皇帝那里,恳求成为罗马人的臣民……查士丁答应了他们……当(波斯国王)科斯洛埃斯对此表示抗议后,查士丁回答说和平已经结束……⑤

---

① Evagrius Scholasticus, *The Ecclesiastical History of Evagrius Scholasticus*, III. 37.
② Evagrius Scholasticus, *The Ecclesiastical History of Evagrius Scholasticus*, IV. 13. 约翰·马拉拉斯则在作品中表达了和埃瓦格里乌斯不同的意见,他认为拜占廷军队遭受失败主要是因为贝利撒留的指挥失当所致。参见 John Malalas, *The Chronicle of John Malalas*, 18. 59。关于卡林尼库战役最详细的记载参见 Procopius of Caesarea, *History of the Wars*, 1. XVIII。
③ Procopius of Caesarea, *History of the Wars*, 1. XXII.
④ Evagrius Scholasticus, *The Ecclesiastical History of Evagrius Scholasticus*, IV. 25-28.
⑤ Ibid., V. 7.

然而,尽管是拜占廷人首先挑起了战争,但是埃瓦格里乌斯批评查士丁二世并没有做好战争的准备。因此在开始时,拜占廷人的军事行动屡屡遭受挫折。在抵挡住拜占廷人的进攻后,波斯军队转入反击战,并于573年冬天占领了拜占廷边境重镇达拉。埃瓦格里乌斯记载:

> 当查士丁听到这个消息后,他就失去了健康和正常的思维……此后他对事情已经没有了理解能力。提比略掌控了国家。①

随后,提比略向波斯国王科斯洛埃斯求和,双方签订了3年的和平协议。但是拜占廷人和波斯人都无心履行这一和约,575年,提比略集结了一支6万人的大军和波斯军队在亚美尼亚地区展开决战,当波斯人进入亚美尼亚山区的时候,拜占廷人袭击了波斯的辎重部队。随后波斯人撤退到幼发拉底河对岸,双方展开对峙。波斯人企图趁夜色渡河发动攻击,但被拜占廷军队击溃,波斯军队损失过半,拜占廷人取得了这场重要战役的胜利②,随后攻入波斯帝国境内。

此后,战事朝着有利于拜占廷人的方向发展。80年代后,莫里斯率领拜占廷军队一再击败波斯人。在590年,因为连连遭遇失败,波斯帝国内发生政变,波斯国王小科斯洛埃斯仓皇出逃,来到君士坦丁堡祈求得到拜占廷皇帝的保护。莫里斯"接受了他的请求。莫里斯将他看作客人而不是亡命者,将他看作儿子而不是逃跑者,并用国王之礼欢迎了他"。此后,莫里斯派遣拜占廷军队和忠于科斯洛埃斯的波斯军队一起攻入波斯境内,重新扶植科斯洛埃斯登上波斯国王的宝座。作为回报,波斯人交还了达拉等原拜占廷领土,双方再次签订了和平协议③。至此,双方在6世纪的漫长战争以有利于拜占廷人的方式结束。

尽管如此,6世纪的拜波战争依然给拜占廷帝国带来了惨重的损失。在漫长的战事中,帝国数以万计的精兵强将以身殉国,东方边境上大量的要塞被彻底摧毁,东部的一些大城市也遭到了毁灭性的打击。叙利亚首府、帝国东部最重要的大都市之一的安条克就在540年被波斯人占领后焚毁,尽管查士丁尼皇帝拨款重建了城市,但是据唐尼等现代学者考证,重建后的安条克

---

① Evagrius Scholasticus, *The Ecclesiastical History of Evagrius Scholasticus*, V.11-12.
② John of Ephesus, *The Third Part of the Ecclesiastical History of John, Bishop of Ephesus*, VI. 8-9. 埃瓦格里乌斯也在作品第5卷第14节中记载了这场战争,但是不如以弗所主教约翰的记载清晰详细。他的一些记载甚至有过于夸大之嫌,例如他记录提比略集结的军队人数高达15万之多,这一说法遭到了怀特比的驳斥。参见该节页下注52。
③ Evagrius Scholasticus, *The Ecclesiastical History of Evagrius Scholasticus*, VI. 17-19.

城市规模已大不如前①。可以说，与波斯人的战争严重消耗了拜占廷帝国的国力。

更为严重的是，波斯问题和北方问题一样，也只是暂时得到缓解，却并未彻底解决。602年，莫里斯皇帝在军事政变中被杀后，小科斯洛埃斯随即发动了对拜占廷帝国的入侵，一度占领了叙利亚和埃及等拜占廷领土，并直接威胁首都君士坦丁堡。在伊拉克略皇帝统治时期，经过多年的战争，拜占廷人终于在628年彻底击败波斯帝国，收复所有失地。但是，这是一场皮洛士式的胜利，拜占廷帝国的国力在与北方蛮族和波斯的战争中消耗殆尽。最终在40年代，当新兴阿拉伯帝国入侵时，拜占廷人永远丧失了叙利亚、埃及和巴勒斯坦等东部领土。

综上所述，在6世纪结束之前，虽然拜占廷帝国暂时解决了东地中海地区的外敌入侵问题，但是蕴含着十分不稳定的因素。尤其是北方和东方边境外，帝国的最危险的敌人还在厉兵秣马。帝国面临着多面受敌的困境，不得不分兵御敌，疲于应付。最终，在7世纪初期，这些安全的隐患全面爆发，演变成了一场让帝国面临生死存亡的危局。

二　拜占廷帝国早期军队的缺陷

总体看来，拜占廷早期（4—6世纪），尤其是5—6世纪是拜占廷历史上的第一个黄金时代，国力强盛。这一时期的拜占廷军队也相对比较强大。现有研究成果对拜占廷早期军队情况多持积极评价。然而，在兴盛的外表背后，通过研读史料，我们能够发现此时拜占廷军队在士兵来源、将领任命和军队结构等问题上存在着重大的隐患和缺陷。这些缺陷在6世纪中后期查士丁尼去世，国力开始衰退后被迅速放大，加剧了帝国的危机，使拜占廷在6世纪末—7世纪初进入了帝国历史上的一个黑暗时期。

士兵是军队最基本的组成元素，他们对军队战斗力的强弱起着至关重要的作用。拜占廷军队在该时期的第一个缺陷体现在士兵的来源方面。该时期帝国拥有一支数量相对可观的军队，但是为了应付频繁战争的需要和弥补伤亡战士的空缺，拜占廷皇帝依然需要采用各种方式临时补充兵员。从该时期的史料中我们大致可以看到两种方法。其一是采用补充兵制度，强行征召农民或城市游民参军，让他们加入主力部队一起作战。但是，仓促征召的新兵无论在作战素质还是装备上都与正规部队有很大的差距，因此在战争中的表现也往往不如人意。埃瓦格里乌斯就曾经记载：

---

① G. Downey, *A History of Antioch in Syria: From Seleucus to the Arab Conquest*, p. 534.

（在查士丁二世发动波斯战争时）皇帝既没有给他任命的东方战区司令官一支数量充足的军队，也没有为他提供足够的军械……他只有很少数经过训练的士兵，其余大部分人根本没有装备，他们不过是农夫和牧人，是从国家的纳税者中间征召的……罗马人在战争中遭到了可耻的失败。①

更为严重的是，这些临时被征召的农夫和牧人不但装备给养奇缺、战力不足，并且经常会因为厌战临阵哗变，严重影响战局。在6世纪晚期莫里斯皇帝统治时期，东方战区的军队就在与波斯军队开战前爆发了一次大规模的兵变，叛军甚至洗劫拜占廷的乡村城镇。莫里斯皇帝多次派出特使与其谈判，但是未能成功。最终，皇帝只得请求德高望重的安条克主教格里高利去应付危局。这些临时征召的补充兵对国家、皇帝和司令官的忠诚度并不高，但是对这位在他们缺衣少用时给予帮助的主教感恩戴德：

叛军不愿接受命令，所以格里高利主教被派去处理这件事情，这不仅由于他在处理重大事务上能力出众，而且军队都尊敬他。因为他在叛军被征召入伍并路过他的教区的时候用金钱、衣物和其他东西犒劳他们。②

最终叛乱停止了。但是，这种感恩起到的效果十分有限，这些叛军只是停止作乱，但并没有重新回到前线作战。显然，以城市游民和农民为基础的补充兵，无法满足拜占廷帝国在6世纪频繁大规模军事行动的需要。

除了补充兵之外，拜占廷皇帝采用的另外一种方式是大量雇用蛮族士兵参与战争，即雇佣兵制度。在3世纪时，以哥特人为代表的"蛮族"大规模地进入帝国境内，其中很多青壮年后来被编入了帝国的军队。蛮族士兵由此成为拜占廷军队另一个重要的兵员来源。

在6世纪与波斯人的战争中，大量来自不同种族的异邦士兵为了金钱而与拜占廷人一同并肩作战。埃瓦格里乌斯在记载提比略皇帝继位后对波斯人发动的反击战时曾经描述道：

提比略想尽一切办法积攒了一大笔钱，他募集了如此庞大并且英勇无比的军队，这些最棒的战士来自阿尔卑斯山以外莱茵河地区的蛮族部落，还有一些来自阿尔卑斯山以里的马萨革泰人和西徐亚人部落，还有的来自附近的潘诺尼亚、伊里利亚和伊苏里亚地区。③

---

① Evagrius Scholasticus, *The Ecclesiastical History of Evagrius Scholasticus*, V.8.
② Ibid., VI.11.
③ Ibid., V.14.

以弗所主教约翰的《教会史》也证明了埃瓦格里乌斯的记载,他特别强调了这支军队中有许多彪悍的伦巴德人战士①。从战争的进程来看,勇猛彪悍的蛮族士兵起到了一定的作用。提比略对波斯人发动的亚美尼亚之战中,西徐亚人组成的拜占廷右翼部队居功至伟,在战斗中缴获了波斯国王科斯洛埃斯的所有辎重②。

但是,大量使用雇佣兵对帝国的军事也有非常不利的影响,雇佣军大多只是为了金钱作战,没有保家卫土的责任感,因此纪律性极差,屡屡在战斗关键时刻出现不服从指挥甚至临阵脱逃的事例。莫里斯皇帝在即位前担任东方战区司令官的时候,一次与波斯人的战斗中就发生了这种险情:

> (拜占廷军队里)背信弃义的萨拉森人首领阿拉曼达卢斯拒绝渡过幼发拉底河和莫里斯并肩对抗敌人。他们的骑兵比其他骑兵的速度更快,他们在逃跑时不会被俘。他们在被包围和撤退的时候比敌军更加迅速。西徐亚人领袖塞奥多里克也和周围的人一起逃跑了……③

蛮族军队的临阵脱逃险些让莫里斯陷入被俘的绝境。显然,这样的军队可靠性十分有限,难以成为帝国军事力量的支柱。拜占廷皇帝在4—6世纪的帝国早期阶段并没有找到一个可靠的补充兵员的方法,直到7世纪希拉克略皇帝开始实行军区制改革之后,以军役地产为基础的农兵阶层才登上历史舞台。在此后的几百年中,拜占廷农兵成为帝国军队可靠和稳固的兵源,为帝国在9世纪时迎来第二个黄金时代奠定了坚实的基础。

士兵来源不够稳定显然对军队将领的个人素质提出了更高的要求。然而,该时期拜占廷皇帝在任命高级军官时经常因为主观倾向和客观条件的制约,难以实现最佳的选择。

这种困局首先体现在对待蛮族出身将领的态度上。5世纪初期随着哥特士兵数量的增加,帝国军队中的哥特高级军官也逐渐增多。至5世纪中期,蛮族将领的权力达到了顶峰。阿兰人阿斯帕甚至先后两次将自己的部将马西安和利奥推上了帝国的皇位。在利奥一世统治时期,阿斯帕不但掌握了帝国的兵权,甚至强迫皇帝将次女嫁给自己的儿子帕特里修斯。为了维护自己的统治,利奥一世被迫采用了"以夷制夷"的战略,他将长女阿里阿德涅嫁给伊苏里亚部族的将领泽诺,并任命他先后担任了色雷斯战区和东方战区司令官④。随后,在泽诺的协助下,利奥战胜了阿斯帕,同时还杀死了他的儿子

---

① John of Ephesus, *The Third Part of the Ecclesiastical History of John, Bishop of Ephesus*, VI. 13.
② Evagrius Scholasticus, *The Ecclesiastical History of Evagrius Scholasticus*, V. 14.
③ Ibid., V. 20.
④ Ibid., II. 15.

帕特里修斯①。

至 5 世纪末期,拜占廷皇权进一步沉重打击了蛮族将领的势力。阿纳斯塔修斯继位初期,前任皇帝泽诺信任的伊苏里亚高级军官们发动了叛乱,但是叛乱最终被皇帝残酷地镇压:

> 战争最后的结果是伊苏里亚叛军被彻底击溃,他们的头目朗吉尼乌斯和塞奥多利的首级被西徐亚人约翰带到了首都。皇帝将首级绑在竿子上竖在叫作 Sycae 的地方,这个地方正对君士坦丁堡。这对于拜占廷人来说是一个令人愉悦的景观,因为他们已经遭受了太多泽诺和伊苏里亚人带来的苦难。②

在此之后的很长一段时间,虽然依然有一些蛮族将领在帝国军队中服务,但是他们在帝国军队中的影响被显著削弱了。

拜占廷皇帝为了维持皇权的稳固,不惜削除那些蛮族宿将的做法有值得理解之处,这种举措对维护皇帝专制统治有重要的作用,但是他们相应做出的另一个选择则让帝国军队陷入了更大的危机。为了保证军队的忠诚,皇帝在任命司令官时没有把将领的能力放在首位,而是过于信赖自己的亲属和亲信。一些庸才对军事根本一无所知,却要统领大军独当一面,这种行为带来的战败屡见不鲜。查士丁尼时代的历史学家普罗柯比记载,利奥一世皇帝统治时期,当他决定远征汪达尔人时,任命了妻弟瓦西里斯库统领全军。此人毫无军事才能,最终远征大军全军覆没③。此后,阿纳斯塔修斯统治时期,为了对付维塔里安的叛乱,皇帝任命自己的外甥、无能的西帕提乌斯担任司令官统兵出征,结果后者统领的军队在战斗中一触即溃,西帕提乌斯本人"做了俘虏,之后被皇帝花了一大笔钱赎了回来"。④ 值得一提的是,这位无能的将军在尼卡起义时因为皇族血统而被起义者推举为皇帝。面对唾手可得的政权,他毫无作为,最后当起义被贝利撒留镇压后,他也束手就擒,并被查士丁尼杀死,结束了庸碌的一生。

然而,之后的拜占廷皇帝们似乎并没有吸取在军事上任人唯亲的教训,瓦西里斯库和西帕提乌斯的失败在 6 世纪的拜占廷历史中还是被一再重复。查士丁二世任命的与阿瓦尔人和波斯人作战的司令官提比略和马西安,前者是其最信赖的亲信和皇位继承人,后者是其表兄弟,二人都非大将之才。提比略指挥的拜占廷军队在与阿瓦尔人的战役中一败涂地,本人也险些被俘。

---

① Evagrius Scholasticus, *The Ecclesiastical History of Evagrius Scholasticus*, II. 16.
② Ibid., III. 35.
③ Procopius of Caesarea, *History of the Wars*, Cambridge, 1914-1940, 3. VI.
④ Evagrius Scholasticus, *The Ecclesiastical History of Evagrius Scholasticus*, III. 43.

马西安则在与波斯人的战争中率领优势兵力久攻边城尼西比斯不克,反被波斯军队一再击败,最终查士丁不得不因其无能解除了他的职务,统领的军队也随之溃散①。其后,莫里斯皇帝任命的东方战区司令官、亲信普里斯库甚至引发了东方战区部队的大规模叛乱:

> 普里斯库不是一个容易接近的人……他试图通过恐惧的办法让士兵更加服从他的命令。这样,当到达军营的时候,他露出高傲自大的表情,穿着极为华丽,他宣布了士兵的服役期限和实际从国库得到的装备。之后,士兵们的怒火被点燃了,他们聚集在帐篷周围,像野蛮人一样抢劫了所有重要的军备和最有价值的财产,然后他们试图杀死普里斯库,但是他早已经跳上一匹无主的战马,一直逃到艾德萨城去了。②

这些皇帝亲信将领们的无能程度可见一斑。在这一时期,只有查士丁尼皇帝表现出了高明的识人眼光。他任命的贝利撒留、纳尔西斯和查士丁等人虽然也是其一手提拔的亲信或亲戚,但是都具有真才实干,对查士丁尼时期拜占廷帝国军事上的诸多胜利做出了卓越的贡献。其他的拜占廷皇帝则在很多时候没有处理好忠诚与才干之间的关系,过于任人唯亲的人事任命严重削弱了拜占廷军队的战斗力,并给帝国的军队带来了多次惨痛的失败。

拜占廷军队在该时期另一重大缺陷体现在军队的结构上。拜占廷帝国早期军队的组织结构与先前的罗马帝国有明显的区别。在罗马帝国初期,罗马军队的主力是驻防在各战略要地的军团,中央政府可指挥的野战部队比较有限,在紧急情况下国家能够调用的主要中央部队是禁卫军。随着3世纪危机时期罗马边防系统的瓦解,帝国急需重建国防体系。戴克里先继位后随即进行军事改革。他不但重振了帝国的边境防务,同时建立了一支灵活机动的野战军部队,可供应对紧急战事和内部危机之用③。

君士坦丁大帝进一步深化了戴克里先的军事改革,继续强化野战部队的力量。他正式将帝国的作战部队划分为野战军和边防军两大部分,其中野战军是拜占廷军队的主力部队。至4世纪末,帝国的野战军部队共有10万人左右,大多驻防在各战略要地。其中伊利里亚地区17500人,色雷斯地区24500人,首都君士坦丁堡周边42000人,以及东方战区20000人④。这一数字在帝国早期阶段大体保持稳定。查士丁尼收复西部领土后,帝国野战军数量有所增加,达到了15万人左右。查士丁尼去世前帝国野战军的分布大致

---

① Evagrius Scholasticus, *The Ecclesiastical History of Evagrius Scholasticus*, V.9.
② Ibid., VI.4.
③ 科瓦略夫:《古代罗马史》,王以铸译,北京:生活・读书・新知三联书店,1957年,第926页。
④ W. Treadgold, *A History of the Byzantine State and Society*, Stanford, 1997, p.106.

为西班牙地区 5000 人,北非行省 15000 人,意大利地区 20000 人,伊利里亚地区 15000 人,色雷斯地区 20000 人,首都君士坦丁堡周边 40000 人,亚美尼亚地区 15000 人,以及东方战区 20000 人①。作为主战部队野战军的辅助部队,边防军在 4 世纪末期的总数要多于野战军,大约为近 20 万之众②,大多驻扎在帝国边境地区或非军事战略要地。

从上述军力部署来看,似乎拜占廷野战军和边防军各司其职,数目配备也较为合理。同时,骑兵技术的进步大大加强了拜占廷军队的机动性,似乎为纵深防御取代边境作战的战略提供了可能性。

但是在实际操作上,这一军事配备有关键性的缺陷。首先,拜占廷皇帝努力增加野战军战力的结果是以削弱边防军为代价。国家将大量的军事资源都投入到野战军上。这一点从军饷上的差异就可以体现出来。例如在 6 世纪上半叶,一个标准的拜占廷作战团(regiment)大约由 520 人组成(分步兵团和骑兵团两种)。其中野战军骑兵团团长的薪金为 176 索里德、步兵团团长为 160 索里德、普通骑兵为 24 索里德、普通步兵为 20 索里德,而驻防军与野战军的军饷差异十分明显。一个驻防军骑兵团团长的俸禄只有 56 索里德、步兵团团长为 40 索里德、普通骑兵为 9 索里德、普通步兵为 5 索里德③。二者之间最高可相差数倍之多,这非常明显地体现出拜占廷国家军队建设的重点是野战军。

由于长期得不到国家的重视,拜占廷驻防军的整体素质很低,从 4 世纪开始就已经不堪大用,战斗力极差,在一些部队里,甚至经常出现将死人的名字登记在花名册上的荒唐情况④。这样的军队不用说保卫边疆、抵御外敌,就连面对辖区内的民众暴动也常常力不从心。埃瓦格里乌斯在其《教会史》中就曾经描绘了一个这样滑稽的场面:

> 人们群起围攻大小官员,当埃及当地的一支驻军希望阻止暴乱的时候,人们用石块投向他们,并将他们围困在古萨拉皮斯神庙中,而后放火将他们活活烧死。⑤

马西安皇帝不得不从首都抽调 2000 名军人派遣到亚历山大里亚,方才平息了这场暴动。至 6 世纪后,拜占廷帝国的驻防军虽然还是国防体系的一部分,但是在实际战争中的作用已经非常有限。尤其是在与波斯帝国的战争

---

① W. Treadgold, *Byzantium and Its Army, 284-1081*, Stanford, 1995, p. 63.
② Ibid., p. 50.
③ Ibid., pp. 50-52.
④ W. Treadgold, *A History of the Byzantine State and Society*, p. 105.
⑤ Evagrius Scholasticus, *The Ecclesiastical History of Evagrius Scholasticus*, II. 5.

中,大量边境要塞被波斯军队轻易攻陷,当地驻防部队不战而降或闻风而逃的事例时有发生。当驻防军作为第一线部队难以起到延阻外敌入侵的作用时,后方机动部队实行纵深防御的难度无疑显著增大了。

其次,拜占廷帝国所处的地理位置也加剧了拜占廷野战军的困境。如前文所述,帝国早期的领土位于欧亚非大陆的中心区域,对外交通十分便利却又强敌环伺。一旦发生战争,敌人可以从各个方向向帝国腹地展开攻击,使国家面临四面受敌的危险境地。由于作为辅助部队的驻防军在战争中难以发挥应有的作用,拜占廷野战军几乎被迫独自承担了各条战线上绝大部分的重要作战任务。尽管拜占廷野战军具有良好的机动性,但是在长期战争中的兵员损失和在广袤边境上的反复调动让其不堪重负。在6世纪与波斯人的长期鏖战中,由于亚洲地区的驻防军不堪一击,拜占廷的野战部队在波斯人的频繁进攻面前疲于应付,最终后者趁虚而入,直至攻陷了叙利亚首府、帝国东部第三大城市安条克。

拜占廷历史学家左西莫斯曾经对君士坦丁的这一战略提出过尖锐的批评:

> 君士坦丁的举措让蛮族人得以畅通无阻地进入国境……君士坦丁摧毁了帝国的防卫体系。他将大部分士兵调离边境,把他们派驻到无需防守的城市之中。他让处在蛮族威胁之下的那些人失去了保护,并使得士兵们在城市中肆意横行。①

尽管左西莫斯由于宗教信仰和政治观点等因素对君士坦丁有很深的偏见,但是他的这段文字确有一定道理。拜占廷军队这一结构上的缺陷带来的后果是十分严重的。在常年的战争中,帝国边境地区的城市屡遭侵袭,受到严重的破坏,民众的生命和财产安全也时常受到威胁。埃瓦格里乌斯经常在作品中发出类似的哀叹:

> (波斯军队)在各地抢掠罗马人的财产,并且毫不节制地杀人放火。他们占领的许多城堡和村庄都毫无抵抗之力……②

这种长期的破坏给帝国造成了严重的经济损失,更造成了边境地区民众在战争来临时对国家的保护失去信心。尤其是在帝国的东部边境,缺乏安全感的情绪与该地区民众和中央政府在宗教和经济上的矛盾交织在一起,加剧了该地区人民的离心主义倾向。这在之后的历史中,尤其是伊斯兰教兴起后

---

① Zosimus, *New History*, II. 34. (1)-(2).
② Evagrius Scholasticus, *The Ecclesiastical History of Evagrius Scholasticus*, V. 9.

阿拉伯人征服时得到了鲜明的体现。

4—6世纪拜占廷军队这些缺陷的产生有复杂的原因,难以一言蔽之。但是,一个不可忽视的因素是,这些缺陷在很大程度上与该时期帝国及整个东地中海世界大转变的时代背景密切相关。在变动的过程中,一些旧有的制度被抛弃,而新的制度尚未形成或有待完善,兵役制度造成的士兵来源的缺陷就是典型例证。

此外,这一转变时期的新变化也对军队有直接的影响。拜占廷帝国早期在政治上的一个显著特点是专制皇权的迅速加强。拜占廷统治者吸取了罗马前辈的教训,极力在各个方面加强对国家的掌控,军队是重中之重。这种倾向可以体现在任命将领时"任人唯亲",由此最大程度实现对军队的有效控制。同时,野战部队和驻防部队的结构失衡也是君主意志的直接体现。皇帝通过将边防军队中的精锐改编纳入野战部队,极大地削弱了地方行省的权力。由皇帝直接控制的野战军和行省掌控的边防军之间从此形成了明显的力量差别,有助于最大化地实现皇帝的政治安全。然而,这种政治上安全的代价便是帝国边疆地区在外敌入侵面前变得更加脆弱,从而出现了新的危机。

总之,拜占廷早期虽然是帝国历史上一个比较强盛的时代,军事力量也相对可观,但是在军队的建设上依然存在着诸多缺陷,集中表现在军队结构、士兵来源和将领任命等诸多层面。这些缺陷给拜占廷的国防带来了深远的隐患。在6世纪末期后帝国走向衰落的关键时期,这些潜在的危机全面爆发,导致了严重的后果。

第三节 疾病和灾害与东地中海城市的衰落
——以"查士丁尼"瘟疫和地震为例

古代晚期东地中海地区城市的衰落是当代学者热议的话题。利伯舒茨就着重关注6世纪的社会动乱和宗教冲突对该地区城市衰落的影响。① 琼斯认为公共娱乐和建设加重了城市的财政负担,经济的凋敝加快了城市的衰落②。持传统观点的瓦西列夫等学者则认为是查士丁尼的穷兵黩武进行战争导致6世纪后期的衰落局面③。近年来,随着研究观念的更新、考古的发现和史料进一步的解读,一些学者开始着眼于自然因素的影响。一些考古学

---

① J. H. W. G. Liebeschuetz, *Decline and Fall of the Roman City*, New York, 2001, p.249.
② A. H. M. Jones, *Decline of the Ancient World*, New York, 199, pp.249-250.
③ A. A. Vasiliev, *History of the Byzantine Empire*, p.169.

家通过考古发掘成果证明,查士丁尼时期流行的瘟疫对安条克城市产生了一定破坏作用①。我国学者陈志强教授、崔艳红教授和刘榕榕教授都曾以查士丁尼大瘟疫为研究对象探讨了其对拜占廷帝国的影响②。

同时,6世纪的地中海世界还爆发了多次严重的地震灾害,进而给城市造成了极大的损害。综合来看,重大疾病与自然灾害在该时期的集中爆发给转变时期东地中海世界的城市造成了难以逆转的破坏,并彻底暴露了其弱点,导致古典时代的城市生活被打破并难以维系。

一 "查士丁尼瘟疫"的破坏性

瘟疫在医学水平欠发达的古代社会具有极其重大的破坏性。东地中海世界作为拜占廷帝国的核心区域,交通便利、与外界交往密切,从客观条件上来说容易被境外的传染疾病波及。加之该地区城市发达,人口密集,瘟疫产生的破坏性就更为明显。

早在5世纪马西安统治时期,拜占廷帝国的小亚细亚和叙利亚部分地区就曾经爆发过一次严重的瘟疫。埃瓦格里乌斯记载了事情的始末:

> 弗里吉亚、加拉太、卡帕多西亚和西里西亚地区发生了一场旱灾。由于缺少食物,人们被迫食用一些有害的食品,接下来就发生了瘟疫。人们因为饮食的改变而生病,他们的身体由于炎症变得肿胀。病人纷纷失明,并且还伴随着咳嗽。在第三天人们就死去了……这些惨剧也发生在巴勒斯坦和其他许多地区……这起痛苦的灾难被传送到了整个世界。

从这段记载来看,这次瘟疫主要是饥荒问题引起的。尽管有很多人因此丧命,但是幸运的是,"在下一年里,上帝使庄稼丰收,人们得以享用粮食"③。瘟疫也随之平息了。

6世纪后,一场更大规模的灾难降临到拜占廷帝国,这就是已经引起学界普遍关注的"查士丁尼瘟疫"。这场瘟疫持续时间之长、影响范围之广和造成损失之严重在人类发展的历史中都是骇人听闻的。由于目前我国学者对这一课题的研究取得了非常深入的成果,因此笔者在本节中将结合史料的

---

① L. K. Little, *Plague and the End of Antiquity*, Cambridge, 2007, pp.87-88.
② 陈志强:《"查士丁尼瘟疫"考辩》,《世界历史》,2006年第1期;陈志强:《"查士丁尼瘟疫"影响初探》,《世界历史》,2008年第2期;陈志强:《地中海世界首次鼠疫研究》,《历史研究》,2008年第1期;陈志强、武鹏:《现代拜占廷史学家的"失忆"现象——以"查士丁尼瘟疫"研究为例》,《历史研究》,2010年第3期;崔艳红:《查士丁尼大瘟疫述论》,《史学集刊》,2003年第3期。刘榕榕、董晓佳:《试论"查士丁尼瘟疫"对拜占廷帝国人口的影响》,《广西师范大学学报》,2013年第2期。
③ Evagrius Scholasticus, *The Ecclesiastical History of Evagrius Scholasticus*, II.6.

相关记载只对这一灾难及其影响做一简要补充性介绍。

"查士丁尼瘟疫"是一场爆发于541年秋天的大规模传染性疾病。现代学者和医学家根据当时作家普罗柯比、以弗所主教约翰和埃瓦格里乌斯等人描述的疾病症状(如高烧、幻觉和腹股沟淋巴腺肿胀等)分析,确定这场瘟疫应该是一次严重的鼠疫①。关于瘟疫的起源地问题,普罗柯比记载是上埃及地区的佩鲁西乌姆(Pelusium)②,但是埃瓦格里乌斯则猜测"据说这场瘟疫来自埃塞俄比亚地区"。③ 目前来说,现代学者普遍接受的是普罗柯比的说法。埃瓦格里乌斯作品最权威的研究者阿伦就明确认为,埃瓦格里乌斯的"埃塞俄比亚瘟疫起源说"很可能是他继承了古代历史学家对埃塞俄比亚地区的偏见④。

但是,也有一些现代学者出于对普罗柯比作品的怀疑,否认这场瘟疫的存在,认为他只是在模仿修昔底德的作品。巴克就提出:

> 普罗柯比甚至不放过利用记载瘟疫这种手段来模仿古典作家关于雅典大瘟疫的记载。⑤

随着6世纪拜占廷其他史料中相似记载的逐渐发现,这一怀疑应该说是没有根据的。埃瓦格里乌斯就明确认定:

> 这场灾难虽然在某种程度上和修昔底德描述的相似,但是在很多方面又有所不同。⑥

陈志强教授也在论文《"查士丁尼瘟疫"考辩》中通过对比普罗柯比和修昔底德记载瘟疫的目的、瘟疫的起源地和瘟疫的症状等描述的不同,认定普罗柯比并非在模仿修昔底德,而确实是在记载一场他亲身经历的灾难。与此同时,考古学家也证明,尽管通过目前的考古发掘成果,还无法完全肯定这场瘟疫如古代作家所记载的那么严重,但是至少已经可以证明它对东部地区的很多城市,如安条克产生了一定的破坏⑦。因此我们有理由肯定,这场瘟疫是确实存在的,这种观点也得到了绝大多数现代学者的赞同。

具体到对这场瘟疫的记载上来看,除了普罗柯比的记载,目前我们对非君士坦丁堡历史学家的作品重视尚显不足,如叙利亚的埃瓦格里乌斯与普罗

---

① 陈志强:《"查士丁尼瘟疫"考辩》,第122页。
② Procopius of Caesarea, *History of the Wars*, 2. XXII. 6.
③ Evagrius Scholasticus, *The Ecclesiastical History of Evagrius Scholasticus*, IV. 29.
④ P. Allen, *Evagrius Scholasticus the Church Historian*, p. 190.
⑤ J. Barker, *Justinian and the Later Roman Empire*, Wisconsin, 1977, pp. 191-192.
⑥ Evagrius Scholasticus, *The Ecclesiastical History of Evagrius Scholasticus*, IV. 29.
⑦ L. K. Little, ed, *Plague and the End of Antiquity*, pp. 87-88.

柯比作品的视角有所区别。与普罗柯比以君士坦丁堡为中心的记录不同,埃瓦格里乌斯更关注瘟疫在叙利亚地区,尤其是安条克的传播情况。他本人就曾经在幼年感染瘟疫,侥幸存活下来。同时,他常年生活在这座城市,因此他的亲身经历是第一手材料,也是研究瘟疫在叙利亚地区蔓延最重要的史料。从他的作品中,我们可以看到6世纪这场"查士丁尼瘟疫"表现出的几个鲜明特点。

首先,这场瘟疫具有持久性。根据埃瓦格里乌斯所述,瘟疫在542年传入安条克,一直到作品结束的593/594年仍在肆虐。事实上,"查士丁尼瘟疫"最终消失是8世纪中叶的事情,因此在542年后的6世纪,拜占廷帝国一直被瘟疫所困扰。其次,这场瘟疫的致死性很强。埃瓦格里乌斯写道:

> 疾病有不同的表现形式。有些人的染病表现是从头部开始的,他们的眼睛充血,面部肿胀,然后会感染到喉咙,最后离开人世。还有些人会发生腹泻现象。还有一些感染者的淋巴肿胀,然后发高烧。他们一般在次日或者第三日就会去世……还有一些人会发疯……一些人会出现红疹。

从现代医学角度来看,这确实是典型的腺鼠症状。更为严重的是,与一些传染性疾病不同,许多被感染的人在康复后还有可能被再次感染致死,无疑对当地居民的杀伤性更强。最后,瘟疫是以循环周期爆发的方式肆虐,埃瓦格里乌斯认为一个周期是15年,这与现代学者估算的14年十分接近。每个周期的前一两年是传染性最强的时候。从542年到6世纪末,瘟疫先后4次侵袭了安条克城①。

瘟疫给东地中海世界,尤其是大型城市造成了严重的破坏。最直接的影响就是人口的减少,这也是所有瘟疫波及地区的普遍表现。可惜由于古代人口统计资料的缺乏,至今没有一个关于查士丁尼大瘟疫具体死亡人数的权威数字。不过据当代学者阿伦估算,地中海世界大约在瘟疫中损失了33%的人口②。从瘟疫传播的医学规律上分析,瘟疫在人口密集的大城市的传染率和造成的死亡人数要远高于人口密度较小的乡村地区,因此,像君士坦丁堡和安条克这样的大城市死亡人员的比例还应该高于33%这个数字。例如,崔艳红博士在论文中引用了许多古代作家和现代学者的论述,他们普遍认为君士坦丁堡在瘟疫波及的第一年因病死亡的人数占到了城市总人口的半数以上(25万上下),其中感染的高峰期每天就有1万人左右丧生③。更何况

---

① Evagrius Scholasticus, *The Ecclesiastical History of Evagrius Scholasticus*, IV. 29.
② P. Allen. "The Jusinianic Plague", *Byzantion*, Vol. 49(1979), pp. 11-13.
③ 崔艳红:《查士丁尼大瘟疫述论》,第53页。

如前文所述,瘟疫是以周期性的特点发作,造成的累计死亡数字还会上升。埃瓦格里乌斯还记载了自己家庭的情况。他写道,他在瘟疫中先后失去了他的第一任妻子、几个儿女、一个外孙和一些仆人①。虽然没有写明有多少安条克人因感染瘟疫去世,但是以他的家庭为样本,安条克当时的死亡人数也应该是惊人的。

其次,瘟疫除直接导致人口死亡外,还在很大程度上使城市丧失活力,从而影响帝国的经济发展。以埃瓦格里乌斯所在的安条克城为例,疾病和给养的供应短缺使许多娱乐设施被迫关闭,大量人口因此失业,很多手工业者也不得不放弃了他们的职业。同时,出于求生的渴望,许多人选择了逃离大城市,到其他地区,尤其是乡村去躲避灾难,这让本来已经丧失大量劳动力的城市雪上加霜。留在城市中的居民则终日陷入恐慌之中:

> 他们认为这一切都是上帝的惩罚,仿佛末日降临。民众聚集在一些德高望重的圣徒面前,请求他们能够借助神圣的力量施以拯救。一些在瘟疫中死亡的圣徒,他们的坟墓也成为人们参拜的对象。②

恶化的经济形势和惶惶的情绪让安条克这样的大城市在瘟疫面前变得死气沉沉。

最后,瘟疫还在拜占廷国内导致了大规模的饥荒,并由此引发了一系列的社会动荡。瘟疫爆发之后,帝国东部的一些重要农业区也成了重灾区,农产品大量的减产导致首都君士坦丁堡出现了食品供应问题。例如在546年,君士坦丁堡就严重缺乏谷物和葡萄酒,很多因疾病挣扎在死亡边缘的人被活活饿死③。为了应对首都的粮食危机,查士丁尼皇帝不仅制定了限价政策,并且责成各级官员负责确保粮食供应,变本加厉地对东地中海其他地区进行掠夺。

> 君士坦丁堡贮存的大量谷物多已霉烂,他强迫东部各个城市购买这些已不适于人们食用的东西,并迫使他们以比通常优质谷物还要高的价格来购买……然而,下一年收成依然不好,运送到君士坦丁堡的谷物不能满足必要的需求供应……只得从比塞尼亚、弗里吉亚和色雷斯等地购买大批谷物。这些地区的居民于是被迫承担将其收获物送到海边并冒着极大的危险将其运往君士坦丁堡的沉重负担,而在那里,他们只卖得到少得可怜的价钱。④

---

① Evagrius Scholasticus, *The Ecclesiastical History of Evagrius Scholasticus*, IV. 29.
② G. Downey, *A History of Antioch in Syria: From Seleucus to the Arab Conquest*, pp. 55-557.
③ P. Allen, "The Jusinianic Plague", *Byzantion*, Vol. 49(1979), p. 16.
④ Procopius of Caesarea, *The Secret History*, XXII. 15.

但是即便如此,君士坦丁堡的谷物供应量仍难以满足需求,各种暴动开始爆发。甚至直到560年时,首都依然发生过抢夺面包的骚乱①。与此同时,拜占廷皇帝在瘟疫中采取的掠夺性保护首都的供应政策给东部其他一些受瘟疫侵害的地区带来了雪上加霜的破坏。一些大城市如亚历山大里亚和安条克都成了皇帝"首都中心"政策的牺牲品。这也进一步加剧了该地区民众对中央政府的不满情绪。

二 6世纪东地中海地区频繁的地震灾害

由巴尔干半岛东南部、小亚细亚半岛中西部、叙利亚和巴勒斯坦,以及埃及组成的东地中海世界是拜占廷帝国早期统治的核心区域。这一半圆环状地区基本位于欧亚大陆的中心地带。由此,四通八达的交通线路使该区域的君士坦丁堡和安条克等大城市成为古代众多重要贸易商路的中转站。如此得天独厚的条件促进了帝国商业的繁荣,同时与周边民族的交往也大大促进了帝国文化事业的发展。然而,与这种地缘优势相对,该地区却是地质灾害的多发地带,这是因为其恰恰位于世界第二大地震带——地中海与喜马拉雅地震带(又名欧亚地震带)之上,该地震带横贯欧亚大陆南部和非洲西北部,发生在这里的地震占全球地震总数的15%左右。这一地震带自古以来就给人类文明造成了巨大的破坏,例如处于该地震带上的古代"世界七大奇迹"中的摩索拉斯陵墓、奥林匹亚宙斯神像、亚历山大里亚港灯塔和罗德岛太阳神铜像等,均是毁于地震灾害。

在地震研究方面,目前拜占廷学界的研究程度尚不能与"查士丁尼瘟疫"相比,尚未出现集中研究该问题的专著,但是很多学者,如卡梅隆和曼戈教授等人已经在作品中注意到了地震等自然灾害对当时城市发展的不利影响。在这些研究成果中,唐尼教授的论文《324—1453年君士坦丁堡及其郊区的地震》②详细梳理1100年间君士坦丁堡地区的重要地震灾害,这是该领域研究的代表作。在国内学者中,笔者和刘榕榕教授针对这些问题撰写了多篇相关论文,一定程度上弥补了国内在早期拜占廷帝国地震灾害研究领域的不足③。

---

① P. Allen, "The Jusinianic Plague", *Byzantion*, Vol.49(1979), p.16.
② G. Downey, "Earthquake at Constantinople and Vicinity AD.342-1453", *Speculum*, Vol.30, No.4.
③ 武鹏:《拜占庭史料中公元6世纪安条克的地震灾害述论》,《世界历史》,2009年第6期;刘榕榕:《6世纪东地中海地区的地震与政府救助刍议》,《史林》,2014年第3期;武鹏:《6世纪东地中海地区的地震灾害与城市的衰落》,《社会科学家》,2014年第10期;武鹏、刘榕榕:《六世纪东地中海的地震灾害造成的精神影响》,《西南大学学报(社会科学版)》,2014年第6期。

从现存的拜占廷史料来看,6世纪开始,位于地中海与喜马拉雅地震带中心位置的东地中海地区进入了一个地壳运动的活跃时期,从该地区北端的巴尔干半岛到南端的埃及,地震灾害频繁发生,在史料中出现的密度之高,在其他时段的拜占廷历史文献中十分罕见。这一点从君士坦丁堡地区的地震密度可以得到证实。据唐尼统计,从342年至1453年的1100余年间,君士坦丁堡及其周边地区共发生大小地震55次,其中仅6世纪就有13次之多①。

为了研究6世纪地震灾害对拜占廷东地中海地区造成的破坏,本节首先需要根据拜占廷文献对该时期爆发的一些较为强烈的地震以年代为顺序进行梳理,让读者对此有直观的认识。

拜占廷文献中提到的东地中海地区6世纪最早的一次地震灾害于502/503年发生在小亚细亚的新恺撒利亚(Neocaesarea),据编年史家塞奥法尼斯记载:

> 地震导致城市绝大多数建筑被毁,只有圣格里高利教堂幸免于难。②

520/521年,巴尔干半岛的迪拉休姆(Dyrrachium)城爆发地震,塞奥法尼斯将这场地震称为"神的愤怒",并强调这场地震还波及了希腊重要的城市科林斯(Corinth)③。叙利亚编年史家约翰·马拉拉斯的作品同样记载了这场地震,并着重描写了查士丁一世对城市进行的灾后重建④。

524年,小亚细亚第二西里西亚行省遭遇的首府阿纳扎波斯(Anazarbus)在历史上第四次遭遇地震,同时希腊的科林斯也再次爆发余震。叙利亚历史学家埃瓦格里乌斯特别强调:

> 查士丁皇帝花费了大量金钱重建这些城市。⑤

526年5月东地中海地区第三大城市安条克爆发了一次极其强烈的地震,这也是6世纪拜占廷历史中最严重的地震灾害,约翰·马拉拉斯写道:

> 地震颠覆了整个城市并且几乎将所有建筑夷为平地,君士坦丁大帝建造的神圣的大教堂在这场灾难后屹立了7天的时间,其余一切的建筑都被彻底毁于上帝的愤怒之中。

一些当地重要的人物如安条克主教也在地震中丧生,这次地震还给当地

---

① G. Downey, "Earthquake at Constantinople and Vicinity AD. 342-1453", pp. 596-600.
② Theophanes Confessor, *The Chronicle of Theophanes Confessor*, p. 223.
③ Ibid., p. 256.
④ John Malalas, *The Chronicle of John Malalas*, p. 256.
⑤ Evagrius Scholasticus, *The Ecclesiastical History of Evagrius Scholasticus*, IV. 8.

带来了 18 个月之久的余震①。尼基乌主教约翰也在其作品中描绘了 526 年大地震后这种悲惨的状况:

> 那些来不及逃出房子的人都变成了一具具的尸体。②

另一部重要的拜占廷史料,作者匿名的《复活节编年史》也略有夸张地记载,在这次地震发生时:

> 大地在不断地震动和翻搅,几乎所有居民都被卷入了墓穴之中。③

这次地震带来了极为严重的伤亡,约翰·马拉拉斯记载安条克有 25 万人在这场地震中丧生④,而普罗柯比给出的数字更是高达惊人的 30 万⑤。当然,遇难者不全是安条克城的居民,马拉拉斯在同一章节明确写道,地震发生之时"正值耶稣升天节,很多来自各地的参观者涌入了省城安条克以庆祝这个节日",所以受害者中理应包括很多外乡人。遗憾的是,我们已经无从得知遇难者中究竟有多少人是安条克的居民,但是从常理推测,伤亡应该会是十分惨痛的。

528 年,地震再次波及安条克,塞奥法尼斯记载道:

> 地震持续了一个小时,所有的房屋和城墙都被摧毁了,上次地震后幸免于难的少数建筑也都倒塌了。⑥

据他记载,有 4870 人在此次地震中不幸丧生⑦,约翰·马拉拉斯的数字是大约 5000 人遇难⑧,而《复活节编年史》给出的受难人数略少一些,记载有 4000 人死于地震⑨。528 年地震造成的遇难人数与 526 年地震相差甚多,除了震级差别和外地访客这两个原因外,可能还和两年前的大地震让安条克人口锐减有关。

同年,小亚细亚密西亚(Mysia)行省的庞培奥波里斯(Pompeioupolis)也爆发了一次大地震。约翰·马拉拉斯形容:

> 地面裂开巨口,瞬间将半座城市和它的居民吞噬。⑩

---

① John Malalas, *The Chronicle of John Malalas*, pp. 238-241.
② John of Nikiu, *The Chronicle of John*, p. 137.
③ Anon, *Chronicle Paschale*, AD. 284-628, p. 195.
④ John Malalas, *The Chronicle of John Malalas*, p. 239.
⑤ Procopius, *Wars*, 2.14.6.
⑥ Theophanes Confessor, *The Chronicle of Theophanes Confessor*, p. 270.
⑦ Ibid.
⑧ John Malalas, *The Chronicle of John Malalas*, p. 257.
⑨ Anon, *Chronicle Paschale*, AD. 284-628, p. 195.
⑩ John Malalas, *The Chronicle of John Malalas*, p. 253.

他在作品中还提到转年在小亚细亚的麦拉(Myra)城同样爆发了一次地震①。

533年冬天,拜占廷首都君士坦丁堡在6世纪第一次遭到了地震的破坏。《复活节编年史》记载地震后"全城的人都聚集在君士坦丁广场进行祈祷"。② 从相关记载来看,这次地震造成的损失不大。然而,仅仅10年之后,一次更加猛烈的地震又侵袭了君士坦丁堡。塞奥法尼斯记载:

> 教堂、房屋和城墙都倒塌了,尤其是黄金门(Golden Gate)一带破坏最为严重……许多居民失去了生命,幸存者也陷入极度恐慌之中。③

转年9月,首都附近的基奇克斯(Kyzikos)城也爆发地震,城市一半被毁④。

551年,一次波及范围极广的大地震侵袭了东地中海世界。叙利亚、巴勒斯坦和美索不达米亚地区都受到重创,安条克的城墙崩塌,地震在一些沿海地区还引起了海啸,甚至连东地中海南部的亚历山大里亚也出现了恐慌⑤。希腊地区遭受了重大的损失,彼奥提亚(Boeotia)、阿卡亚(Achaea)和克里希亚(Crisaean)等地的城市都受到了波及。喀罗尼亚(Chaeronea)、克罗尼亚(Coronea)、帕特雷(Patras)等8个城市被地震摧毁,居民伤亡惨重⑥。首都君士坦丁堡也没能在地震中幸免,其周边的几个城市和岛屿上的建筑被夷为平地,居民死伤极多⑦。

这次大规模的地震灾害在之后多年内给东地中海地区带来了数次强烈的余震。554年8月,君士坦丁堡及其周边地区爆发了地震。约翰·马拉拉斯记载:

> 拜占廷(君士坦丁堡)城内许多的房屋、浴室和教堂都遭到了破坏。君士坦丁广场上君士坦丁大帝雕像手中的长矛也被震落……地震持续了40天的时间。⑧

三年之后,557年12月,君士坦丁堡再次爆发了强烈的地震。这场地震的破坏性之强,从拜占廷史家作品中可以得到集中体现。阿加塞阿斯写道:

---

① John Malalas, *The Chronicle of John Malalas*, p. 262.
② Anon, *Chronicle Paschale*, AD. 284-628, p. 128.
③ Theophanes Confessor, *The Chronicle of Theophanes Confessor*, p. 322.
④ John Malalas, *The Chronicle of John Malalas*, p. 287.
⑤ Ibid., p. 291.
⑥ Procopius, *Wars*, 8.25.16-18.
⑦ Agathias, *The Histories*, 2.15.
⑧ John Malalas, *The Chronicle of John Malalas*, pp. 293-294.

这场地震几乎彻底将城市夷为平地……当时是深夜,人们在床上安眠时,灾难突然降临。所有的建筑几乎都在摇晃后被连根拔起……惊慌失措的人们拥满大街小巷,仿佛这样就比待在屋子里更加安全,能够从灾祸中逃得性命……许多人都在地震中丧生,其中还包括一名叫作阿纳托利乌斯的元老。①

约翰·马拉拉斯的作品与阿加塞阿斯大同小异:

午夜剧烈的地震突然爆发,君士坦丁堡两条城墙(君士坦丁城墙和塞奥多西城墙)都遭到了毁坏,一些教堂倒塌……许多人被倒塌的建筑砸死……这场大灾难持续了10天……查士丁尼皇帝为此30天都没有佩戴皇冠。②

560/561年,安条克也被这波大地震的余震所波及,叙利亚部分地区受灾,安条克城的一些建筑受到损坏③。至此,551年大地震后引发的一系列地震暂告平息。

然而到70年代末—80年代时,地震再次来袭。577年,安条克附近的达芙涅发生地震,埃瓦格里乌斯描绘了他的亲身经历:

整个达芙涅都被摧毁,但安条克的公共和私人建筑都只是裂开却未倒塌。④

在这次损失相对较小的地震之后,又接连爆发了两次更为严重的地震。第一次是582年,一次大地震波及了君士坦丁堡和小亚细亚地区。

突然,一次极其猛烈的地震爆发了,帝国东部的地区一处接一处被波及。尤其是在(小亚细亚的)阿拉比苏斯(Arabissus),整座城市被夷为平地,所有建筑无论新旧尽皆倒塌。⑤

塞奥法尼斯则重点描绘了地震对君士坦丁堡的影响:

一场大地震突然爆发了,每个人都跑到教堂去寻求庇护。本该每年举行的赛车竞技也被迫取消了。⑥

最终,在588年10月,地震再次重创安条克,这场地震给这座城市造成

---

① Agathias, *The Histories*, 5.9-10.
② John Malalas, *The Chronicle of John Malalas*, pp. 295-296.
③ Theophanes Confessor, *The Chronicle of Theophanes Confessor*, p. 345.
④ Evagrius Scholasticus, *The Ecclesiastical History of Evagrius Scholasticus*, V.17.
⑤ John of Ephesus, *The Third Part of the Ecclesiastical History of John, Bishop of Ephesus*, V.23.
⑥ Theophanes Confessor, *The Chronicle of Theophanes Confessor*, p. 374.

的破坏仅次于526年地震。埃瓦格里乌斯最为详细地描绘了这次地震的场景。发生地震前,很多安条克民众正聚集在一起庆祝他的第二次婚礼。

> 在晚上的第三个小时,一场地震爆发了,大部分建筑都倒塌了,地基也都被搅起,最神圣的教堂附近的所有建筑都被夷为平地……其他地区的建筑也大量倒塌,而在神圣的圣母教堂附近,只有中央柱廊奇迹般地保存下来。所有的防卫塔也都垮塌了。另外其他一些教堂也严重受损,公共浴室亦是如此……许多著名的人士在地震中遇难,其中就包括东方政区长官阿斯特里乌斯。……根据城市面包供应量估计,大约有6万人死亡。[1]

如上所述,公元6世纪之后,拜占廷帝国控制下的东地中海地区在80余年间爆发了17次较为严重的地震。需要特别说明的是,这绝非全部的数字,由于文章篇幅所限,笔者并未列举一些破坏程度较小的地震。此外,关于这些地震的记录多集中于君士坦丁堡和安条克等大城市,这与历史撰写者居住的地区有关,并不代表该地区广大中小城市没有受到地震的波及。最后,由于笔者水平、眼界所限以及史料的佚失,相信一定还有其他重要的地震没有被囊括在内。即便如此,如此高频率爆发的地震灾害势必造成极为严重的损失。由于相关史料多集中记录城市地区爆发的地震灾害,笔者将分别从物质和精神层面探讨地震灾害对东地中海城市的影响。

从物质层面来说,地震对人口稠密、建筑众多的城市的破坏作用是显而易见的。最直接的表现就是大量人员伤亡和建筑倒塌。通过这些表现我们可以分析出更为深层次的影响。它与该时期的战争和瘟疫一起,彻底打破了先前十分脆弱但仍能勉强维持的城市运行系统。这也是拜占廷帝国及其统治下的东地中海世界在6世纪之后在经济与社会层面的一个重要转折。

在定都君士坦丁堡之后,随着帝国政治中心的东移,帝国西部的资源接连不断地向东方输送,投入到东地中海城市的大规模建设之中。拜占廷帝国早期不但延续了罗马时代重视城市的公共娱乐和服务性建筑的特点,同时还十分重视军事和基督教设施的修建,以满足该时期防卫安全和宗教活动的需要。对于这些建筑的修建与维护,主要是由皇帝和城市中的显贵阶层(如市长和市政议会成员等)共同完成。

在东地中海地区其他大城市的建设上,拜占廷皇帝和城市中的显贵阶层同样不遗余力。常年生活在安条克城的埃瓦格里乌斯在作品中细致地描绘了这些工作,例如:

---

[1] Evagrius Scholasticus, *The Ecclesiastical History of Evagrius Scholasticus*, VI. 8.

在塞奥多西二世统治期间,虔诚的门农、佐里乌斯和卡里斯图斯被任命为安条克城的市长。门农留下了一个户外的庭院。佐里乌斯在南部修建了一座长方形的巴西里加式的基督教堂,它被保存至今。卡里斯图斯则建造了一个宏伟和令人瞩目的建筑,我们的前人和我们自己都叫它卡里斯图斯柱廊,在前面树立着为公正而建的雕像。①

这些建设的成果是显而易见的,按其所言,到了5世纪60年代利奥皇帝统治时期,安条克已经"人口非常稠密,几乎没有多余的空地,历代皇帝出于攀比之心修筑的建筑比比皆是"了②。

然而,在繁荣的表象之下却存在着重大的隐患。罗马和拜占廷早期的城市对于当时的社会生产力来说是一种奢侈品,建设和维持其正常的运转都需要雄厚的物质基础。这些城市实际上与自然界居于食物链顶端的生物一样既强大又脆弱,一旦物质条件发生改变,它们就会首先受到影响,并且比居于底端的乡村更难以恢复元气。在这一时期,物质条件恰恰开始发生了变化:东地中海城市中林立的公共建筑很多是罗马时代的成果,这是罗马征服带来源源不断增量财富的产物。随着时间的推移,当莱茵河、多瑙河、黑海、两河流域和撒哈拉沙漠等逐渐成为帝国的自然边境后,以地中海为核心的罗马——拜占廷帝国的扩张也基本达到了极限。4—6世纪拜占廷与萨珊波斯的长期战争只是一场拉锯战,无法为帝国提供征服所带来的大量财富。

此外,拜占廷帝国早期对东地中海地区城市的建设很大程度上是建立在获取西部地区资源基础之上的。随着5世纪西部帝国的衰亡,东地中海城市的建设失去了一个重要的资源获取地。最后,随着拜占廷皇权的加强,皇帝对行省和地方城市的控制越来越强。尤其是5世纪末阿纳斯塔修斯皇帝实行的重要改革使经济领域的控制达到了顶峰。

他将征税的职责从地方市政议员那里转交到了所谓的官派税吏(vindices)手中。③

这项改革部分改变了罗马时代在城市实行的市政议会成员包税制度,加强了中央对地方税收的控制。从此以后,市政议会征税的权力基本被转移到了中央政府手中。行省城市的显贵拥有的资源越来越少,很难像之前那样对城市的建设提供大量的物质资源。

分析现存的拜占廷史料,尤其是埃瓦格里乌斯和约翰·马拉拉斯等叙利

---

① Evagrius Scholasticus, *The Ecclesiastical History of Evagrius Scholasticus*, I. 18.
② Ibid., II. 12.
③ Ibid., III. 42.

亚历史学家的作品可以发现,6世纪后,除首都君士坦丁堡外,东地中海地区其他重要城市的新建大型公共建筑的速度明显放缓,甚至停滞不前。然而,拜占廷帝国在6世纪上半叶还处在上升时期,如果没有意外情况出现的话,东地中海地区大部分城市或许依然能够较为平稳地自我维护。但是6世纪先后出现的与波斯帝国在东部的长期战争、查士丁尼大瘟疫和多次严重的大范围地震灾害打破了这种平衡,使东地中海地区的城市发展走向了另一条道路。

频繁发生的地震破坏了城市的自我修复能力,最终导致受灾城市难以逆转地走向衰落。地震摧毁了东地中海地区许多城市数百年积累的建设成果。在拜占廷帝国这样以农业生产为基础的古代社会,财富积累的速度相对较慢,而进行大规模公共建设的成本相对较高,因此建造这些大型建筑需要长时间的储备。当地震这样的天灾频繁降临之后,受灾城市显然不具备短时期恢复的物质基础。

我们可以通过一些直观的数字来证明这一观点。通过梳理该时期的拜占廷史料,我们可以发现,6世纪皇帝在地震后最多的一笔救灾重建拨款是在526年安条克大地震之后。约翰·马拉拉斯曾经记载查士丁皇帝得知灾情后立即给安条克拨款3000镑黄金进行赈灾工作,随后在得到相关官员的灾情汇报后又追加拨款1000镑[1]。在当时4000镑黄金堪称一笔巨款。据现代学者估计,5—6世纪拜占廷国家一年的财政收入约为500—600万索里德金币[2],约合6.9万—8.3万金镑(72索里德等于1镑)。换言之,这笔拨款大约占到了当年国家财政收入的4.8%—5.7%之多。我们还可以用当时拜占廷人的收入来做一对比。以6世纪上半叶薪俸相对稳定的士兵来说,一个拜占廷野战军骑兵的年俸为24索里德,步兵为20索里德,而驻防军骑兵年俸仅为9索里德,步兵为5索里德[3]。以四者平均14.5索里德计,查士丁尼的这笔拨款至少相当于约20000名士兵一年的薪俸[4]。

这样一笔巨款足以证明拜占廷最高统治者对于地震后救灾与重建的态

---

[1] John Malalas, *The Chronicle of John Malalas*, p. 244.
[2] 现代学者在这一数字上意见不尽相同。常见论断中估值较低的为琼斯教授,他的数字为320万索里德,较高者为亨迪教授,他估计约为500—600万索里德。相对来说,亨迪的数字为更多人所接受。参见 A. H. M. Jones, *The Decline of the Ancient World*, New York, 1966, pp. 178-179. M. F. Hendy, *Studies in the Byzantine Monetary Economy: c. 300-1450*, Cambridge, 1985, pp. 117, 620。
[3] W. Treadgold, *Byzantium and Its Army, 284-1081*, Stanford, 1995, pp. 150-152.
[4] 这里的平均值算法还只是一个粗略的统计。以拜占廷帝国军队中步兵多于骑兵,驻防军多于野战军(2:1)的情况来看,4000镑黄金可以供养的士兵远不止20000名。如果以最低的驻防军步兵计算的话,这笔拨款等于57600人一年的薪俸。

度。然而，面对大型公共建筑昂贵的修建费用，这些拨款是远远不够的。例如，埃瓦格里乌斯曾经详细描述了塞奥多西二世的皇后尤多西亚为安条克城市建设做出的种种贡献，其中特别提到：

> 她修缮了部分被烧毁的瓦伦斯皇帝所造的公共浴室，为此花费了200磅黄金。①

埃瓦格里乌斯是安条克主教格里高利的法律顾问，他在创作《教会史》时得到主教特许，可以使用安条克教会的档案文件，因此涉及该城历史的记载的准确度极高，他提供的这个数字应该是真实可信的。如果说仅仅修复安条克的一座大型浴室就要花费如此之多的资金，那么4000磅的救灾资金即使全部用来进行公共建筑的复建也并不充裕，更毋论这些资金还要用来为灾民提供生活必须的给养。由此不难看出，在频繁爆发的地震之后，即使拜占廷政府倾尽所有，也很难为东地中海众多城市提供复建公共建筑足够的资金。何况这次4000磅的拨款只是一个极端的个案。从史料中来看，大多时候皇帝能够提供的援助资金极为有限②。

与此同时，受灾城市的重建还缺乏足够的人力资源。众所周知，拜占廷帝国的劳动力资源并不算充足，而在这些地震之中，多则数十万，少则成百上千的人员伤亡让人力资源本来就相对匮乏的拜占廷帝国雪上加霜。人口损失的影响是长时段甚至永久的，不可能通过一两代人加以弥补。例如经济史学家戴克就提出，安条克的人口数量在5世纪末处于顶峰水平，进入6世纪中期后开始显著下降，之后始终处于一个较低的水平③。

因为资金和劳动力的匮乏，拜占廷史料中随处可见震后城市复建停滞不前的场景，即使是城防工事这样对城市安全至关重要的建筑也不例外。例如，526年和528年的两场大地震让安条克城原本坚固的城防设施几乎毁于一旦，当540年波斯大军乘虚而入突袭该城时，普罗柯比记载道，尽管安条克人民奋勇抗敌，但是因为城墙未被修复，最终缺乏城防保护的城市还是轻易地被波斯人攻破。波斯军队则在劫掠之后毫不留情地将城市付之一炬④。如教堂这样重要的公共建筑的修复同样很不理想，埃瓦格里乌斯就记载588

---

① Evagrius Scholasticus, *The Ecclesiastical History of Evagrius Scholasticus*, I. 18.
② 例如在528年的地震之后，查士丁尼皇帝和塞奥多拉皇后只给安条克和其他周边城市拨款200磅黄金。这一拨款金额远比文中提到的4000磅拨款更有代表性。John Malalas, *The Chronicle of John Malalas*, p. 258.
③ M. Decker, "Frontier Settlement and Economy in the Byzantine East", *Dumbarton Oaks Papers*, Vol. 61, (2007), p. 235.
④ Procopius of Caesarea, *History of the Wars*, 2. VII. 16-18.

年地震前安条克最重要的建筑之一大教堂的穹顶还是 526 年大地震后"用达芙涅附近的木材支撑起来的"①。经过这样草草修复的建筑显然谈不上坚固,在之后发生的地震中,这些建筑非常容易被摧毁。588 年地震时,这座教堂最终也未能幸免于难。"地震使这些支撑的木材都倒塌了,只有穹顶还保留了下来"。

  安条克作为东地中海地区最重要的大都市之一,在大型公共建筑的维修上也如此不尽人意,其他中小城市的震后重建情形则更可想而知。加之瘟疫与战争的同时来袭,将近一个世纪的持续高烈度破坏让东地中海地区大量城市的建设水平显著倒退。这些城市既然没有能力重建被毁的公共建筑,也随之失去了维持以往经济社会生活方式的条件,由先前充满隐患的繁荣走向衰落也就不可避免了。

  这种衰落不仅仅发生在地方城市,首都君士坦丁堡也无法幸免。与其他大都市一样,拥有数十万人口的君士坦丁堡尽管拥有发达的工商业,也难以实现自给自足。到了 5 世纪末期,埃及每年要为君士坦丁堡提供 17.52 万吨小麦②。除此之外,埃及、叙利亚和巴勒斯坦地区还要向君士坦丁堡输送当地的特产品以及酒、肉和糖等副食,以保障其日常给养供应。同时,来自行省的税收也源源不断涌向首都,供皇帝支配。

  君士坦丁堡恰如一只巨大的寄生虫吸附于东地中海地区貌似强大的躯体之上。这种寄生关系在 4—5 世纪看似十分稳固,但当其宿主在 6 世纪集中爆发的瘟疫、战争和地震灾害的打击下变得虚弱不堪时,寄生者也随之丧失了进一步成长的基础,更何况其本身也在前文提到的多次地震灾害中遭到严重的破坏。

  8 世纪中前期拜占廷有一部被称为《历史短注》(*The Parastaseis Syntomai Chronikai*)的文献,提供了当时君士坦丁堡大量日常生活的细节,在以政治和宗教内容为主的拜占廷史料中独树一帜。作者生动地记录了这样一个故事:他和一位朋友一起在首都游览,参观城中一个在帝国早期十分繁华的"游乐区"(Kynegion)。由于年久失修,到 8 世纪时,这个地方已经近乎荒废。当他们在观赏那里的雕塑,并为作者是谁困惑和争论时,年久失修的雕像"突然从高处脱落,重重地砸在(我的朋友)伊梅里乌的身上,并当场将他砸死。"作者十分恐惧,想要求救却发现"身边除了帮我们牵骡子的伙计,空无一人"。③

---

① Evagrius Scholasticus, *The Ecclesiastical History of Evagrius Scholasticus*, VI. 8.
② M. Grant, *From Rome to Byzantium: The Fifth Century AD*, London and New York 1998, p. 15.
③ A. Cameron, and H. Judith, eds., *Constantinople in the Early Eighth Century: The Parastaseis Syntomai Chronikai*, Leiden, 1984, p. 91.

这段故事形象地描绘了曾经荣耀无比的君士坦丁堡衰败的情景。曾经摩肩接踵的广场如今人迹罕至。据现代学者估计,拜占廷帝国早期,君士坦丁堡的人口至少达到了 50 万①,成为当时欧洲名副其实的第一大都市。这一数字在之后的两个世纪中逐渐下降到 5 万人左右。同时,城市的建设也大幅退步。6 世纪频繁爆发的地震灾害摧毁了首都的大量公共建筑,尽管查士丁尼当政期间还修建了像圣索菲亚教堂这样宏伟的教堂,但是总体看来,从其统治后期开始,君士坦丁堡新建的公共建筑逐年减少,乃至完全停滞不前。除了修复少数城防设施外,城市没有增添什么新的重要建筑。公共浴室和剧院等公共建筑物也由于人口锐减和震后修复不及时等原因被逐渐废弃。甚至从上文二人关于雕像作者不着边际的争论来看,他们根本不了解曾经是这座城市标志的那些重要建筑,帝国早期繁华的城市生活对于 8 世纪的民众来说完全是陌生的。显然,这种衰落是多重合力的结果,正如我们不可忽视战争和瘟疫因素的破坏作用一样,6 世纪以异乎寻常的频率集中爆发于东地中海地区的地震也是重要的原因之一。

除了物质层面之外,频繁爆发的地震灾害在精神方面的影响也不可低估。关于自然灾害和瘟疫对民众心理和社会的影响可以分为积极和消极两个方面。崔艳红教授在研究查士丁尼大瘟疫时就对前者有所分析,她提出:

> 在灾难面前,人们变得更加虔诚……在道德领域,它产生了一些积极的作用……面对恐怖的灾难,人们尽释前嫌,同仇敌忾,互相帮助。②

这种观点有合理性,人类在突如其来的灾难面前的确会表现出善的本性。然而总体看来,学者们普遍认为,在科技水平欠发达的古代社会,自然灾害在精神领域的消极影响更为重要。陈志强教授提出:

> 大规模瘟疫往往产生深刻的社会影响,特别是在人类防治疾病能力低下的古代社会……一方面瘟疫的高死亡率引发强烈的社会恐惧情绪,另一方面,由此导致的普遍绝望心理,特别是普遍出现的信仰动摇会改变人们正常的生活规律。③

地震灾害对东地中海地区民众的精神及在城市社会中产生的消极影响可以表现为以下几个方面。

首先,频繁发生的地震灾害及其在人口密集的城市中造成的大量人员伤亡造成了民众普遍的恐慌情绪。面对灾难,死亡的恐惧是人之常情,从史料

---

① R. Browning, *Justinian and Theodora*, p.32.
② 崔艳红:《查士丁尼大瘟疫述论》,第 54—55 页。
③ 陈志强:《"查士丁尼瘟疫"考辩》,第 122—123 页。

中我们可以看出,在地震灾害来袭的时候,东地中海地区的民众一再显示出极度的恐慌,这种混乱有时甚至超出了应有的程度。阿加塞阿斯记载了551年亚历山大里亚发生地震后:

> 所有的居民,尤其是那些老年人都被这种前所未见的情景震惊了……人们聚集在街道上,陷入了由这场突发事件造成的莫须有的恐慌之中。①

无独有偶,以弗所主教约翰也描绘了582年君士坦丁堡及其周边城市发生地震后许多民众十分惊恐的情景,甚至连皇帝莫里斯也受到了影响:

> 他受到极大的困扰并深深烦恼,唯恐这座城市(阿拉比苏斯)被地震毁灭是上帝的旨意。②

为了安抚民众的恐惧,拜占廷统治者借助宗教的力量加以安抚。533年君士坦丁堡发生地震后,所有居民也都聚集到君士坦丁广场进行长时间的祷告③。这种场面在其他受灾城市中也时有出现。在528年安条克大地震之后数天恰逢基督升天节,当地幸存的民众就聚集在教堂前,由教士们带领进行祈祷,以求得到上帝的拯救和心灵的安慰④。甚至为了安抚民众恐慌的情绪,在526和528年连续发生地震后,查士丁尼立即下令将安条克城改名为塞奥波里斯(即上帝之城的意思,Theopolis)⑤以让当地民众感受到精神上的保护。

从客观效果来说,这些宗教活动对以基督徒为主体的东地中海地区民众有一定的安抚作用,但是无法从根本上解决他们的恐慌。尤其当地震一再爆发时,很多大城市的居民最终选择逃离家园以求生路,这已经成为一种普遍的现象。据现代学者唐尼的推测,在发生多次地震灾害之后,安条克城中幸存的居民很多人选择移居到帝国其他地区。根据考古发现,甚至很多难民可能去往帝国的西部如米兰等城市定居。大量人口的迁移最终进一步降低了该地区城市的活力⑥。

其次,无法预测的地震灾害对城市中民众的信仰造成了重大的影响。如上所述,普通民众因为惶恐、悲痛和绝望等情绪加深了对宗教的依赖。一些基督教的圣徒和圣物被受灾城市的民众视作自己的保护者进行疯狂的崇拜。

---

① Agathias, *The Histories*, 2.6.
② John of Ephesus, *The Third Part of the Ecclesiastical History of John, Bishop of Ephesus*, V.23.
③ John Malalas, *The Chronicle of John Malalas*, p.282.
④ John of Nikiu, *The Chronicle of John*, p.137.
⑤ Evagrius Scholasticus, *The Ecclesiastical History of Evagrius Scholasticus*, IV.6
⑥ G. Downey, *A History of Antioch in Syria: from Seleucus to the Arab Conquest*, p.525.

5世纪叙利亚地区曾经有一位著名的修道士西蒙,生前得到了基督徒的广泛尊敬,去世后被奉为圣徒,遗体安葬在安条克。在之后的历次灾难中,安条克民众都会冀望于西蒙圣体的护卫。根据当时拜占廷叙利亚地区一篇匿名的《圣徒西蒙传记》所言,一些安条克当地的基督徒甚至在地震后提出"我们城市的城墙已经毁于一场地震,(西蒙的)圣体就是保护我们的一道城墙"①这样的言论。而6世纪叙利亚另一位被尊为"圣愚"的圣徒西蒙的故事则更加离奇。他的追随者们传说:

> 在腓尼基海岸大地震到来之前……西蒙举起一个鞭子抽打市场的大多数圆柱,并且喊道:"站起来吧,你们可以跳舞的"……旁观者记下了他没有抽打的石柱。不久地震发生后,那些没有被抽打的石柱果然都倒塌了。②

这样一种狂热的宗教情绪加剧了不同宗教之间的对立,进而引发严重的暴力冲突。6世纪拜占廷的历史作品中一再出现"上帝的惩罚"这样的词语,用以形容地震灾害。显而易见,当自然灾害频繁爆发的时候,异教徒很容易被基督徒当作"上帝的惩罚"的根源遭到怨恨。甚至像埃瓦格里乌斯这样温和的大学者也不例外,他在作品中就曾经抱怨为何灾难夺去的是他自己的孩子而非那些异教徒的孩子的性命。

6世纪对异教徒的暴力在东地中海的大城市中表现得极为明显,普通民众往往更倾向于对异见者施以极刑。前文曾经提到的"阿纳托利乌斯献祭案"十分具有代表性。埃瓦格里乌斯记载:

> 有一个叫作阿纳托利乌斯的帝国官员。他居住在安条克……后来这个人因为献祭行为被逮捕……当阿纳托利乌斯被带到首都后,经过严刑拷打……他们其中的一些人没有受到死刑的判罚。人民出于神圣的宗教狂热,用他们的暴怒扰乱了一切秩序。他们将那些人装到一艘小船上活活烧死。他们还批评皇帝(提比略)和(君士坦丁堡)主教尤提基乌斯背叛了信仰。他们险些杀死尤提基乌斯和那些参与调查的人……最终阿纳托利乌斯本人被拖到圆形竞技场让野兽咬死。在他的尸体被它们撕开之后,被钉在木桩上——尽管这样还不是他的最终报应,因为恶狼拖走了他的残躯,并且作为美餐享用了。③

从这一事件中,我们能够看到,在6世纪末期,拜占廷国内还存在着一些

---

① R. Doran, trans., *The Lives of Simeon Stylites*, p. 194.
② Evagrius Scholasticus, *The Ecclesiastical History of Evagrius Scholasticus*, VI. 23.
③ Ibid., V. 18.

多神教崇拜活动的迹象,而民意对惩治这些异教活动的情绪非常强烈。以弗所主教约翰在作品中记载,迫于这种压力,提比略皇帝到其统治结束时都一直在追查和此案相关的余党①,这充分表明了当地民众的宗教狂热。这种狂热在灾害后不断被激发,由此产生的暴力活动虽然加速了东地中海地区的基督教化进程,但是却进一步破坏了城市内的和平。

最后,由地震灾害造成的生存压力使社会道德濒临崩溃,并且严重危及了正常的社会秩序。客观来看,尽管拜占廷帝国并不具备现代国家复杂的城市管理机构,但地震发生之后有部分官员能够挺身而出,依靠一己之力领导民众抗灾自救。例如526年地震时的东方政区长官埃弗兰在震后独自承担起领导安置灾民的工作,他想尽一切办法保障城市的必需品,在救灾工作完成后,安条克民众因为钦佩他的努力而选举他为教士,随后他就被任命为安条克的主教,以作为杰出工作的回报。在之后的528年地震后,又是埃弗兰第一时间向皇帝汇报了灾情,并领导当地人民进行灾后重建工作②。但是个别官员的努力无法改变灾难给城市带来的破坏,在频繁地震的影响下,城市自我维护系统的脆弱性暴露无遗。因此,救灾乏力、食物短缺和供给不足的现象比比皆是,甚至首都君士坦丁堡也不能例外。塞奥发尼斯和约翰·马拉拉斯分别记载过545年和556年地震后首都发生谷物、酒、肉和面包短缺的严重问题③。

在巨大的生存压力和管理真空下,一些人背弃了基本的道德标准。如约翰·马拉拉斯写到,在526年大地震后:

> 一些民众借机在安条克城市周围专门打劫逃难者以获取他们的金钱和随身财产,很多逃难者因为拒不服从抢匪的命令而遭到杀害。强盗甚至连死人的财物也不放过,一些人特意拣选妇女的尸体,以获取她们身上的珠宝。

他最后说这些人受到了上帝的惩罚,纷纷病倒,有很多人还因此丢掉了性命④。当然,"上帝的惩罚"之说并不科学,这些抢匪应该是和没有被掩埋的尸体接触后,由于细菌感染而致病乃至丧生的,但这种社会道德崩坏的场景却鲜活地展示在我们面前。

---

① John of Ephesus, *The Third Part of the Ecclesiastical History of John, Bishop of Ephesus*, III. 33-34.
② Evagrius Scholasticus, *The Ecclesiastical History of Evagrius Scholasticus*, IV. 6
③ Theophanes Confessor, *The Chronicle of Theophanes Confessor*, p. 326. John Malalas, *The Chronicle of John Malalas*, p. 295
④ John Malalas, *The Chronicle of John Malalas*, p. 240.

除了犯罪行为之外,地震灾害给人带来生命无常的情感还严重影响了社会原有的秩序,这一点在等级森严的大城市中表现得最为明显。阿加塞阿斯鲜活地记录了这种场景。他写到在557年君士坦丁堡大地震之后:

> 许多妇女,不只是那些卑微之人,甚至连那些出身显赫的女人也到处乱逛。她们无所顾忌地和男人们交往,规整的社会秩序、对体统的遵从连同对特权和显贵阶层应有的尊敬都被抛到九霄云外,并在足底践踏……奴隶蔑视而非崇敬他们的主人。居于高位者和无足轻重之人在共同面对的危险和迫在眉睫的毁灭之前平起平坐……①

前面提到,拜占廷帝国并不具备现代国家复杂的城市管理机构,也没有警察局这样的暴力机关,城市的正常运转很大程度上依赖于社会道德与秩序的约束。当频繁出现的地震灾害将其打破之后,城市中的日常生活必然受到显著的负面影响。

综上所述,地震作为古代社会常见的自然灾害在6世纪对拜占廷帝国东地中海地区造成了极大的破坏。因为史料集中程度等原因,本节着重研究了其对该地区城市的负面影响。6世纪中后期东地中海世界的城市衰落是一个极为复杂的问题,它是政策、经济模式、战争、瘟疫疾病、自然灾害等多重因素合力的结果,笔者无意将地震因素作为这一问题的首要原因。通过对6世纪相关拜占廷史料的研究,我们至少可以得出结论,在生产力欠发达,抵抗灾祸能力较弱的古代社会,像地震这样的自然灾害会在物质和精神两方面对城市的发展进程造成严重的破坏。这种负面的影响充分暴露了拜占廷城市系统内部的缺陷,同时远远超过了当时社会能够承受的极限,因此造成的严重后果具有历史的必然性。

---

① Agathias, *The Histories*, 5.7-8.

结　语

> 尽管并非该领域的专家，我还是决定承担书写这段历史的任务……我要复兴那些因被遗忘而湮没无闻的史绩，通过我的记叙使其重获活力并在人们的记忆中不朽。这样每一个读者，就都能知道在什么时间，什么地点发生了什么事情。①

以上这段文字来自于本书依赖的最重要原始文献之一——埃瓦格里乌斯的《教会史》开篇语。这部作品较为完整地涵盖了早期拜占廷帝国的历史进程，让我们对该时期东地中海世界和拜占廷帝国的转变有了整体性的认识。通过这些话语，我们能够看到当时拜占廷基督教贵族知识分子，即掌握帝国历史书写话语权的主流学者的自信与活力。阅读了他的作品后，我们该如何理解他和他的同仁们所生活的世界？

我们不妨首先以点带面，回到埃瓦格里乌斯身边，看一下他所处的时空环境。埃瓦格里乌斯应该是提比略和莫里斯皇帝的同龄人，生活在6世纪中后期的查士丁尼、查士丁二世、提比略和莫里斯皇帝统治时代。在作品中他最关注的地方是长期工作和生活的安条克城。

众所周知，安条克是古代东地中海世界极其重要的城市，规模早在罗马帝国奥古斯都时期即与当时的大都市亚历山大里亚相差无几②。根据4世纪末的主教"圣金口"约翰所言，在2世纪中叶图拉真统治的罗马帝国鼎盛时期，安条克当地人口已有20万之众③。拜占廷时代后，安条克和首都君士坦丁堡、亚历山大里亚与罗马同为帝国境内首屈一指的大都市。作为叙利亚的首府，安条克是东方政区长官（comes orientis）、叙利亚地区政务官（consularis Syriae）和东方战区司令官（magister militum per orientem）等帝国军政要

---

① Evagrius Scholasticus, *The Ecclesiastical History of Evagrius Scholasticus*, I.1.
② G. Downey, *A History of Antioch in Syria: From Seleucus to the Arab Conquest*, pp.582-583.
③ John Chrysostom, *On the Priesthood, Ascetic Treatises, Select Homilies and Letters, Homilies on the Statutes*, p.149.

员的驻节地,同时是地中海东岸商业和贸易的重镇。在5世纪中叶利奥一世皇帝统治时期,安条克城内已经"人口非常稠密,几乎没有多余的空地,历代皇帝出于攀比之心修建的建筑比比皆是"①,一派繁荣昌盛的景象。在宗教领域,安条克主教则是可与君士坦丁堡、罗马和亚历山大里亚主教一争短长的基督教会领袖。在埃瓦格里乌斯生活的6世纪,因为拜占廷与波斯进行着漫长而频繁的战争,安条克还充当着东方前线的司令部与信息传递中心,同时承担着军队训练营的重要任务②。

然而,埃瓦格里乌斯身处的安条克却是一个处于风雨飘摇中的大都市。进入6世纪以来,安条克开始表现出盛极而衰的苗头,"查士丁尼瘟疫"和多次地震严重影响了城市的发展,波斯人也先后两次攻占了这座重镇。尽管628年拜占廷人一度收复安条克,但是此时的安条克已经不复之前的繁荣与重要③,并最终成为新兴阿拉伯帝国的战利品。

除了灾害和战乱这些外部因素,在该时期,安条克的内部也是动荡不已,这主要表现在民众、修道士与主教之间的矛盾上。自5世纪40年代基督一性论异端出现后,这一宗教问题就成为拜占廷基督教会内部的一项重大争端。以安条克为代表的叙利亚地区呈现出一种分裂的态势,支持和反对基督一性论的势力各不相让,从而使得该教区的局势变得极为复杂。安条克主教就经常成为双方冲突的牺牲品,像斯蒂芬(Stephen)主教便因为个人信仰而被反对他的民众当众杀死④。进入6世纪后,宗教冲突愈演愈烈。512年安条克反对一性论的民众与一些支持一性论的修道士爆发武装冲突,许多修道士被民众打死后抛尸在河中,安条克主教弗拉维安为此被皇帝罢免⑤。

从某种程度上来说,繁华和困境并存的安条克是埃瓦格里乌斯所处时代拜占廷帝国及其统治下东地中海世界的缩影。正如笔者在绪论中所言,对于东地中海地区的民众来说,4—6世纪也许是拜占廷历史中最好的一个时代,但也是暗藏危机,即将让他们面对艰巨挑战的一个时代。

然而,值得庆幸的是,尽管面对重重难题,但是这个年轻且处在转型期间的帝国依然具有顽强的生命力,它所面临的困难大多属于前进而非衰落过程中的问题。之后历史的走向会证明这一点。即使在埃瓦格里乌斯所处的时代,依然存在着很多积极的因素能够让帝国在危难中生存下来,并继续发展。

---

① Evagrius Scholasticus, *The Ecclesiastical History of Evagrius Scholasticus*, II. 12.
② J. H. W. G. Liebeschuetz, *Antioch, City and Imperial Administration in the Later Roman Empire*, Oxford 1972, p.117.
③ G. Downey, *A History of Antioch in Syria: From Seleucus to the Arab Conquest*, p.575.
④ Evagrius Scholasticus, *The Ecclesiastical History of Evagrius Scholasticus*, III. 10.
⑤ Ibid., III. 32.

在军事上，提比略和莫里斯皇帝已经认识到东部战线对帝国至关重要的作用，着手稳固波斯前线的局势，并取得了一系列重大的胜利，一度暂时消除了波斯人的威胁。

在统治体制的完善方面，拜占廷统治者也一直在积极探索，建立拉文纳和迦太基总督区的做法在伊拉克略王朝时期最终演变为军区制。它在之后几个世纪的拜占廷历史中发挥着至关重要的作用，这一以小农经济和农兵军队为基础的拜占廷经济与军事制度为马其顿王朝时期拜占廷人迎来第二个"黄金时代"奠定了坚实的基础。

同时，尽管面对激烈的宗教争端，但是拜占廷帝国的基督教化进程早已不可阻挡。帝国内绝大多数的民众已经坚定地将基督教奉为自己的信仰。而尽管彼此之间冲突不断，但是合作依然是拜占廷世俗权力与教会关系的主流，教会在拜占廷国家内一直扮演着精神统治工具的作用。在之后近900年的历史中，基督教会与皇帝通力的合作每每在国家生死攸关的时刻激励拜占廷人英勇奋战，保卫"神圣的帝国"。

最后，拜占廷皇帝以君士坦丁堡为中心，进行了大量卓有成效的建设。尽管在埃瓦格里乌斯作品结束后不久，帝国就会永远地失去埃及、叙利亚和巴勒斯坦等东方省区，但是以巴尔干半岛和小亚细亚等为代表的帝国核心区域，在之前3个世纪拜占廷君主的建设下愈发稳固，尤其是宏伟的首都"新罗马"君士坦丁堡更是在之后的历次战争中宛如磐石一般，让阿瓦尔、波斯和阿拉伯等敌军望城兴叹。尽管在阿拉伯人的征服之后，帝国的面积、人口和财政收入都大大减少了，但是帝国在东部的这一核心区域最终还是能够在之后200余年的暴风骤雨中岿然不动，为国家的再次复兴奠定了坚固的基石。

也许正是因为拜占廷帝国还处在生命的青年时期，尽管记录了一些帝国面临的困难，但是我们还是能从埃瓦格里乌斯等帝国早期历史学家的作品中看出许多的朝气。在看待帝国和基督教发展的前途时，埃瓦格里乌斯的心态无疑是积极的。正如著名学者查斯纳特所言，埃瓦格里乌斯表现了东部知识分子对基督教和帝国命运更为乐观的态度[①]。如果将《教会史》与晚期拜占廷时代的那些略显颓丧的历史作品进行比较的话，我们就会很容易地发现，二者表现出截然不同的精神状态。可以说，早期的历史作品鲜明地体现了其所处时空环境的特性。

总之，尽管依然披着罗马帝国的外衣，但是这些宗教、政治、经济、社会和文化领域的新特征让拜占廷帝国与先前的罗马帝国有了显著的区别，逐渐成

---

① G. F. Chesnut, *The First Christian Histories*, p. 230.

为一个崭新的国家,东地中海世界也由此与"古代"相区隔,由此进入了一个新的时代。4—6世纪是东地中海世界转变的关键时期,同时也正是在这一时期一系列变革的出现,奠定了日后拜占廷帝国及其统治下的东地中海世界生存和发展的基础。正因为此,尽管在7—8世纪面临重重困难,但是拜占廷人最终还是顽强地生存下来,并在9世纪下半叶的马其顿王朝迎来了又一个黄金时代。

参考文献

一 原始文献

[1] Agathias, *The Histories*, translated with an introduction and short explanatory notes by Joseph D. Frendo, Berlin and New York, 1975.

[2] Ambrose, *Selected Works and Letters*, *NPNF2-10*, general editor Philip Schaff, Edinburgh repr, 1988.

[3] Ambrose, *The Letters of S. Ambrose, Bishop of Milan*, translated with notes and indices by James Parker and co., Oxford, 1881.

[4] Ammianus Marcellinus, *Res Gestae*, ed. and English translation, J. C. Rolfe, Loeb Classical Library, Cambridge, 1935-1939, 3 Vols.

[5] Anon, *Chronicon Paschale 284-628 AD*, translated with notes and introduction by Michael Whitby and Mary Whitby, Liverpool, 1989.

[6] Anon, "The Chronicle of Edessa", trans. by Harris Cowper, *The Journal of Sacred Literature*, Series 4, vol. 5 (1864), pp. 28-45.

[7] Athanasius, *Select Works and Letters*, *NPNF2-08*, general editor Philip Schaff, New York, 1892.

[8] Augustine, *The City of God, Christian Doctrine*, *NPNF1-02*, general editor Philip Schaff, New York, 1890.

[9] Basil the Great, *Letters and Select Works*, *NPNF2-10*, general editor Philip Schaff, Edinburgh, 1895.

[10] R. C. Blockley, ed., *The Fragmentary Classicising Historians of the Later Roman Empire: Eunapius, Olympiodorus, Priscus, and Malchus*, Liverpool, 1981-1983, 2 Vols.

[11] A. Cameron, "Agathias on the Sassanians", *Dumbarton Oaks Papers* 23-24 (1969-1970), pp. 67-183.

[12] F. C. Conybeare, "Anecdota Monophysitarum: the Correspondence of Peter

Mongus, Patriarch of Alexandria, and Acacius, Patriach of Constantinople, Together with the Henoticon of the Emperor Zeno and the Rescript of the Emperor Anastasius, Now First Translated from the Old Armenian Texts", *American Journal of Theology* 9 (1905), pp. 719-740.

[13] Cyril of Alexandria, *Five Tomes Against Nestorius*, introduction by P. E & E. B. Pusey, Oxford, 1881.

[14] R. Doran, trans. with introduction, *The Lives of Simeon Stylites*, Kalamazoo, 1992.

[15] E. Dawes and N. H. Baynes, trans., *Three Byzantine Saints: Contemporary Biographies Translated from the Greek*, Crestwood, 1977.

[16] Eusebius of Caesarea, *The Ecclesiastical History*, with an English translation by Kirsopp Lake and J. E. I. Oulton, Loeb Classical Library, Cambridge, Mass., 1926-1932, 2 Vols.

[17] Eusebius of Caesarea, *Life of Constantine*, introduction, translation, and commentary by Averil Cameron and Stuart G. Hall, Oxford and New York, 1999.

[18] Eusebius Pamphilus, *Church History; Life of Constantine the Great; Oration in Praise of Constantine*, NPNF2-01, general editor Philip Schaff, New York, 1890.

[19] Evagrius Scholasticus, *The Ecclesiastical History of Evagrius Scholasticus*, trans. by M. Whitby, Liverpool, 2000.

[20] Evagrius Scholasticus, *Ecclesiastical History of Evagrius with the Scholia*, ed. by J. Bidez and L. Parmentier, London, 1898; rp. Amsterdam, 1964.

[21] Evagrius Scholasticus, *Ecclesiastical History (AD431-594)*, translated by E. Walford, London, 1846.

[22] Evagrius Scholasticus, "Évagre, Histoire Ecclésiastique", trans. by A. J. Festugière, *Byzantion*. 45 (1975), pp. 187-488.

[23] D. J. Geanakoplos, *Byzantium: Church. Society and Civilization Seen through Contemporary Eyes*, Chicago, 1984.

[24] Gregory of Nazianzen, *Select Orations, Sermons, Letters; Dogmatic Treatises*, NPNF2-07, pp. 299-709, general editor Philip Schaff, New York, 1893.

[25] Gregory of Nyssa, *Dogmatic Treatises; Select Writings and Letters*, NPNF2-05, general editor Philip Schaff, New York, 1892.

[26] Isidore of Seville, *Chronicon*, translated by Kenneth B. Wolf in 2004,

http://www.tertullian.org/fathers/isidore_chronicon_01_trans.htm

[27] John Chrysostom, *On the Priesthood*, *Ascetic Treatises*, *Select Homilies and Letters*, *Homilies on the Statutes*, *NPNF1-09*, general editor Philip Schaff, New York, 1886.

[28] John Chrysostom, *Four Discourses*, *Chiefly on the Parable of the Rich Man and Lazarus*, trans. by F. Allen, London, 1869.

[29] John Malalas, *The Chronicle of John Malalas*, trans. by Elizabeth Jeffreys, Michael Jeffreys, Roger Scott, et al, Melbourne, 1986.

[30] John of Ephesus, *The Third Part of the Ecclesiastical History of John*, *Bishop of Ephesus*, trans. by R. Payne Smith, Oxford, 1860.

[31] John of Ephesus, *Lives of the Eastern Saints*, edited and translated by Brooks, *Patrologia Orientalis* 17-19, Paris, 1923-1925.

[32] John Lydian, *On the Magistracies of the Roman Constitution*, trans. by Carney, Lawrence, 1971.

[33] John of Nikiu, *The Chronicle of John*, *Bishop of Nikiu*, trans. by R. H. Charles, London, 1916.

[34] Joshua the Stylite, *The Chronicle of Joshua the Stylite*, *Composed in Syriac*, *AD 507*, English trans. by W. Wright, Cambridge, 1882.

[35] Julian, *Works*, ed. and English trans. by W. C. Wright, Loeb Classical Library, Cambridge, 1913-1923, 3 Vols.

[36] Justinian, *The Digest of Justinian*, trans. by Mommsen and Krueger, Philadelhia, 1985.

[37] Justinian, *The Institutes of Justinian*, trans. by Thomas, Amsterdam, 1975.

[38] Justinian, *Corpus Iuris Civilis*, trans., by Scott, Cincinnati, 1932.

[39] Leo the Great, *Letters and Sermons of Leo the Great*, *NPNF2-12*, pp. 2-337, general editor Philip Schaff, Edinburgh repr., 1988.

[40] Libanius, *Selected Works*, with an English translation, introduction, and notes by A. F. Norman, Loeb Classical Library, Cambridge, 1969-1977.

[41] S. N. C. Lieu and D. Montserrat, *From Constantine to Julian: Pagan and Byzantine Views: A Source History*, London and New York, 1996.

[42] Marcellinus Comes, *The Chronicle of Marcellinus*, a translation and commentary by Brian Croke, Sydney, 1995.

[43] Menander Protector, *The History of Menander the Guardsman*, trans. by Roger C. Blockley, Liverpool, 1985.

［44］Michael the Syrian, *Chronique de Michel le Syrien, Patriarche Jacobite d'Antiche (1166-1199)*, trans. by Jean-Baptiste Chabot, Paris, 1960 Reprint, 5 vols.

［45］C. Müller, ed., *Fragmenta Historicorum Graecorum*, Vol. 4, Paris, 1851-1870.

［46］Nestorius, *The Bazaar of Heracleides*, translated from the Syriac and edited with an introduction, notes & appendices by G. R. Driver and Leonard Hodgson, Oxford, 1925.

［47］P. R. C. Norton, ed., *Roman State and Christian Church: A Collection of Legal Documents to AD. 535*, London, 1966.

［48］Optatus of Milevis, *Against the Donatists*, tranlated by Vassall-Phillips, London, 1917.

［49］H. R. Percival, ed., *The Seven Ecumenical Councils*, NPNF2-14, general editor Philip Schaff, Edinburgh repr, 1988.

［50］Photius, *Bibliotheca*, codices 1-165, trans. by J. H. Freese, London, 1920.

［51］Procopius of Caesarea, *Works*, ed. and trans. by H. B. Dewing, Loeb Classical Library, Cambridge, 1914-1940, 7 vols.

［52］Procopius of Caesarea, *The Secret History*, trans. by G. A. Williamson, New York, 1983, reprint.

［53］J. H. Robinson, ed., *Readings in European History*, Boston, 1904.

［54］Severus of Antioch, *A Collection of Letters from Numerous Syriac Manuscripts*, Edited and translated by E. W. Brooks, London, 1915.

［55］Socrates Scholasticus, *The Ecclesiastical History of Socrates Scholasticus*, NPNF2-02, pp. 2-281, general editor Philip Schaff, New York, 1886.

［56］Sozomen, *Ecclesiastical History of Sozomen*, NPNF2-02, pp. 282-613, general editor Philip Schaff, New York, 1886.

［57］J. Stevenson, ed., *Creeds, Councils and Controversies: Docouments Illustrative of the History of the Church AD. 337-461*, New York, 1966.

［58］A. M. Talbot ed., *Holy Women of Byzantium, Ten Saints' Lives in English Translation*, Washington, D. C., 1996.

［59］Theodore of Mopsuestia, "Prologue to the Commentary on the Acts of the Apostles", trans. by Ernst von Dobschütz, *The American Journal of Theology*, 2 (1898), pp. 363-366.

［60］Theodoret, *Ecclesiastical History, Dialogues, Letters of Theodoret*, NPNF2-03, pp. 3-523, general editor Philip Schaff, New York, 1892.

[61] Theodosius, *The Theodosian Code and Novels, and the Sirmondian Constitutions*, trans. by C. Pharr, Princeton, 1952.

[62] Theophanes Confessor, *The Chronicle of Theophanes Confessor, Byzantine and Near Eastern History AD. 284-813*, translated with introduction and commentary by Cyril Mango and Roger Scott, Oxford, 1997.

[63] Theophylact, *The History of Theophylact Simocatta: An English Translation with Introduction*, trans. by Michael and Mary Whitby, Oxford, 1986.

[64] Zacharias Rhetor, *The Syriac Chronicke Known as That of Zachariah of Mitylene*, trans F. J. Hamilton and E. W. Brooks, London, 1899.

[65] Zachariah Scholasticus, *Vie de Sévère par Zacharle le Scholastique*, edited and translated by Kugener, *Patrologia Orientalis*, Vol. II, Paris, 1904, pp. 5-115.

[66] Zosimus, *New History*, trans. and commentary by Ronald T. Ridley, Canberra, 1982.

[67] Zonaras, *Epitome Historiarum*, ed. by Pindar, Berlin, 1841.

[68] 奥古斯丁:《忏悔录》,周士良译,北京:商务印书馆,1987年。

[69] 奥古斯丁:《上帝之城》,王晓朝译,北京:人民出版社,2006年。

[70] 查士丁尼:《法学总论》,张企泰译,北京:商务印书馆,1997年。

[71] 查士丁尼:《法学阶梯》,徐国栋译,北京:中国政法大学出版社,1999年。

[72] 罗竹风主编:《宗教经籍选编》,上海:华东师范大学出版社,1996年。

[73] 普罗柯比:《秘史》,吴舒屏、吕丽蓉译,陈志强校注,上海:上海三联书店,2007年。

[74] 普罗柯比:《战史》,崔艳红译,郑州:大象出版社,2010年。

[75] 普洛科皮乌斯:《战争史》,王以铸译,北京:商务印书馆,2010年。

[76] 斯奇巴尼选编:《民法大全选译·公法》,张洪礼译,北京:中国政法大学出版社,1999年。

[77] 斯奇巴尼选编:《民法大全选译·人法》,黄凤译,北京:中国政法大学出版社,1995年。

[78]《圣经》(和合本),上海:中国基督教三自爱国运动委员会、中国基督教协会,1980年。

[79] 优西比乌:《教会史》,瞿旭彤译,北京:生活·读书·新知三联书店,2009年。

[80] 尤西比乌斯:《君士坦丁传》,林中泽译,北京:商务印书馆,2017年。

[81] 佐西莫斯:《罗马新史》,谢品巍译,上海:上海人民出版社,2013年。

二 论文专著

[1] P. Allen, *Evagrius Scholasticus the Church Historian*, Lovain, 1981.

[2] P. Allen, "Zachariah Scholasticus and the Historia Ecclesiatica of Evagrius Scholasticus", *Journal of Theological Studies*, Vol. XXXI.

[3] R. Alston, *The City in Roman and Byzantine Egypt*, London and New York, 2002.

[4] P. J. Alexander, *Religious and Political History and Thought in Byzantine Empire*, London, 1978.

[5] M. V. Anastos, "Nestorius Was Orthodox", *Dumbarton Oaks Papers*, Vol. 16 (1962).

[6] G. T. Armstrong, "Imperial Church Building and Church-State Relations, A. D. 313-363", *Church History*, Vol. 36, No. 1 (1967).

[7] A. H. Armstrong, "The Way and the Ways: Religious Tolerance and Intolerance in the Fourth Century A. D.", *Vigiliae Christianae*, Vol. 38, No. 1 (1984).

[8] R. S. Bagnall, *Later Roman Egypt: Society, Religion, Economy and Administration*, Ashgate, 2003.

[9] E. Barker, *Social and Political Thought in Byzantium*, Oxford, 1957.

[10] J. Barker, *Justinian and the Later Roman Empire*, Wisconsin, 1977.

[11] T. D. Barnes, *Constantine and Eusebius*, Cambridge, 1981.

[12] T. D. Barnes, *Athanasius and Constantius*, Cambridge, 1993.

[13] N. H. Baynes, *The Byzantine Empire*, London, 1925.

[14] N. H. Baynes, *Byzantine Studies and Other Essays*, Westport, 1955.

[15] N. H. Baynes and H. St. L. B. Moss, ed., *Byzantium: An Introduction to East Roman Civilization*, Oxford, 1949, Reprint.

[16] N. H. Baynes, "Alexandria and Constantinople: A Study in Ecclesiastical Diplomacy", *The Journal of Egyptian Archaeology*, Vol. 12, No. 314, (Oct. 1926).

[17] S. J. Beggiani, *Early Syriac Theology*, Lanham, 1983.

[18] J. F. Bethune-Baker, *Nestorius and His Teaching*, Cambridge, 1908.

[19] A. E. R. Boak, *The Master of the Offices*, New York, 1924.

[20] A. E. R. Boak, "Imperialism in Egypt", *The American Historical Review*, Vol. 34, No. 1 (Oct. 1928).

[21] G. W. Bowersock, *Julian the Apostate*, Cambridge, 1978.

[22] G. W. Bowersock, *Hellenism in Late Antiquity*, Macon, 1990.

[23] G. W. Bowersock, "From Emperor to Bishop: The Self-Conscious Transformation of Political Power in the Fourth Century A. D.", *Classical Philology*, Vol. 81, No. 4, (1986).

[24] C. E. Braaten, "Modern Interpretations of Nestorius", *Church History*, Vol. 32, No. 3, (1963).

[25] L. Brehier, *The Life and Death of Byzantium*, trans. by Vaughan, New York, 1977.

[26] P. Brown, *The World of Late Antiquity: AD 150-750*, London, 1989.

[27] P. Brown, *Power and Persuation in Late Antiquity*, Wisconsin, 1992.

[28] P. Brown, "The Rise and Function of the Holy Man in Late Antiquity", *The Journal of Roman Studies*, Vol. 61 (1971)

[29] R. Browning, *The Byzantine Empire*, New York, 1980.

[30] R. Browning, *Justinian and Theodora*, London, 1987.

[31] J. H. Burns, *The Cambridge History of Medieval Political Thought: c. 350-c. 1450*, Cambridge, 1988.

[32] J. B. Bury, *History of the Later Roman Empire*, Vol. 1, New York, 1958. *History of the Later Roman Empire*, Vol. 2, London, 1923.

[33] J. B. Bury, *The Invasion of Europe by the Barbarians*, New York, 1967.

[34] J. Burckhardt, *The Age of Constantine the Great*, Berkeley and Los Angeles, 1983.

[35] V. A. Caires, "Evagrius Scholasicus: A Literary Analysis", *Byzantinische Forschungen*, Vol. 8 (1982).

[36] A. Cameron, *The Later Roman Empire*, London, 1993.

[37] A. Cameron, *The Mediterranean Word in Later Antiquity: AD 395-600*, London and New York, 1993.

[38] A. Cameron, *The Byzantines*, Oxford, 2006.

[39] A. Cameron, eds., *The Cambridge Ancient History, Volume XIV: Late Antiquity: Empire and Successors, A. D. 425-600*, Cambridge, 2000.

[40] A. Cameron and J. Long, *Barbarians and Politics at the Court of Arcadius*, Berkeley, 1993.

[41] A. Cameron, "The Empress Sophia", *Byzantion*, Vol. 45 (1975), pp. 16-20.

[42] A. Cameron, "Reviewed Work(s) of *Evagrius Scholasticus, the Church Historian by Pauline Allen*", *Speculum*, Vol. 58, No. 2 (Apr. 1983).

[43] J. Canning, *A History of Medieval Political Thought 300-1450*, London and New York, 1996.

[44] H. Chadwick, *The Church in Ancient Society: From Galilee to Gregory the Great*, Oxford, 2001.

[45] H. Chadwick, "Faith and Order at the Council of Nicaea: A Note on the Background of the Sixth Canon", *The Harvard Theological Review*, Vol. 53, No. 3 (Jul. 1960).

[46] H. Chadwick, "The Exile and Death of Flavian of Constantinople", *Journal of Theological Studies*, Vol. VI (Apr. 1955).

[47] P. Charanis, "The Monk as an Element of Byzantine Society", *Dumbarton Oaks Papers*, Vol. 25 (1971).

[48] P. Charanis, *Church and State in the Later Roman Empire: The Religious Policy of Anastasius the First, 491-518*, Wisconsin, 1939.

[49] G. F. Chesnut, *The First Christian Histories*, Macon, 1986.

[50] R. C. Chesnut, *Three Monophysite Christologies*, Oxford, 1976.

[51] R. Collins, *Early Medieval Europe, 300-1000*, New York, 1999.

[52] B. Croke, *Christian Chronicles and Byzantine History, 5th-6th Centuries*, Aldershot, 1992.

[53] B. Croke and A. M. Emmett, eds., *History and Historians in Late Antiquity*, Sydney, Oxford and New York, 1983.

[54] S. Dill, *Roman Society in the Last Century of the Western Empire*, Cleveland, 1962.

[55] G. Downey, *A History of Antioch in Syria: From Seleucus to the Arab Conquest*, Princeton, 1961.

[56] G. Downey, "The Perspective of the Early Church Historians", *Greek, Roman and Byzantine Studies*, 6:1 (1965: Spring).

[57] G. Downey, "The Size of the Population of Antioch", *Transactions and Proceedings of the American Philological Association*, Vol. 89 (1958).

[58] G. Downey, "Earthquakes at Constantinople and Vicinity, AD. 342-1454", *Speculum*, Vol. 30, No. 4 (1955).

[59] G. Dagron, *Emperor and Priest: The Imperial Office in Byzantium*, Cambridge, 2003.

[60] E. R. Dodds, *Pagan and Christian in an Age of Anxiety*, Cambridge, 1965.

[61] H. A. Drake, *Constantine and the Bishops: The Politics of Intolerance*, Baltimore and London, 2000.

[62] F. H. Dudden, *The Life and Times of St. Ambrose*, Oxford, 1935.

[63] F. Dvornik, *Early Christian and Byzantine Political Philosophy*, Washington, 1966.

[64] D. R. Edwards, *Religion and Power: Pagans, Jews, and Christians in the Greek East*, New York and Oxford, 1996.

[65] A. G. Elliott, *Roads to Paradise: Reading the Lives of the Early Saints*, Hanover, 1987.

[66] G. Every, *The Byzantine Patriarchate 451-1204*, London, 1962.

[67] G. Every, "The Monophysite Question Ancient and Modern", *Eastern Church Review*, Vol. 3(1971).

[68] A. Ferrill, *The Fall of the Roman Empire: The Military Explanation*, New York 1986.

[69] R. M. French, *The Eastern Orthodox Church*, London, 1961.

[70] W. H. C. Frend, *Orthodoxy, Paganism and Dissent in the Early Christian Centuries*, Aldershot, 2002.

[71] W. H. C. Frend, *The Rise of the Monophysite Movement*, Cambridge, 1979, Reprint.

[72] W. H. C. Frend, *The Early Church*, Philadelphia and New York, 1966.

[73] W. H. C. Frend, "Severus of Antioch and the Monophysite Hierarchy", *Orentalia Chrisitiana Analecta*, Vol. 195(1973).

[74] W. H. C. Frend, "Popular Religion and Christian Controversy in the Fifth Century", *Studies in Church History*, Vol. 8(1972).

[75] W. H. C. Frend, "The Monks and the Survival of the East Roman Empire in the Fifth Century", *Past and Present*, No. 54(Feb., 1972).

[76] W. H. C. Frend, "Eastern Attitudes to Rome during the Acacian Schism", *Studies in Church History*, Vol. 13(1976)

[77] G. Gavallo, eds., *The Byzantines*, translated by T. Dunlap, Chicago and London, 1997.

[78] D. J. Geanakoplos, "Church and State in the Byzantine Empire: A Reconsideration of the Problem of Caesaropapism", *Church History*, Vol. 34, No. 4 (Dec., 1965).

[79] M. Grant, *From Rome to Byzantium: The Fifth Century AD*, London and New York, 1998.

[80] P. T. R. Gray, *The Defense of Chalcedon in the East 451-553*, Leiden, 1979.

[81] S. L. Greenslade, *Church and State from Constantine to Theodosius*, London, 1954.

[82] T. E. Gregory, *Vox Populi*, Columbus, 1979.

[83] T. E. Gregory, *A History of Byzantium*, Oxford, 2005.

[84] H. M. G. Gwatkin, *Studies of Arianism*, Cambridge, 1900.

[85] H. M. Gwatkin and J. P. Whitney, *The Cambridge Medieval History*, Vol. 1, Cambridge, 1957.

[86] S. Hackel, Eds., *The Byzantine Saint*, New York, 2001.

[87] J. Harries and I. Wood, ed., *The Theodosian Code: Studies in the Imperial Law of Late Antiquity*, London, 1993.

[88] R. P. C. Hanson, "The Reaction of the Church to the Collapse of the Western Roman Empire in the Fifth Century", *Vigiliae Christianae*, Vol. 26, No. 4 (Dec., 1972).

[89] E. R. Hardy, Jr., "The Patriarchate of Alexandria A Study in National Christianity", *Church History*, Vol. 15, No. 2 (Jun. 1946).

[90] K. W. Harl, "Sacrifice and Pagan Belief in Fifth- and Sixth-Century Byzantium", *Past and Present*, No. 128 (Aug. 1990).

[91] S. A. Harvey, *Asceticism and Society in Crisis*, Berkeley and Los Angeles, 1990.

[92] H. W. Haussig, *A History of Byzantine Civilization*, trans. by Hussey, New York, 1971.

[93] P. Heather, *Goths and Romans 332-489*, Oxford, 1992.

[94] P. Heather, *The Goths*, Oxford, 1996.

[95] P. Heather and J. Matthews, *The Goths in the Fourth century*, Liverpool, 1991.

[96] K. J. Hefele, *A History of the Councils of the Church*, London, 1896.

[97] M. F. Hendy, *Studies in the Byzantine Monetary Economy: c. 300-1450*, Cambridge, 1985.

[98] J. Howard and P. Hayward, ed., *The Cult of Saints in Late Antiquity and the Early Middle Ages*, Oxford, 2002.

[99] J. M. Hussey, ed., *Cambridge Medieval History*, Vol. IV, Cambridge,

1966, 1967.

[100] J. M. Hussey, *The Orthodox Church in the Byzantine Empire*, Oxford, 1986.

[101] J. M. Hussey, *The Byzantine World*, Westport, 1981.

[102] B. Issac, *The Limits of Empire: the Roman Army in the East*, Oxford, 1990.

[103] L. James, *Empresses and Power in Early Byzantium*, London and New York, 2001.

[104] A. H. M. Jones, *The Later Roman Empire 284-602*, Oxford, 1964.

[105] A. H. M. Jones, *The Decline of the Ancient World*, New York, 1966.

[106] A. H. M. Jones, *Constantine and the Conversion of Europe*, Toronto, 2001.

[107] A. H. M. Jones, "Were Ancient Hersies National or Social Movements in Disguise", *Journal of Theological Studies*, Vol. X (Oct. 1959)

[108] T. B. Jones, *In the Twilight of Antiquity*, Minneapolis, 1978.

[109] I.E.Καραγιαννόπουλος, Ιστορία Βυζαντινού Κρατούς, Τόμος Α, Θεσσαλονίκη, 1995.

[110] S. Kingsley and M. Decker, ed., *Economy and Exchange in the East Mediterranean during Late Antiquity*, Oxford, 2001.

[111] A. E. Laiou, "The Role of Women in Byzantine Society", *Jahrbuch der osterreichischen Byzantinistik*, Vol. 31 (1981).

[112] K . S . Latourette, *A History of Christianity*, New York, 1953.

[113] H. G. Koenigsberger, *Medieval Europe 400-1500*, Harlow, 1987.

[114] J. H. W. C. Liebschuets, *Barbarians and Bishops: Army, Church and State in the Age of Arcadius and Chrysotom*, Oxford, 1991.

[115] J. H. G. W. Liebeschuetz, *From Diocletian to the Arab Conquest: Change in the Later Roman Empire*, Aldershot, 1990.

[116] J. H. W. G. Liebeschuetz, *Decline and Fall of the Roman City*, New York, 2001.

[117] J. H. W. G. Liebeschuetz, *Antioch, City and Imperial Administration in the Later Roman Empire*, Oxford, 1972.

[118] J. Lindsay, *Byzantium into Europe*, London, 1952.

[119] L. K. Little, ed., *Plague and the End of Antiquity*, Cambridge, 2007.

[120] B. Lonergan, *The Way to Nicea*, Philadelphia, 1976.

[121] F. Loofs, *Nestorius and His Place in the History of Christian Doctrine*, New York, 1975, reprint.

[122] A. Louth, *St. John Damascene, Tradition and Originality in Byzantine The-*

ology, New York, 2002.

[123] R. Macmullen, *Christianity and Panganism in the Fourth to Eighth Centuries*, New Haven and London, 1997.

[124] H. J. Magoulias, *Byzantine Christianity*, Chicago, 1970.

[125] C. Mango, ed., *The Oxford History of Byzantium*, Oxford, 2002.

[126] C. Mango, ed., *Byzantium: The Empire of the New Rome*, London, 2005.

[127] R. A. Markus, "Church History and the Early Church Historians", *Studies in Church History*, Vol. 11(1975).

[128] J. R. Martindale, *The Prosopography of the Later Roman Empire II*, Cambridge, 1980.

[129] J. R. Martindale, *The Prosopography of the Later Roman Empire III*, Cambridge, 1992.

[130] J. Matthews, *The Roman Empire of Ammianus*, London, 1989.

[131] R. W. Mathisen, *Law, Society and Authority in Late Antiquity*, Oxford, 2001.

[132] M. Mazower, *The Balkans: A Shory History*, New York, 2000.

[133] J. McGuckin, *St. Gregory of Nazianzus: An Intellectual Biography*, New York, 2001.

[134] W. S. McCullough, *A Short History of Syriac Christianity to the Rise of Islam*, Chico, 1982.

[135] J. Meyemdorff, *Byzantine Theology History*, Fordham, 1974.

[136] J. Meyendorff, *Christ in Eastern Christian Thought*, New York, 1975.

[137] F. Millar, *A Greek Roman Empire*, Berkeley and Los Angeles, 2006.

[138] S. Mitchell, *A History of the Later Roman Empire: AD 284-641*, Oxford, 2007.

[139] W. Moeller, *History of the Christian Church: AD 1-600*, London and New York, 1898.

[140] A. Momigliano, eds., *The Conflict between Paganism and Christianity in the Fourth Century*, Oxford, 1964.

[141] G. R. Monks, "The Church of Alexandria and the City's Economic Life in the Sixth Century", *Speculum*, Vol. 28, No. 2 (Apr. 1953).

[142] J. Moorhead, *Ambrose, Church and Society in the Late Roman World*, London and New York, 1999.

[143] H. St. L. B. Moss, *The Birth of the Middle Ages 395-814*, New York, 1964.

[144] D. Obolensky, *The Byzantine Commonwealth*, *Eastern Europe 500-1453*, New York, 1974.

[145] C. Odahl, *Constantine and the Christian Empire*, London and New York, 2004.

[146] G. Ostrogorsky, *History of the Byzantine State*, trans. by Hussey, New Jersey, 1969.

[147] T. M. Parker, *Christianity and the State in the Light of History*, London, 1955.

[148] F. M. Perthes, *Life of John Chrysostom*, translated by A. Hovey and D. B. Ford, Boston, 1854.

[149] C. Rapp, *Holy Bishops in Late Antiquity*, Berkeley and Los Angelis, 2005.

[150] S. Raven, *Roman in Africa*, London and New York, 1984.

[151] D. Rohrbacher, *The Historians of Late Antiquity*, London and New York, 2002.

[152] W. Rosen, *Justinian's Flea*, New York, 2007.

[153] M. Rostovtzeff, *The Social and Economic History of the Roman Empire*, Oxford, 1957.

[154] S. Runciman, *Byzantine Civilisation*, London, 1959.

[155] S. Runciman, *The Byzantine Theocracy*, Cambridge, 1977.

[156] R. V. Sellers, *The Council of Chalcedon*, London, 1961.

[157] K. M. Setton, *Christian Attitude towards the Emperor in the 4th Century*, New York, 1941.

[158] P. Southern and K. R. Dixon, *The Late Roman Army*, New York and London, 1996.

[159] C. G. Starr, *The Roman Empire 27. B. C. -A. D. 476*, Oxford, 1982.

[160] E. Stein, *Histoire du Bas-Empire*, Paris, 1949-1959.

[161] W. T. Townsend, "The Henotikon Schism and the Roman Church", *Journal of Religion*, Vol. 16(1936).

[162] W. Treadgold, *A History of the Byzantine State and Society*, Stanford, 1997.

[163] W. Treadgold, *A Concise History of Byzantium*, Hampshire and New York, 2001.

[164] W. Ullmann, *Medieval Political Thought*, New York, 1979.

[165] W. Ullmann, "Leo I and the Theme of Papal Primacy", *Journal of Theological Studies*, Vol. XI(Apr. 1960).

［166］A. A. Vasiliev, *History of the Byzantine Empire*, Wisconsin, 1958.

［167］A. A. Vasiliev, *Justin the First: An Introduction to the Epoch of Justinian the Great*, Cambridge, 1950.

［168］D. S. Wallace-Hadrill, *Christian Antioch: A Study of Early Christian Thought in the East*, Cambridge, 1982.

［169］L. Webster and M. Brown, eds. *The Transformation of the Roman World A. D. 400-900*, Berkeley and Los Angeles, 1997.

［170］W. A. Wigram, *Separation of the Monophysites*, London, 1923.

［171］G. Williams, "Christology and Church-State Relations in the Fourth Century", *Church History*, Vol. 20, No. 4 (Dec. 1951).

［172］M. Williams, *The Making of Christian Communities in Late Antiquity and the Middle Ages*, London, 2005.

［173］S. Williams, and G. Friell, *The Rome That Did Not Fall: The Survival of the East in the Fifth Century*, London and New York, 1999.

［174］C. R. Whittaker, *Frontiers of the Roman Empire: A Social and Economic Study*, Baltimore and London, 1994.

［175］M. Whitby, "On the Omission of a Ceremony in Mid-Sixth Century Constantinople: Candidati, Curopalatus, Silentiarii, Excubitores and Others", *Historia*, Vol. 36(1987)

［176］〔美〕奥尔森:《基督教神学思想史》,吴瑞诚、徐成德译,北京:北京大学出版社,2003年。

［177］〔南斯拉夫〕乔治·奥斯特洛格尔斯基:《拜占廷帝国》,陈志强译,西宁:青海人民出版社,2006年。

［178］〔英〕拜尼斯主编:《拜占庭:东罗马文明概论》,陈志强、郑玮、孙鹏译,郑州:大象出版社,2012年。

［179］〔英〕波斯坦和哈巴库克主编:《剑桥欧洲经济史》,王春法主译,北京:经济科学出版社,2002年

［180］〔俄〕布尔加科夫:《东正教》,徐凤林译,北京:商务印书馆,2001年。

［181］〔法〕布瓦松纳:《中世纪欧洲生活和劳动(五至十五世纪)》,潘源来译,北京:商务印书馆,1985年。

［182］陈志强:《拜占廷学研究》,北京:人民出版社,2001年。

［183］陈志强:《独特的拜占廷文明》,北京:中国青年出版社,1999年。

［184］陈志强:《拜占廷帝国史》,北京:商务印书馆,2003年。

［185］陈志强:《盛世余晖——拜占廷文明探秘》,昆明:云南人民出版社,

2001年。

[186] 陈志强:《巴尔干古代史》,北京:中华书局,2007年。

[187] 陈志强:《拜占廷毁坏圣像运动的原因》,《世界历史》,1996年第3期。

[188] 陈志强:《拜占廷皇帝继承制度特点研究》,《中国社会科学》,1999年第1期。

[189] 陈志强:《"查士丁尼瘟疫"考辩》,《世界历史》,2006年第1期。

[190] 陈志强:《"查士丁尼瘟疫"影响初探》,《世界历史》,2008年第2期。

[191] 陈志强:《六世纪拜占廷职官考辩》,《西学研究》,商务印书馆,2003年。

[192] 陈志强、马巍:《君士坦丁基督教政策的政治分析》,《南开大学学报》,1999年第6期。

[193] 陈志强:《地中海世界首次鼠疫研究》,《历史研究》,2008年第1期;

[194] 陈志强、武鹏:《现代拜占廷史学家的"失忆"现象——以"查士丁尼瘟疫"研究为例》,《历史研究》,2010年第3期;

[195] 崔艳红:《查士丁尼大瘟疫述论》,《史学集刊》,2003年第3期。

[196] 董晓佳:《论早期拜占庭帝国基督教会聂斯脱利争端中的政治因素》,《西北大学学报》,2017年第6期。

[197] 董晓佳:《早期拜占廷帝国非基督徒与基督徒的共存与交流探析》,《宗教学研究》,2016年第3期。

[198] 董晓佳:《浅析拜占廷帝国早期阶段皇位继承制度的发展》,《世界历史》,2011年第2期。

[199] 董晓佳:《斯提里科与晚期罗马帝国政局——基于"反日耳曼人情绪"视角下的考察》,《历史研究》,2018年第4期。

[200] 董晓佳、刘榕榕:《反日耳曼人情绪与早期拜占廷帝国政治危机》,《历史研究》,2014年第2期。

[201] 龚伟英、林中泽:《从"团结诏令"之争看5—6世纪初拜占庭与罗马之关系》,《学术研究》,2016年第4期。

[202] 郭云艳:《查士丁尼宗教政策失败原因初探》,《历史教学》,2005年第11期。

[203] 郭圣铭编著:《西方史学史概要》,上海:上海人民出版社,1983年。

[204] 郭小凌编著:《西方史学史》,北京:北京师范大学出版社,1995年。

[205] 黄良军:《早期拜占廷帝国执事官的政治地位及影响》,《东北师范大学学报·哲学社会科学版》,1998年第3期。

[206] 〔英〕爱德华·吉本:《罗马帝国衰亡史》,黄宜思、黄雨石译,北京:商务

印书馆,1997 年。

[207]〔英〕玛丽·坎宁安:《拜占廷的信仰》,李志雨译,北京:北京大学出版社,2005 年。

[208]〔苏〕科瓦略夫:《古代罗马史》,王以铸译,北京:生活·读书·新知三联书店,1957 年。

[209]李雅书、杨共乐:《古代罗马史》,北京:北京师范大学出版社,1994 年。

[210]〔苏〕列夫臣柯:《拜占廷》,葆煦译,北京:生活·读书·新知三联书店,1959 年。

[211]刘榕榕、董晓佳:《查士丁尼与贝利撒留:拜占廷帝国皇权与军权关系的一个范例》,《世界历史》,2016 年第 6 期。

[212]刘榕榕、董晓佳:《试论"查士丁尼瘟疫"对拜占廷帝国人口的影响》,《广西师范大学学报》,2013 年第 2 期。

[213]刘榕榕:《6 世纪东地中海地区的地震与政府救助刍议》,《史林》,2014 年第 3 期。

[214]刘榕榕:《古代晚期地中海地区自然灾害研究》,北京:中国社会科学出版社,2018 年。

[215]刘文鹏:《古代埃及史》,北京:商务印书馆,2004 年。

[216]刘宇方:《拜占庭帝国查士丁尼反犹政策原因考》,《外国问题研究》,2016 年第 4 期。

[217]〔俄〕罗斯托夫采夫:《罗马帝国社会经济史》,马雍等译,北京:商务印书馆,1985 年。

[218]马锋:《从戴克里先到查士丁尼时代的军事变革》,《古代文明》,2012 年第 4 期。

[219]〔英〕麦克曼勒斯主编:《牛津基督教史》,张景龙等译,贵阳:贵州人民出版社,1995 年。

[220]〔英〕曼戈主编:《牛津拜占庭史》,陈志强、武鹏译,北京:北京师范大学出版社,2015 年。

[221]〔法〕孟德斯鸠:《罗马盛衰原因论》,婉玲译,北京:商务印书馆,1997 年。

[222]〔美〕G. F. 穆尔:《基督教简史》,郭舜平等译,北京:商务印书馆,1981 年。

[223]彭小瑜:《教会史和基督教历史观》,《史学理论研究》,2006 年第 1 期。

[224]邵召颖:《6 世纪拜占廷帝国东部边境要塞初探——以达拉要塞为例》,《史学集刊》,2013 年第 3 期。

[225] 疏会玲:《保护与限制的双重性——查士丁尼犹太政策初探》,《世界民族》,2015 年第 5 期。

[226]〔美〕J. W. 汤普逊:《中世纪经济社会史》,耿淡如译,北京:商务印书馆,1963 年。

[227]〔美〕J. W. 汤普森:《历史著作史》,谢德风译,北京:商务印书馆,1996 年,上卷第一分册,第 434 页。

[228] 田明:《试论基督教修道制度的起因》,《西南大学学报(社会科学版)》,2007 年第 5 期。

[229] 田明:《论修道制度兴起的埃及因素》,《历史教学》,2008 年第 6 期。

[230] 田明:《古代埃及基督教的变迁》,《内蒙古民族大学学报(哲学社会科学版)》,2006 年第 4 期。

[231] 田明:《罗马—拜占廷时代的埃及:基督教史研究》,天津:天津人民出版社,2009 年。

[232] 田明:《试论公元 1—7 世纪埃及基督教的特性》,《世界历史》,2009 年第 3 期。

[233] 田明:《圣安东尼修道思想研究》,《世界宗教研究》,2014 年第 2 期。

[234] 王晓朝主编:《信仰与理性——古代基督教教父思想家评传》,北京:东方出版社,2001 年。

[235] 王三义:《东罗马帝国得以延续的原因分析》,《辽宁师范大学学报》,2002 年第 4 期。

[236] 王亚平:《论基督教从罗马帝国至中世纪的延续》,《东北师范大学学报(哲学社会科学版)》,1992 年第 6 期。

[237] 王云清:《查士丁尼时期君士坦丁堡的建筑研究》,《历史教学》,2011 年第 1 期。

[238]〔美〕威·沃尔克:《基督教会史》,朱代强等译,北京:中国社会科学出版社,1991 年。

[239] 武鹏:《拜占廷帝国〈联合诏令〉出台的政治原因初探》,《历史教学(高校版)》,2008 年第 5 期。

[240] 武鹏、田明:《5—7 世纪基督一性论宗教争端与东地中海世界的社会冲突》,《内蒙古民族大学学报(社会科学版)》,2008 年第 5 期。

[241] 武鹏:《阿卡西乌分裂——中古早期基督教会一次重大冲突初探》,《宗教学研究》,2015 年第 1 期。

[242] 武鹏:《论 5—6 世纪拜占庭史料中君士坦丁大帝的形象分歧》,《古代文明》,2017 年第 4 期。

[243]武鹏:《450—584 年"无皇子时期"的拜占廷皇位继承特点》,《历史教学(高校版)》,2014 年第 9 期。

[244]武鹏:《拜占廷帝国早期阶段军队的缺陷刍议》,《贵州社会科学》,2017 年第 11 期。

[245]武鹏:《论拜占廷帝国早期君士坦丁堡教会地位的形成》,《历史教学》,2013 年第 10 期。

[246]武鹏:《拜占庭史料中公元 6 世纪安条克的地震灾害述论》,《世界历史》,2009 年第 6 期;

[247]武鹏、刘榕榕:《六世纪东地中海的地震灾害造成的精神影响》,《西南大学学报(社科版)》,2014 年第 6 期。

[248]吴舒屏:《试析东正教的遁世主义修道理念在拜占廷时期的发展》,《世界宗教研究》,2002 年第 1 期。

[249]徐家玲:《早期拜占庭和查士丁尼时代研究》,长春:东北师范大学出版社,1998 年。

[250]徐家玲:《拜占庭文明》,北京:人民出版社,2006 年。

[251]徐家玲:《早期拜占庭执事官职能探析》,《史学集刊》,2003 年第 4 期。

[252]徐家玲:《拜占庭的历史分期与早期拜占庭》,《东北师范大学大学报(哲学社会科学版)》,1999 年第 6 期。

[253]徐家玲:《论 4 至 6 世纪拜占庭帝国的经济复苏与转轨》,《历史教学》,2000 年第 4 期。

[254]徐家玲:《论早期拜占庭的宗教争论》,《史学集刊》,2000 年第 3 期。

[255]徐家玲:《早期拜占庭的政教关系和查士丁尼的宗教政策》,《东北师范大学学报(哲学社会科学版)》,1993 年第 6 期。

[256]徐怀启:《古代基督教史》,上海:华东师范大学出版社,1988 年。

[257]〔美〕B. 雪莱:《基督教会史》,刘平译,北京:北京大学出版社,2004 年。

[258]于可主编:《世界三大宗教及其流派》,长沙:湖南人民出版社,1988 年。

[259]杨真:《基督教史纲》,北京:生活·读书·新知三联书店,1979 年。

[260]叶民:《最后的古典:阿米安和他笔下的晚期罗马帝国》,天津:天津人民出版社,2004 年。

[261]乐峰:《简论东正教的基本特点》,《世界宗教研究》,1997 年第 3 期。

[262]乐峰:《东正教史》,北京:中国社会科学出版社,1999 年。

[263]赵敦华:《基督教哲学 1500 年》,北京:人民出版社,1994 年。

[264]张广智:《西方史学史》,上海:复旦大学出版社,2000 年。

[265]张昊:《拜占庭帝国政教关系特征探析》,中国优秀博硕士学位论文库。

[266] 张日元:《四至九世纪拜占廷帝国的教俗关系》,《西南大学学报》,2014年第6期。
[267] 张日元:《论公元4—9世纪拜占廷帝国圣徒崇拜》,《西南大学学报》,2009年第6期。
[268] 张绥:《基督教会史》,上海:上海三联书店,1992年。
[269] 张绥:《中世纪上帝的文化——中世纪基督教会史》,杭州:浙江人民出版社,1987年。
[270] 张晓校:《罗马军队与帝位嬗递》,北京:中国社会科学出版社,2006年。
[271] 张晓校:《君士坦丁军事改革刍议》,《北方论丛》,2004年第5期。
[272] 郑玮:《雅典:从古典城市走向基督教城市》,天津:天津人民出版社,2009年。

三 工具书

[1] F. Cross, ed., *The Oxford Dictonary of the Chrisitian Church*, London, 1957.

[2] A. P. Kazhdan, ed., *The Oxford Dictionary of Byzantium*, Oxford, 1991.

[3] M. Prokurat, A. Golitzin, M. D. Peterson, ed., *Historical Dictionary of the Orthodox Church*, London, 1996.

[4] J. H. Rosser, ed., *Historical Dictionary of Byzantium*, Lanham, 2001.

[5] *The Encyclopedia Americana*, Americana Corration, 1980.

[6] *The New encyclopaedia Britannica*, Chicago, 1993.

[7]《不列颠百科全书》(国际中文版),美国不列颠百科全书公司编著,北京:中国大百科全书出版社,1999年。

[8] 任继愈主编:《宗教大词典》,上海:上海辞书出版社,1998年。

后　记

这篇后记其实应该叫作致谢更为恰当。关于学术的内容在书中已经谈了很多，在这里我更想要用并不华丽的文字来表达我的感激之情。

我首先要特别感谢恩师陈志强教授。老师将我带入了拜占廷史的殿堂，并且为我展示了一个如此富有吸引力的研究领域。我至今依然记得，2001年在南开大学迎水道校区的教学楼，正在读大一的我聆听了老师的一次学术讲座之后，下定决心选定拜占廷史作为自己未来的研究领域，迄今已有18年了。在这18年中，老师对我的悉心培养和谆谆教诲使我在学业和做人方面都受益良多。同时，老师为我们创造了极佳的学习条件，使我在读书期间得以拥有良好的研究环境。在工作之后，老师依然严格要求和督促着我。本书写作过程中，老师一直不辞辛苦地耐心指导，书中一字一句中都凝聚着老师的心血。师恩难忘，实非一言可以尽述。

我还要感谢母校南开大学，感谢南开大学历史学院的所有师长，尤其是世界古代史教研室的诸位老师。王敦书先生、杨巨平教授、哈全安教授、王以欣教授和叶民副教授都是各自研究领域的专家，能够从本科时期开始就在如此良好的氛围中学习是我的幸运。

我还要向我的同门表达谢意。团结、友爱、互助和活泼的师门氛围让我有一种家的感觉。郑玮、郭云艳师姐、田明师兄、庞国庆、朱子尧师弟和陈悦师妹等所有同门好友们在平时给予我大量的无私帮助，我对他们表示真心的感谢。我还要感谢求学时期的学友臧天杰、侯波、刘英奇、高祥峪和余琛琪，以及工作后结识的于丹、李军和李中等好友，是你们给我繁重的学习和科研生活增添了无穷的乐趣。我还想谢谢我可爱的学生们，我很享受我们亦师亦友、互学互助的良好关系。

在加拿大西门菲沙大学希腊研究中心和雅典大学的两次留学期间，我得到了我的导师 Krallis 教授和 Kolias 教授的悉心指导。两个学术机构中的许多师友也对我支持颇多。尤其是黄霄音（Sally Huang）老师在我申请项目和在温哥华生活期间提供了许多至关重要的帮助，在此对他们致以诚挚的谢意。

此外，在我的求学和工作期间，许多学界的师友都提供过无私的助力。限于篇幅我不能一一列举您们的名字，但是这一切我都铭记在心。在项目执行、结项以及成果出版过程中，南开大学社科处的王转运和何宇温老师等诸位同人以及北京大学出版社的刘书广和李学宜编辑为我提供了大量的帮助，我十分感谢他们的工作。

最后，我要特别感谢我的家庭。感谢我的母亲在日常生活中对我无微不至的关心和照料；感谢我的爱人与我相濡以沫，在我遇到挫折时总是鼓励我勇往前行；感谢我可爱的儿子给我带来的无尽快乐；感谢我的岳父岳母和其他亲属对我工作的鼎力支持；感谢我已经去世的爷爷、奶奶、姥姥、姥爷从小对我的疼爱和精心的培养，你们的亲情是我最宝贵的财富。

以上的致谢不是拙作的挡箭牌。尽管在2009年完成博士论文答辩后的10年中，我一直在努力完善自己的这部作品，但是由于水平有限，文中错误、疏漏一定颇多，这些无疑应该由我个人负责。希望读者多多批评，也要感谢你们的阅读、指正和对中国拜占廷学研究的关注。

我将自己的第一部学术专著献给2004年去世的父亲。虽然很少听到他的当面表扬，但是我知道他一直为我骄傲。

武鹏

2019年7月于家中